365天读经典编委会　编著

365天 读哲学

北京联合出版公司
Beijing United Publishing Co.,Ltd.

图书在版编目（CIP）数据

365 天读哲学 /365 天读经典编委会编著 .-- 北京：北京联合出版公司，2012.2（2023.3 重印）

ISBN 978-7-5502-0543-7

Ⅰ. ① 3… Ⅱ . ① 3… Ⅲ . ①哲学—通俗读物 Ⅳ . ① B-49

中国版本图书馆 CIP 数据核字 (2012) 第 020882 号

365 天读哲学

作　　者：365天读经典编委会

出 品 人：赵红仕

责任编辑：崔保华

封面设计：王　鑫

北京联合出版公司出版

（北京市西城区德外大街83号楼9层 100088）

北京新华先锋出版科技有限公司发行

涿州汇美亿浓印刷有限公司印刷　新华书店经销

字数331千字　787毫米×1092毫米　1/16　24印张

2012年5月第1版　2023年3月第2次印刷

ISBN 978-7-5502-0543-7

定价：49.00元

代序：哲学在中国文化中的地位

冯友兰

西方人看到儒家思想渗透中国人的生活，就觉得儒家是宗教。可是实事求是地说，儒家并不比柏拉图或亚里士多德的学说更像宗教。"四书"诚然曾经是中国人的"圣经"，但是"四书"里没有创世纪，也没有讲天堂、地狱。

当然，哲学、宗教都是多义的名词。对于不同的人，哲学、宗教可能有完全不同的含义。人们谈到哲学或宗教时，心中所想的与之相关的观念，可能大不相同。至于我，我所说的哲学，就是对于人生有系统的反思的思想。每一个人，只要他没有死，他都在人生中。但是对于人生有反思思想的人并不多，其反思思想有系统的人就更少。哲学家必须进行哲学化；这就是说，他必须对于人生反思地思想，然后有系统地表达他的思想。

这种思想，所以谓之反思，因为它以人生为对象。人生论、宇宙论、知识论都是从这个类型的思想产生的。宇宙论的产生，是因为宇宙是人生的背景，是人生戏剧演出的舞台。知识论的出现，是因为思想本身就是知识。照西方某些哲学家所说，为了思想，我们必须首先明了我们能够思想什么；这就是说，在我们对人生开始思想之前，我们必须首先"思想我们的思想"。

哲学的功用，尤其是形上学的功用，不是增加积极的知识，这个看法，当代西方哲学的维也纳学派也作了发挥，不过是从不同的角度，为了不同的目的。我不同意这个学派所说的：哲学的功用只是弄清观念；形上学的性质只是概念的诗。不仅如此，从他们的辩论中还可以清楚地看出，哲学，尤其是形上学，若是试图给予实际的信息，就会变成废话。

宗教倒是给予实际的信息。不过宗教给予的信息，与科学给予的信息，不相调和。所以在西方，宗教与科学向来有冲突。科学前进一步，宗教就后退一步；在科学进展的面前，宗教的权威降低了。维护传统的人们为此事悲伤，为变得不信宗教的人们惋惜，认为他们已经堕落。如果除了宗教，别无获得更高价值的途径，的确应当惋惜他们。放弃了宗教的人，若没有代替宗教的东西，也就丧失了更高的价值。他们只好把自己限于尘世事务，而与精神事务绝缘。不过幸好除了宗教还有哲学，为人类提供了获得更高价值的途径——一条比宗教提供的途径更为直接的途径

因为在哲学里，为了熟悉更高的价值，无须采取祈祷、礼拜之类迂回的道路。通过哲学而熟悉的更高价值，比通过宗教而获得的更高价值，甚至要纯粹得多，因为后者混杂着想象和迷信。在未来的世界，人类将要以哲学代宗教。这是与中国传统相合的。人不一定应当是宗教的，但是他一定应当是哲学的。他一旦是哲学的，他也就有了正是宗教的洪福。

目录

中国哲学

西方哲学

中国哲学

🪷 阴阳五行的智慧

阴阳，是中国传统文化中非常重要的一个概念，其中蕴含了中国哲学朴素的辩证法思想。

它最初是源自古人对自然的探索和总结，即向日为阳，背日为阴，后来又引申到天地、日月、昼夜、寒暑、男女、上下，等等，皆分阴阳。

古人习惯用阴气和阳气来解释四季的变化和事物的此消彼长。他们认为，蒸发上升的是阳气，沉滞下降的是阴气。阳气的季节，气从大地由内而外，促使万物生长；阴气的季节，气沉滞下降，万物凋零归根。这阳气和阴气是万物的根本，如果能相互平衡协调，则四季风调雨顺，不会偏衰；如果阴阳失衡，便会发生灾难。

这种观点现在来看存在一定的局限性，但在当时却解释了很多难以理解的现象。西周末年，太史伯阳父就曾以阴阳二气来解释地震的发生："阳伏而不能出，阴迫而不能蒸，于是有地震。"这也是史料中有关"阴阳"观念使用的最早记载。

中国古代的哲学家们认为，阴和阳既互相对立，又互相作用，由此才会有此消彼长的现象，这也是一切事物发生、发展、变化及消亡的根本原因。《史记·天官书》中说："仰则观象于天，俯则观法于地。天则有日月，地则有阴阳。天有五星，地有五行。"古人认为，阴阳是促使一切事物产生的根本，而五行则是构成一切事物必不可少的要素。

五行，即木、火、水、金、土，这五种元素充盈在天地之间，无所不在，它们相互作用、相互发展，维系着自然的平衡。木代表生长的物质；火代表可以散发热能的物质；土代表自然本身；水代表流动的物质，可以循环；金代表坚固的物质。木和火在土的上面，水和金在土的下面，所以木、火属阳，水、金属阴，土是中性。

顺着循环来，五行便会互相生发，即"五行相生"，如：木生火、火生土……若逆着循环走，五行便会互相克制，如：木克土、土克水……古人用阴阳与五行这种相生相克的关系，来阐释一切事物之间的相互联系，即自然界阴阳相互作用，产生五行；五行相互作用，则产生万事万物的无穷变化。

在传统文化中，阴阳与五行影响深远，在孔子生活的春秋时期已经具有了崇高的地位，而正式将阴阳与五行结合在一起的，是战国时期的邹衍。作为中国哲学的重要组成部分，阴阳五行学说是中国古人认识世界的方法，同时，也是古代天文学、气象学、化学、算学、音乐和医学等发展的基础。

❀ 八卦的奥秘

阴阳学说发展的一个重要标志就是《周易》的成书。

《周易》，也称《易》或《易经》，被誉为"群经之首，大道之源"，是中国古代帝王之学，人们常用它来预测未来、反映当前、决策国家大事。一直以来，各朝各代都有人研究《周易》，许多政治家、军事家、商人更将其奉为一生必读之书。

关于"周易"，东汉经学大师郑玄认为，"周"就是"周普"的意思，即无所不备，周而复始；而唐代大学士孔颖达则认为"周"只是一个地名，是周朝的代称。

对于"易"的解释就更是众说纷纭了。东汉经学家许慎在《说文解字》中说，"易"是因蜥蜴而得名，只是一个象形字，是蜥蜴的俗称"变色龙"的引申义。

而现代哲学家胡适则认为，"易"是变易、变化的意思，天地万物都不是一成不变的，都是时时刻刻变化的。他还举了个例子：孔子在江边看到滚滚不绝的江水，不觉叹了一口气说道："逝者如斯夫！不舍昼夜！""逝者"便是"过去种种"。天地万物，都像这滔滔河水，才到了现在，便早又成了过去，这便是"易"字的含义。

在这多样的解释中，虽然还没有得到定论，但《周易》书中涉及的诸多占卜知识，以及对事物变化规律的描述，早已成为中国传统文化思想的精髓和自然哲学的依据。

八卦，就是从《周易》中来的。《周易》中说："易有太极，始生两仪。两仪生四象，四象生八卦。"其中，两仪，即阴阳；八卦，即乾、坤、震、巽、坎、离、艮、兑。

传说八卦是上古时期伏羲所画，象征自然世界的八种物象，后来周文王将八个单卦两两相叠，又推演出八八六十四卦。因此《史记》中有"文王拘而演周易"的记载，后世也有许多学者认为《周易》就是周文王所著。

周文王，姓姬名昌，又称伯昌。商纣王时期，他还只是西岐的一个诸侯，人称西伯侯，因不满商纣王重刑辟暗、淫乐后宫，而被崇侯虎告发。崇侯虎对商纣王说："西伯积德行善、政化天下，诸侯都心有所向，这将对大王您十分不利呀！"于是纣王下令将西伯侯姬昌囚禁在一个叫羑里的地方，不让他再回西岐。

被困在牢狱中整整七年的姬昌，无以打发时日，便发挥自己平生所积累的学识，潜心研究易学八卦。他通过八卦相叠，从而推演出现在《周易》中所记载的"乾为天、坤为地、水雷屯、山水蒙"等六十四卦，留予后代子孙。

其实，所谓的卦象，并没有吉凶之分，只是用来分析说明人们在顺境和逆境时，应采取的态度、行为和处事方法。

《周易》堪称我国文化的源头，其内容十分丰富，对我国几千年来的政治、经济、文化等各个领域都产生了极其深刻的影响。诸子百家中，无论是孔孟之道、老庄学说，还是《孙子兵法》《黄帝内经》都与其有着密切的联系。

🪷 周易（二则）

周公

天行健，君子以自强不息[1]。《周易·乾卦》

地势坤，君子以厚德载物[2]。《周易·坤卦》

【注释】

[1]"天行"句：天体的运行刚强劲健，相应于此，君子也应该发愤图强，永不停止追求的脚步。

[2]"地势"句：大地的气势厚实和顺，君子也应该增厚美德，容载万物。

🪷 制礼作乐的能臣

> 君子所其无逸。先知稼穑之艰难乃逸，则知
> 小人之依。
>
> ——周公

周公，姓姬名旦，又称叔旦，因其封地在周地，所以世人尊称其为周公或周公旦。他是我国西周初期杰出的政治家、军事家和思想家，儒学的先驱。孔子一生所追求的正是周公式的事业。

有着皇族血统的周公，是周武王的同母弟弟，周文王姬昌的第四子。他曾两度辅佐周武王东伐纣王，之后又辅佐武王的儿子成王执政，并制作礼乐，为周朝提出了成套的统治思想。

姬旦从小就懂道理、知孝义，且多才多艺。周文王在世的时候，他给父亲端茶，就像捧着很重的东西一样，十分谨慎。即使替父亲处理事情，他也小心翼翼，不敢独断专行。周公辅佐周武王把商朝推翻后，没多久周武王便因病去世了，武王的儿子姬诵继承了王位，是为周成王。成王年幼，没有办法亲政，于是周公又开始替侄儿处理国家政务，通过摄政决断天下大事。此时的周公，为人处世果断坚决，不仅平定了叛乱，还制定了许多安邦定国的制度。

儒家学说中"礼"的概念，就缘起周公。为巩固政权，周朝迁都洛邑，周公在这里召集天下诸侯举行盛大庆典，并宣布了各种典章制

度，正式册封了诸侯，这就是著名的"制礼作乐"。

周公认为，"礼"是维护等级制度的礼仪规范，划分了等级并限制各阶层的权力；"乐"是配合礼仪活动而进行的音乐歌舞。所谓："礼以分，乐以和。"礼强调的是分别，即"尊尊"，尊重应该尊重的人；乐的作用是感染众人和睦共处，即"亲亲"，亲近应该亲近的人。周公的礼乐制度对中华文明产生了经久不衰的影响，从此中国成为礼仪之邦。

周成王成年后，周公及时将国家政权交还给成王，甘为臣子，全心全意为周成王出谋划策，对于成王交代的事项从不居功自傲，而是谨慎躬行。对于贤能的人才，周公唯恐失去。即使是在洗头发、吃饭的时候，只要他听到有贤士来拜访，便会绾起头发、吐出口中的食物来接待来人。

鉴于商朝灭亡的教训，周公先后发布了许多公告。他告诫统治者，为政要注意"敬德保民""明德慎刑""有孝有德""知小人之依"。周公认为，民情能够体现天命，君主要与人为善，考虑民众的感受，多行恩惠，少施刑罚，做"保享于民"的有德君主，才能被上天保佑，才能"享天之命"。

周公辅佐武王、成王，为周王朝的建立和巩固做出了重大贡献，成为后世为政者的典范。他的天命思想把"敬天"与"保民"直接联系了起来，成为儒家政治思想的直接来源。孔子的儒家学派，把周公的人格典范作为最高典范，并将周初的仁政视为最高的政治理想。

读哲学

🪷 一代智者的道德修养

> 一年之计，莫如树谷；十年之计，莫如树木；
>
> 终身之计，莫如树人。
>
> ——管仲

春秋时期，齐国有一位著名的政治家、思想家，他在齐国任相四十年，以"尊王攘夷"为号召，帮助齐国实行改革，辅佐齐桓公成为春秋时期的第一霸主。他便是被人称为"春秋第一相"的管仲，史称管子。

管仲与周王室同宗，也是姬姓，父亲是齐国的大夫管庄，不过，还在少年的时候，管仲的父亲便去世了，只有年迈的母亲仍在。家道中落的管仲，生活十分贫苦。为了谋生，他不得不过早地挑起家庭重担，从事当时被人们认为很低下的职业——商人。

当时，管仲有个好朋友，叫鲍叔牙，他们两个人合伙一起经商赚钱，可是，管仲总是分给自己的多，分给鲍叔牙的少。鲍叔牙对此却从不抱怨，不过，当他听到众人在背后说管仲贪婪、不讲朋友义气时，他立即出面解释：管仲并不是贪图金钱的人，他之所以这样做，只是因为他家境贫寒，尚有年迈的母亲，全靠他一人供养。之后，管仲又做了很多工作，但都没有成功，鲍叔牙却从未认为管仲无能，而是安慰他说机会未到。在长期交往中，两人结下了深厚的友谊。管仲多次

010

对人讲："生我的是父母，知我的是鲍叔牙。"

这就是"管鲍之交"的典故，后人常用来形容好朋友之间亲密无间、彼此信任的关系。

后来，两个好朋友分别担任齐国公子纠和小白的老师，一时成为美谈，但两人各为其主，在齐国王位继承上产生了分歧。管仲为了助公子纠取得王位，险些箭伤了公子小白，却被公子小白以假死骗过，最终登上了国君的宝座，成为历史上有名的齐桓公。此时的齐桓公本打算任鲍叔牙为相，而鲍叔牙却推荐了管仲，自己甘愿听命于管仲……

在孔子最佩服的前辈中，管仲就是其一。孔子说："微管仲，吾其被发左衽矣。"意思就是：如果没有管仲的话，我们到现在还是披头散发，处在蒙昧状态呢！管仲十分重视统治者自身道德的修养，认为在上者应"称身之过"，"治身之节"。

齐桓公拜相后，经常向管仲请教安邦治国的谋略。

有一次他问管仲："你有没有发现我身上有很多毛病？我喜欢打猎，爱喝酒，还好色……"

管仲听后回复道："这三样都不妨碍齐国称霸。"齐桓公很意外，紧接着管仲就说，"做国君有三件事不能做：第一，得贤而不能任；第二，用而不能终；第三，让贤人干事，而和小人一起议论贤者。"

原来，管仲认为好猎、好酒、好色，不是没有危害，只是这三种"爱好"的危害性与后面所说的三件事相比，要小得多。这也体现了管仲的一些用人观念。管仲认为，作为一个国君要重视人才，要有识别人才的眼力；任用贤者要能够信任人，并且要用到底；对待贤才要公平，要有一个公正公开的价值评判尺度。与贤人谋事而与小人议之，管仲认为这是最不好的。

　　同时，管仲还提出"仓廪实，则知礼节；衣食足，则知荣辱"的观点，大意是说，只有满足了一个人在衣食住行等方面的物质需求，这个人才会学习并遵守法律和法规，受道德的约束。用现代哲学的话说，就是经济基础决定上层建筑。物质是第一性的，精神是第二性的，物质决定精神。从这一点来看，管仲的思想是属于唯物主义范畴的。

　　此外，管仲还是早期法家思想的先驱。他从治民的立场出发，既强调法制的重要，主张"严刑罚""信庆赏"，又肯定道德教化的作用，指出治民仅用刑罚"不足以服其心"，必须辅以德教，"教训成俗，而刑罚省，数也"。他的这些言论主要被辑录在《国语·齐语》一书中，另有一部《管子》流传于世。

🪷 必须遵循的准则

> 善为士者不武；善战者不怒；善胜敌者不与；
> 善用人者为之下。是谓不争之德，是谓用人之力，
> 是谓配天古之极。
>
> ——老子

著名哲学家胡适曾说："中国哲学到了老子、孔子的时候，才可当得'哲学'两个字。"作为春秋时著名的思想家之一，老子是道家学派的创始人。据《史记》记载，老子，姓李名耳，字伯阳，世人又称老聃，楚国人，曾做过周朝的"守藏室之史"，也就是图书管理员。

老子的详细事迹，已不可考，据传，孔子曾从鲁国来到周都，向他请教有关"礼"的学问。

老子说："你所谓的礼，倡导它的人早就死了，就连骨头都已经腐烂了，只有他们的言论留了下来。君子时运来的时候，就应当驾车出去做官，如果生不逢时，就应当隐居起来……

"我听说，富贵的人会把钱财送给朋友，有德行的人会把箴言送给朋友，我不是什么富贵之人，便送几句话给你吧！当今时势，有些自以为很聪明的人却给自身招来了祸患，主要是因为他们爱好讥讽别人，过分夸奖别人，还有就是自视清高、太过自傲。把那些骄气、欲望和做作的身段都放下吧，这些对君子来说，并没有什么好处。我能

告诉你的也就这么多了。"

孔子听后受益匪浅，离开周都后回到了鲁国，他的弟子纷纷上前请教：老子是怎样的一个人。孔子对他的弟子们说："我知道鸟可以在天空飞，鱼可以在水中游，兽可以在大地跑。会跑的，能用网捕捉；会游的，能用钩子钓；会飞的，能用箭去射。但是，龙，我不知道该如何了，它能腾云驾雾直上九天，我今日所拜访的老子，就好比一条龙！"

由此可见，孔子对老子的敬佩之情，溢于言表。

老子是最先发现"道"的人，他把"道"作为最高的实体范畴，用以说明世界万物产生的根源和运动变化的规律，同时，也将其作为人类社会所必须遵循的准则，从而形成了以"道"为核心的哲学体系。

这个"道"本是一个抽象的观念，不容易解释明白，于是老子又从具体的方面出发，想到一个"无"。"无"即是虚空，它是不具有任何具体事物物质属性和形象的东西，但它的性质、作用，却处处和这个"道"最相像。

老子认为万"有"生于"无"，所以把"无"看得比"有"重要。老子说："有之以为利，无之以为用。"这就好比车轮间有了圆洞，车才能行驶；器皿有了中间的空虚之处，才能盛放东西；门窗有了中间的空洞，才能让人进出；房屋有了空处，才能容人居住……他说，具体的事物要么"有"，要么"无"。"有"和"无"是相互依存的关系，但不可能既"有"，又"无"。

名实之争，也是中国古代哲学的一个重要问题，而老子恰是提出这个问题的第一人。他认为人之所以能认知事物，主要是"名"的作用。不过，他虽然知道"名"的用处，却极力崇尚"无名"。他说：

"道可道，非常道。名可名，非常名。"

名和道，都出自同一个事物，一个是客观存在；一个是对存在的认识。他认为天地以下都是具体事物，都可以用"名"来表示，所以说"有名万物之母"；而天地又是从"道"里产生出来的，"道"是无形无体的，没法用名来表达，所以"无名天地之始。"

老子的学说对中国哲学的发展具有深远的影响，朴素的辩证法是其学说的精华，主要见于《老子》这本书。老子创立的道家学派对我国思想文化的发展也做出了重要贡献。后世人创立道教后，将老子尊称为道教至高无上的天神——太清道德天尊，民间都尊他为"太上老君"。

❀ 《老子》的人生哲学

老子的学说，以声匿迹隐、不求闻达为主旨。他在周都居住久了，见周朝的王道日渐衰微，便决定骑着青牛离开这里。

函谷关令尹喜在夜观天象时，发现东方有紫气缭绕，越来越近，形似蛟龙，便知这是有圣人要来临的祥瑞，于是斋戒沐浴在此静候。

几个月后，老子骑着青牛而来。尹喜见后惊喜万分，诚恳地请求赐教，好让老子的思想得以流传下来。老子见尹喜气宇非凡，学识和修养都非常不错，便留下了"五千言"，然后离去。至此，没有人再知道他的下落。而他留下的这"五千言"，便是《老子》一书，世称《道德经》。

《老子》分为上下两篇，上篇《德经》，阐述了宇宙的根本和天地变化的规律；下篇《道经》，阐述了为人处世的道理和进退的方法。书中包含了大量朴素辩证法的观点，如"祸兮福之所倚，福兮祸之所伏"等。

《老子》以"道"解释宇宙万物的演变，认为"道生一，一生二，二生三，三生万物"，"道"就是"夫莫之命而常自然"，所以才有"人法地，地法天，天法道，道法自然"，他认为道是自然而然的存在，是无为而无不为、以自身为法的本体存在。

老子虽没有说过"无为而治"这句话，但他却是最早系统论述这一哲学思想的人。

老子生活在一个兵祸连年的时代——小国不能自我保全，大国又互相争霸不止。他目睹了时势的此消彼长，又深受当时思潮的影响，知道以暴制暴、动用武力是不能解决问题的，因而提出了"无为""无事""无欲"的政治思想。

他说："民之难治，以其上之有为，是以难治。"老子认为，许多社会问题的产生，是统治者个人私欲的膨胀，也就是"有为"政治。因为君主要满足自己的野心，所以才战祸连年，因为君主要满足自己的私欲，所以才会增加赋税徭役……因而他强调君主要清心寡欲："我无为而民自化，我好静而民自正，我无事而民自富，我无欲而民自朴。"

所以，这里所谓的"无为"并不是不要任何作为，而是顺其自然不妄为。

统治者应该少一点欲望，少一点作为，对百姓有所听从，这样统治才能巩固。也就是说，"无为"的结果恰恰是"无不为"。在此，他做了一个比喻：治理国家就像烹小鱼，不能过多地拨动，否则鱼就会被搅烂，这就是"无为"；可是，鱼还是要烹制的，国家还是要治理的，而且还要烹得好，治得好，这又是"为"。如果能按照"无为"的原则去做，顺其自然，便可以把鱼烹制得很好，把国家治理得很好。这就是"治大国若烹小鲜"的典故。

老子还主张君主要以民为本。百姓是一个国家的根基所在，是达官贵族得以存在的根本；无民，则国家无政权可言，是以有"圣人常无心，以百姓心为心"的观点。

除了对君主的要求，老子对常人也有一套人生修为哲学。他常劝人要知足，强调"不争"的好处。他说："上善若水。水善利万物而不争，处众人之所恶，故几于道。"他认为，最高境界的善行就像水一样。水，泽被万物而不与之争夺名利，停留在众人不喜欢的地方，却更接近"道"。所以，上善的人要像水那样安于居下，不与万物发生矛盾、冲突，只有达到尽善尽美的境界，才是最为谦虚的美德。

也正因为这样，才有："江海之所以能为百谷王者，以其善下之，故能为百谷王。是以圣人欲上民，必以言下之……以其不争，故天下莫能与之争。"江海之所以能够成为一切河流的归宿，正是因为它处在下游的位置上，所以成为百谷王。引申到统治者治理国家上，就是说：想要在上面治理百姓，就必须到百姓当中去；想要先于百姓享受，就必须身体力行先为百姓考虑。因为你不争抢，所以天下也就没有什么能和你争抢的。

《老子》对我国春秋以前古代辩证法的发展，做了历史性的总结，不仅是道家的主要著作，还为一些儒家和法家的人物所津津乐道。

🪷 老子（一则）

老子

其政闷闷[1]，其民淳淳[2]；其政察察[3]，其民缺缺[4]。

祸兮，福之所倚；福兮，祸之所伏。孰知其极[5]？其无正[6]也。正复为奇[7]，善复为妖[8]。人之迷，其日固久。

是以圣人方而不割[9]，廉而不刿[10]，直而不肆[11]，光而不耀[12]。

【注释】

[1]闷闷：迟钝、不清楚、不夸夸其谈的样子，含有宽厚宽泛的意思。

[2]淳淳：淳朴厚道的样子。

[3]察察：看得清楚，非常计较的样子，有严厉苛刻的意思。

[4]缺缺：狡诈，不满足。

[5]极：终点、尽头。

[6]无正：没有标准，不能下定论。

[7]正：正常的。奇：奇怪的，奇特的，不正常的。

[8]善：善良的。妖：邪恶的。

[9]方：方正，有原则。割：坚硬，使人不舒服。

[10]廉：清廉、自律。刿：伤害到别人。

[11]直：正直。肆：胡作非为。

[12]光：光芒，做事有个性、有锋芒。耀：刺眼、耀眼。

🪷 万世师表，以德服人

> 天下何思何虑？天下同归而殊途，一致而
> 百虑。
>
> ——孔子

孔子，名丘，字仲尼，春秋末期鲁国人，是我国伟大的思想家、教育家，儒家学派的创始人。在我国古代著名哲学家中，孔子是唯一一个生卒年可考的人。

他一生的事迹，大多人都了解。他的先世为宋国贵族，其曾祖父为了躲避宋国的内乱，逃到了鲁国。父亲是鲁国出名的勇士，母亲生孔子时，因曾在尼丘祈祷，所以起名为丘，因为排行第二，所以字仲尼，世人又称其"孔老二"。

孔子年少时，家境不是很好，为了养家糊口，他做过很多被当时的人们视为低贱的工作。他学无常师，曾学乐于苌弘，学琴于师襄。后来聚徒讲学，从事政治活动。他做过鲁国的司空，当他做上鲁国的司寇时，已经年近五十岁了。

孔子的思想以"仁"为核心，他认为"仁"即"爱人"，仁，即是做人的道理。"仁者人也"，做一个人须要能尽人道，能尽人道，便是仁。因此，孔子提出了"己所不欲，勿施于人"的观点，即自己都

不希望别人这样对待自己，那就不要以同样的言行对待他人。

这就是所谓的"恕"。从积极方面说，就是自己有某种要求需要满足，也要推想他人也有这种要求需要满足。"己欲立而立人，己欲达而达人"，这也就是所谓"忠"。综合来讲，"忠恕之道"正是孔子推行为仁之方。曾子说："夫子之道，忠恕而已矣。"忠恕之道说起来很容易，实行起来困难，因为人们都是有欲望的，常常把自己的利益放在第一位……

孟子说，孔子的时代是一个"邪说横行，处士横议"的时代，"臣弑其君者有之，子弑其父者有之"。这个时代的大致情形，就是"天下无道"的样子。所以孔子才来回奔走，想要把无道变成有道。他周游宋、卫、陈、蔡、齐、楚等国十三年，自称"如有用我者，吾其为东周乎？"后来他见时势不合，根本没有行道的机会，便在68岁时回到了鲁国，全身心致力于教育事业，创造了一整套教学方法，并提出了一系列有深远影响的教育思想。

孔子首创私人讲学风气，主张"有教无类"，"因材施教"，"学而不厌，诲人不倦"的教学态度，强调"学"与"思"的重要性，总结出"学而不思则罔，思而不学则殆"和"温故而知新"等有效的学习方法。

他认为，学习时，首先应该采取虚心的、实事求是的老实态度："知之为知之，不知为不知，是知也"；其次学习的知识面要广泛，学习的途径也要多样化；同时，学与思两者缺一不可。有学无思，只可记得许多没有头绪条理的物事，算不得知识。有思无学，便没有思的材料，只是胡思乱想，也算不得知识。

在天道观上，孔子不否认天命鬼神的存在，但又对其持怀疑态度，主张"敬鬼神而远之"。他认为"不知命，无以为君子也"。孔子宣扬天命论，他说："君子有三畏，畏天命，畏大人，畏圣人之言。"他把天命、大人、圣人之言并列起来，认为三者都是可敬畏的，人的生死、贫富，以及成功、失败，都是由天命决定的，承认有天命，顺天命而行，就不需要求鬼神的帮助保护了。

《论语》记载说，孔丘有一次病了，他的学生子路向"上天"祷告，请求帮助保护。孔丘病好后，问子路有这件事没有，子路说有。孔丘说："丘之祷久矣。"意思就是说，他向来做事都是合乎礼的，他畏天命，顺天命，这就是祷告。他一直都在祷告，所以不需要在有病时祷告。

孔子说："吾十有五而志于学，三十而立，四十而不惑，五十而知天命，六十而耳顺，七十而从心所欲，不逾矩。"孔子活了72岁，这段话，讲了他70岁以后的精神境界："从容中道，圣人也。"也就是说他的精神完全达到了自觉的程度。

在著述方面，孔子也有诸多建树，他整理了《诗经》《尚书》等古代文献，并删定《礼经》《乐经》，为《周易》作序，还编修了鲁国史官所记的《春秋》，使其成为中国第一部编年体历史著作……

相传孔子先后有弟子三千人，其中著名贤人者七十二。现存的《论语》一书，便记载了他和这些弟子的对话问答，成为研究中国古代哲学的重要史料。

自西汉以后，孔子的学说成为两千多年封建社会的文化正统，影响深远。他在世时已被世人认为是当时社会上最博学者之一，赞誉其为"天纵之圣""千古圣人"，后世又尊称其为"至圣"——圣人之中的圣人、万世师表。

论语（二则）

孔子

曾子曰："吾日三省[1]吾身：为人谋[2]而不忠[3]乎？与朋友交而不信[4]乎？传[5]不习乎？"

子曰："弟子，[6]入[7]则孝，出[8]则弟，谨[9]而信，泛[10]爱众而亲仁[11]。行有馀力[12]，则以学文[13]。"

【注释】

[1]三省：三，这里是多次的意思。古人对于频率密集，或是数量多，而且持续时间久的数字，都会用"三"来表示。省：检查、查看，这里是检查自己的作为，查找自己的缺点并改正的意思。

[2]谋：谋的本义是考虑、谋划。这里当作办事讲。

[3]忠：本义是尽心竭力，忠诚无私。这里是尽心竭力的意思。

[4]信：在文中，"信"的意思是指能够按照礼制的要求，人与人之间相互守信用。"信"被儒家作为立国、治国的根本，是儒家道德修养的重要内容之一。

[5]传：这里作名词讲，指老师传授的知识。

[6]弟子：这个词在文中有两种解释：一种是学生，另一种是年纪小，身为儿子或是弟弟的人。在这里，采用第二种解释比较合适。

[7]入：古时候，父母和子女分别居住在不同的地方。"入"就是进入父母的住处。

[8]出：是相对与上面的"入"而言的，即走出自己的房间，或是出外求学。

[9]谨：在《说文解字》中，"谨"被解释为"慎"。文中带有谨慎、少说话的意思。

[10]泛：广泛。

[11]亲仁：亲，亲近。仁，指有仁德的人。

[12]行有馀力：有剩余的精力、闲暇的时间。

[13]学文：这里不单单指学习文字，还包括古代文献，诗、书、礼、乐等方面的文化知识。

孝义行天下

> 士不可以不弘毅，任重而道远。仁以为己任，
>
> 不亦重乎？死而后已，不亦远乎？
>
> ——曾子

曾子，名参，字子舆，春秋末期鲁国人。他在 16 岁时拜入孔子门下，是孔子的得意门生，同时，也是孔子学说的主要继承人和传播者。

出身于没落贵族家庭的曾子，是鄫国太子的后代，先祖是治水有功的夏禹，姒姓。大禹的第五代孙少康封他的小儿子曲烈于鄫地，建立鄫国，后为莒国所灭，所以，其后代用去掉偏旁的"曾"为姓氏，表示离开故城之意，这也是"曾"被用为姓氏的开始。

曾子为人谨慎，待人谦恭，以孝行著称，是有名的孝子，而其父曾点则被后人称颂为教子有方的典型。

曾点，字皙，太子巫的曾孙，孔门弟子七十二贤之一，拥有狂者的气质，行为不拘一格，敢作敢为。曾点对儿子寄予厚望，从小就对他严加管教，不仅传授他"六艺"知识，还常带他去田间劳作。

一次，曾子在地里锄瓜，不小心铲断了瓜根。曾点认为他做事不认真，很生气，用棍子把他打倒在农地里。曾子起来后，没有丝毫怨言，还询问父亲是否因为教育自己，而气坏了身体。随后曾子又弹琴

唱歌，向父亲表示自己身体健康，并没有受伤。

这件事被后人传诵下来，于是有了"棍棒之下出孝子"的典故。此外，"二十四孝"中"啮指痛心"的故事，讲的也是曾子孝行的事迹。

曾子学习的最大特点，就是勤学好问，遇到任何事理，都要千方百计地弄明白。孔子对他的第一印象便是"参也鲁"，意思就是曾子秉性质朴、憨厚。孔子曾问自己的弟子，他的思想怎样能做到"一以贯之"。曾子答道："忠恕而已矣。"孔子非常满意，认为曾子得到了自己的真传。

作为后入门的弟子，曾子的思想学说比孔门其他弟子的学说成熟得晚，但他沉稳的性情与不懈的坚持，又使得孔子的学说得到了丰富与发展，比如"孝"与"礼"等思想就是在曾子时期发扬光大的。他说："君子立孝，其忠之用，礼之贵。"

除了主张以孝为本、孝道为先的孝道观外，曾子还十分重视自身道德品质的修养。他认为个人的修养与学习是分不开的，提出了"修齐、治平、省身、慎独"和"吾日三省吾身"的修养方法。他说："我每天都要对自己的言行反省很多次，是否竭尽心力去帮助别人了？是否对朋友真诚相待了？对待老师传授的知识是否认真温习了？"

和孔子一样，曾子也是主张积极参与政治的。他认为士不可不志向远大、意志坚强，因为他肩负重任，路途遥远。所以孔子之后，曾子勇敢地担负起推行德政的重任，入仕为官。但是他的仕途和孔子一样，充满坎坷。

此时，他想起老师曾说过的一句话："把自己的主张应用于政治，也就是参与了政治，何必一定要做官才算参与政治呢？"于是，他退居故里，专心讲学，晚年仍坚持践行孔子的思想，做到老年著书、病中教徒、守礼至终三件颇具影响的事。

曾子离世前对弟子说："君子爱人，是要成全别人的美德，而小人爱人，则是没有原则的宽容，我能够合情合理地死去，还能有什么奢望呢？这就足够了。"

一代"宗圣"曾子，在留下他对老师的敬仰和《大学》《孝经》等儒家传世经典后，就这样故去了。

到西汉武帝"罢黜百家，独尊儒术"后，儒家思想得到了空前发展，而曾子上承孔子之道，下启思孟学派，对儒家学派的思想既有继承，又有发展，起到了重要作用，后世儒家将他与孔子、孟子、颜子、子思并称为"五大圣人"。

🪷 《大学》《中庸》里的生存智慧

《大学》和《中庸》都是《礼记》中的文章，相传《大学》是孔子的学生曾子所作，《中庸》是孔子的孙子子思所作。

《大学》一书，文辞简约，内涵深刻，主要概括总结了先秦儒家道德修养理论，以及关于道德修养的基本原则和方法，对儒家政治哲学也有系统的论述，对今人如何做人、做事、立业等均有启迪意义。

《中庸》同《易经》相似，但是没有《易经》影响大、涵盖面广。宋朝以后，它逐渐成为儒家学者的研读重点，很多儒学、理学的概念和命题都出自《中庸》。许多思想家也都坚持"中庸"的信条，开始用"中庸"的方法论思考问题。

这以北宋哲学家程颢、程颐为主要代表。他们两兄弟竭力尊崇《大学》《中庸》在儒家经典中的地位。加之后来，南宋哲学家朱熹又将《大学》《中庸》《论语》《孟子》并称为"四书"，直至宋元以后，《大学》《中庸》成为学校官定教科书和科举考试必读书，对古代教育产生了极大的影响。

"大学"，就是治国安邦的学问，后人将《大学》的主要内容概括为"三纲领"和"八条目"。"三纲领"是"明明德""亲民""止于至善"。这是"大学之道"的总纲，意思就是，做治国安邦这种大学问的方法在于，提倡和发扬正大光明的德行和德政，广泛地亲近民众和尊重民意，以至善至美为奋斗目标。

"八条目"即格物、致知、诚意、正心、修身、齐家、治国、平天下。这是有关道德修养的具体方法，是一步步实现"三纲领"的具体步骤。

古代那些要使美德彰明于天下的人，要先治理好国家；要治理好国家的人，要先整顿好自己的家；要整顿好家的人，要先进行自我修养；要进行自我修养的人，要先端正思想……思想端正了，才能完善自我修养；自我修养完善了，才能让家庭整顿有序；家庭有序了，才能国家安定繁荣；推而广之，达到天下平定。

这是儒家思想传统中知识分子尊崇的信条。以自我完善为基础，通过治理家庭，直到平定天下，是几千年来无数知识分子的最高理想。

如果说《大学》是指导人实现政治理想的启蒙书，那么《中庸》便是指导人实现完美修养的启蒙书。《中庸》的思想，主要集中表现在"中庸"和"诚"这两个范畴上。

何谓"中庸"？"中庸"并不是"中立、平庸"，而是"执中、中和"的意思。所谓："不偏之谓中，不易之谓庸。"在一个人还没有表现出喜怒哀乐时的平静情绪为"中"，表现出情绪之后经过调整而符合常理为"和"。

"中庸"是儒家最高的道德标准，是对孔子"己所不欲，勿施于人"精神的传承，是对儒家学者世代相传的"忠恕之道"的发展，其主旨在于通过自我教育，达到"至诚"的境界。

"诚"是充分表达个人的本性，所以《中庸》说："诚者，天之道也。诚之者，人之道也。"人的天性本来是诚的，若能依着这天性去做，若能充分发展天性的诚，便是"教"，便是"诚之"的工夫。

在儒家思想体系里，政治和伦理是不可分割的一个整体，但是，从论述的角度出发，两者却有不同的着重点。

《大学》比较通俗平易，强调各种伦理规范对于治国平天下的政治意义，实践性很强；《中庸》比较高深微妙，把这些伦理规范提升到了天人关系的高度加以考察，思辨性很强。

《大学》和《中庸》都是儒家学派的经典代表著作，长处都在于方法明白、条理清楚。数千年来，这两部著作已成为无数仁人志士初窥儒家之门的必读书目。

🪷 大学（一则）

曾子

古之欲明明德于天下者，先治其国；欲治其国者，先齐其家[1]；欲齐其家者，先修其身[2]；欲修其身者，先正其心；欲正其心者，先诚其意；欲诚其意者，先致其知[3]。致知在格物[4]。物格而后知至，知至而后意诚，意诚而后心正，心正而后身修，身修而后家齐，家齐而后国治，国治而后天下平。

【注释】

[1] 齐其家：管理好自己的家庭或家族。

[2] 修其身：修养自己的身心品性。

[3] 致其知：使自己获取知识。

[4] 格物：认识、研究万事万物。

🪷 人之所以异于禽兽

> 乐民之乐者，民亦乐其乐；忧民之忧者，民
> 亦忧其忧。乐以天下，忧以天下，然而不王者，
> 未之有也。
>
> ——孟子

孟子，名轲，字子舆，战国中期著名思想家、文学家、政治家，儒家学说的主要代表人物。他出生的年代，恰逢周王朝的最后阶段：国家四分五裂，诸侯争霸。

相传，孟子是鲁国贵族孟孙氏的后裔，幼年丧父，家庭贫困。孟母守节没有改嫁，对他要求十分严格。

最初，孟子一家住在墓地旁边，孟子就和邻居的小孩一起学着大人跪拜、哭号的样子，玩起办理丧事的游戏。孟母看到了，就皱起眉头说："不行！我不能让我的孩子住在这里！"便带着孟子搬到市集旁边去住。

到了市集，孟子又和邻居的小孩学起商人做生意的样子，一会儿鞠躬欢迎客人，一会儿招待客人，一会儿和客人讨价还价，表演得有模有样。孟母听说后，又皱皱眉头："这个地方也不适合我的孩子居住！"于是，他们又搬家了。

这一次，他们搬到了学校附近。孟子开始变得守秩序、懂礼貌、

喜欢读书了。这个时候，孟母很满意地点着头说："这才是我儿子应该住的地方呀！"

后来，人们就用"孟母三迁"来表示人要接近好的人和事物，才能养成好的习惯。

孟母的教育，深深地影响了孟子。因为深信人性本善，所以孟子不主张被动和逼迫的教育。他认为，教育的宗旨只是要使这本来的善性充分发挥，因此提倡自觉自发的教育。

他说："人之异于禽兽者几希，庶民去之，君子存之。"人和禽兽的差异就那么一点儿，一般人抛弃它，君子却保存它。教育只是要保存这"人之所以异于禽兽"的人性罢了。

孟子还将教育比作"有如时雨化之者"，认为不耘苗不好，揠苗也不好，最好的是及时的雨露。也就是说，标准的教育虽是自动的，却不可没有标准。

他说："圣人既竭目力焉，继之以规矩准绳，以为方圆平直，不可胜用也。既竭耳力焉，继之以六律正五音，不可胜用也。"前人出了多少力气，才制定出这种种标准。我们用了这些标准，便是不劳而获了前人的益处，这才是标准的教育法，才是教育的捷径。

总的来说，孟子哲学思想的最高范畴是天。他认定个人不能单独存在，一切行为都是人和人相互关系的行为，都是伦理的行为。所以，他把道德规范概括为四种，即仁、义、礼、智。同时他还把人伦关系概括为五种，即五伦：父子有亲，君臣有义，夫妇有别，长幼有序，朋友有信。凡是人力所不能做到的事，孟子都归结为天的作用。

　　孟子说："君子创业垂统，为可继也。若夫成功，则天也。"因此，他主张人应顺从地接受天的安排，做到"乐天""畏天""事天"，由此可见，孟子的哲学思想颇具客观唯心主义的味道。

🪷 仁政才是保障

> 君子以仁存心，以礼存心。仁者爱人，有礼
> 者敬人。爱人者，人恒爱之。敬人者，人恒敬之。
>
> ——孟子

　　孟子师从孔子之孙——子思的门下，继承并发扬了孔子的思想，一直是孔子学说和理想的强大支持者。他学成以后，以士的身份游说诸侯，推行自己的政治主张。他不仅游历于宋、滕、魏等国，还曾在齐国为卿。

　　民心的向背是孟子十分重视的，因此，他的政治哲学带着很强的民权意味。他说："民为贵，社稷次之，君为轻。是故得乎丘民而为天子，得乎天子为诸侯，得乎诸侯为大夫。"意思是说，百姓最重要，代表国家的土神和谷神的重要性要低于百姓，而国君的重要性最低。因此，得到百姓拥戴的人能做天子，得到天子信任的人能做诸侯国的国君，得到诸侯国国君信任的人能做大夫。

　　孟子之所以会有这样的政治观点，是因为他的学说的出发点是"性善论"。孟子把个人看得十分重要，相信人生来都有一种不忍人之心和种种"善端"，即"恻隐之心""羞恶之心""辞让之心""是非之心"，也称"四端"。他认为，有的人可以扩充"善端"，加强道德修养；有的人却自暴自弃，为环境所陷溺。

因此，孟子同时强调道德修养的自觉性，并提出这主要在于人的主观方面。做人的确不容易，但人的崇高性和自身价值就体现在这里，所以有"富贵不能淫，贫贱不能移，威武不能屈，此之谓大丈夫"一说。

孟子主张以德治天下，即德治，提出了"仁政""王道"等观点，并使之成为其政治思想的核心。他把"亲亲""长长"的原则应用于政治，认为百姓的物质生活有了保障，统治者再兴办学校，用孝悌的道理进行教化，便能引导人们向善，就可以形成一种良好的道德风尚，即"人人亲其亲、长其长，而天下平"。

他对当时的君主说道："你好色没关系，好货没关系，好田猎、好游玩、好音乐都没关系。但是你好色时，要想想国家的怨女旷夫们；你好货时，要想想那些穷苦的百姓；你好田猎、好游玩时，要想想天下有多少父子不得相见、兄弟妻子离散……总之，你要善推其所为，要实行仁政。"

对于如何推行仁政，孟子说："以力假仁者霸，霸必有大国；以德行仁者王，王不待大，汤以七十里，文王以百里。以力服人者，非心服也，力不赡也；以德服人者，中心悦而诚服也。"也就是说，凭借武力又假借仁义的人可以称霸天下，所以称霸者必须具备自身是大国的条件。依靠道德而施行仁义的人也可以称王天下，但不一定必须是大国。商汤凭借七十里的国土面积称王天下，周文王凭借一百里面积的国土称王。用武力让别人屈服，别人未必是真心屈服，只是力量不足以反抗罢了；用道德让别人顺从，别人才会心悦诚服地顺从。

不过，当时的几个大国都致力于富国强兵，期望通过暴力手段实现统一，所以，孟子的这种德政学说，被统治者认为是"遇远而阔于事情"，根本不可实行。最终，孟子选择退而著书，与弟子们一起"序《诗》《书》，述仲尼之意，作《孟子》七篇"。

《孟子》一书主要记录了孟子的语言和政治观点，是儒家的经典之作。其文章气势充沛，说理畅达，并长于论辩。孟子也终成为仅次于孔子的一代儒家宗师，因孔子是圣人，所以世人尊称其为"亚圣"，将两人的思想合称为"孔孟之道"。

孟子（一则）

孟子

孟子曰："天时不如地利，地利不如人和[1]。三里之城，七里之郭[2]，环而攻之而不胜。夫环而攻之，必有得天时者矣；然而不胜者，是天时不如地利也。城非不高也，池非不深也，兵革非不坚利也，米粟非不多也；委[3]而去之，是地利不如人和也。故曰：域民[4]不以封疆之界，固国不以山溪之险，威天下不以兵革之利。得道者多助，失道者寡助。寡助之至，亲戚畔[5]之；多助之至，天下顺之。以天下之所顺，攻亲戚之所畔；故君子有不战，战必胜矣。"

【注释】

[1]天时、地利、人和：天时指适合出兵打仗的时机、气候等；地利指山川险要，城池坚固等有利条件；人和指人心的团结与和睦。

[2]城、郭：城指"内城"，郭指"外城"。内城和外城的比例一般是三比七，因此称"三里之城，七里之郭"。

[3]委：放弃、弃城。

[4]域民：限制百姓。域，本指界限，这里引申为限制。

[5]畔：同"叛"，背叛。

❀ 平民教父的哲思

> 名不可简而成也，誉不可巧而立也，君子以
> 身戴行者也。
>
> ——墨子

墨子，姓墨名翟，是我国春秋末、战国初著名的思想家、教育家、军事家，墨家学派的创始人。关于墨子的出生地，一直都有争议：《史记·孟荀列传》说他是"宋之大夫"；《吕氏春秋·当染》认为他是鲁国人；也有的说他原为宋国人，后来长期住在鲁国。

出身平民的墨子，是小工业者的代表，他自称"今翟上无君上之事，下无耕农之难"，可见，他属于当时的"士"阶层，但他又承认自己是"贱人"。墨子始终保持着劳动者的本色，甘于清贫，乐于奉献，具有相当丰富的生产工艺技能，可与当时的巧匠鲁班相比。

墨子主要在鲁国活动，又生活在孔门学说正盛的时期，所以他的思想学说处处和儒家有关系。他曾从师于儒者，学习孔子之术，称道《尚书》《春秋》等儒家典籍，但后来他渐渐不满儒家"礼"的烦琐，最恨那些儒家一面不信鬼神，一面却讲究祭礼丧礼。他说："不信鬼神，却要学祭礼，这不是没有客却行客礼吗？这不是没有鱼却下网吗？"

最终，他舍弃儒学，另立新说，聚徒讲学，形成了自己的墨家学派，成为儒家的主要反对派，也是先秦时代唯一能与孔子创立的儒家

学派相抗衡的"世之显学"。

墨家与儒家的根本不同，在于两家的哲学方法和"逻辑"。儒家只注意行为的动机，不注意行为的效果，墨子的方法却恰与此相反，处处要问一个"为什么"。比如，造一所房子，墨子先要问为什么要造房子。知道了"为什么"，才能知道"怎样做"。知道房子的用处是"冬避寒焉，夏避暑焉，室以为男女之别"，才会知道该怎样布置构造，使其能避风雨寒暑、分别男女内外。

或许是因为出身的关系，墨子的思想总体而言，可以看成一种平民哲学。墨子在他的体系中，始终以下层的普通民众作为原点，进而衍生出其他。墨子以"耳目之实"的直接感觉经验作为认识的唯一来源，他认为，人的知识来源可分为三个方面，即闻知、说知和亲知。

在墨子看来，判断事物的有与无，不能凭个人的臆想，而要以大家所看到的和听到的为依据。对于学习得到的知识，不应当是简单地接受，而必须消化并融会贯通，使之成为自己的知识。因此，他强调要"循所闻而得其义"。这种把知识来源的三个方面有机地联系在一起的方法，使得墨子的认识论在我国古代哲学领域里独树一帜。

墨子的弟子众多，他们以"兴天下之利，除天下之害"为教育目的，特别重视艰苦实践，服从纪律。《墨子》一书是墨子的学生对他思想言论的记录，现存五十三篇。全书分为《墨经》《墨论》《杂篇》三类，内容广博，包括了政治、军事、哲学、伦理、逻辑、科技等方面，是研究墨子及其后学的重要史料。

🪷 用爱拯救世界

> 无言而不信，不德而不报，投我以桃，报之
> 以李。
>
> ——墨子

墨子认为当时的社会之所以那么乱，有两个原因，一个是人们不"兼爱"，一个是天下人没有正确统一的思想为指导。所以，他在政治上提出了"兼爱""非攻""尚贤""尚同""节用""节葬""非乐"等主张。墨子认为只要大家"兼相爱，交相利"，社会上就不会有强凌弱、贵傲贱、智诈愚和各国之间互相攻伐的现象了。其中，"非攻"的思想，也反映了当时百姓反对战争的意向。

在用人原则上，墨子主张任人唯贤，反对任人唯亲，主张"官无常贵，而民无终贱"。他还主张从天子、诸侯国君到各级正长，都要"选择天下之贤可者"来充当，"必使饥者得食，寒者得衣，劳者得息，乱则得治"。而百姓则要服从君上，做到"一同天下之义"。

不辞劳苦、热心救世的墨子"日夜不休，以自苦为极"，他看见当时各国征战的惨祸，心中不忍，不仅积极宣传自己的政治主张，而且还不遗余力地将其付诸实际。

位于长江中游的楚国，地广人众，是一个名副其实的大国，而在

它北部的宋国则是个人寡地少的小国。当时的楚王请巧匠鲁班制造了云梯等攻城器械，准备攻打弱小的宋国。墨子得知这个消息后，一面派自己的三百多弟子带着守城器械去宋国支援，一面风雨兼程，步行了十天十夜赶到楚国都城，劝说楚王停止对宋国的侵占。

他见到楚王后，先做了个比喻，说："现在有一个人，舍弃自己华丽的车子不坐，倒想着去偷邻居的破烂车子；闲置着自己的锦缎绸衣不穿，倒想着去偷邻居的简陋粗布衣裳；放着自己的精美肉食不吃，却想去偷邻居的糟糠野菜。这是一个怎样的人呢？"

楚王回答说："这一定是一个盗窃成性的人。"

墨子接下来就对楚王说："那现在准备攻打宋国的楚国行为与那个盗贼的行径又有什么两样呢？和楚国相比，宋国不过是破烂车子、粗布衣裳、糟糠野菜而已……"

一席话说得楚王无言以对，但是楚王并没有放弃攻打宋国的念头。他说："鲁班已经为楚国造好了云梯，正等着我用呢！"

这时墨子解下身上的带子，将其围成城墙的样子，再用一些筷子当守城的器械，让楚王看着他与鲁班演习攻城之战。

经过了九次攻和防，鲁班都"战败"了。鲁班已经用完了自己的攻城之术，而墨子守城的办法还有很多。看到这样的结果，楚王只好放弃了攻打宋国的计划。

有一个朋友看到墨子一生慷慨好义，便劝他道："如今天下的人都不肯做义气的事，你何苦这样尽力去做呢？我劝你不如就放下不要做了。"

墨子回答说："这就好比一个人有十个儿子，九个都好吃懒做，只有一个尽力耕田。吃饭的人那么多，耕田的人那么少，那一个耕田的儿子便应该格外努力勤奋才好，否则大家都会饿死。如今天下的人都不肯做义气的事，那你更应该劝我多做些才好。为什么反来劝我放弃呢？"

墨子言行颇多，但其学说充满了内在的不可克服的矛盾。他思想中合理的因素，被后来的唯物主义思想家继承和发展，余下的神秘主义部分，也被秦汉以后的神学家吸收和利用，影响深远。

墨子（二则）

墨子

若使天下兼相爱^[1]，爱人若爱其身，犹有不孝者^[2]？

无言而不信，不德而不报，投我以桃，报之以李^[3]。

【注释】

[1]兼相爱：互爱互助。

[2]"若使"句：假如天下都能相亲相爱，爱别人就像爱自己，还能有不孝顺的人吗？

[3]"无言"句：没有什么话是不诚实的，没有什么恩德不报答，你送给我桃子，我回报你李子。

🪷 超越贫困的人生

> 天下有道，圣人成焉；天下无道，圣人生也。
>
> ——庄子

　　庄子一生的事迹，流传下来的很多，但是可以考证的很少。他本名周，字子休，战国时期宋国人，后人称之为"南华真人"。他是我国著名的思想家、哲学家、文学家，庄子学派创始人，道家学派代表人物，后世常将他与老子并称为"老庄"。

　　庄子家里比较贫困，居住的环境也不是很好，他主要靠打草鞋生活，还曾在家乡做过管理漆园的小官，不过，在职没多久就归隐了。有一次，他穿着破旧的衣服去拜见魏王。魏王见过他后，问他为何如此潦倒。庄子说："我是穷，不是潦倒，是所谓的生不逢时呀！"

　　楚王听说庄子很有才，便派了两名使者，以厚金礼聘，请他出任丞相。庄子说："千金、相位，的确是重利、尊位，但这好比祭祀用的牛——喂养多年，便给它披上绣花衣裳送到太庙做祭品。我不愿这样，宁愿像条鱼一样，在污泥浊水中自得其乐。"

　　这些对话，反映了庄子的性格和人生观。庄子对现实十分悲观，他消极厌世，对整个人生采取的是虚无主义态度。他把提倡仁义和是非看作加在人身上的刑罚。他认为，人之所以不自由，一方面是由于外界物质条件的束缚，另一方面是由于自身肉体的束缚，想要到达精神上绝对自由的境界，其办法是"坐忘"——彻底地忘掉一切。

从这种自然原则出发，庄子认为真正的自由在于任其自然，就像《逍遥游》中说的那样，大鹏、小鸠和列子等都有所待，所以都称不上绝对的自由，真正获得自由的"至人"是无所待的。这样的至人超脱于物我、是非、生死、贵贱之外，能进入"天地与我并生，万物与我为一"的神秘境界。

夏季里的一日，庄子躺在花园的大树下，不知不觉昏昏而睡。他梦见自己变为一只美丽的彩蝶，自由自在于花间翩翩起舞。当他梦醒时，发现自己原来并非蝴蝶，不禁自问道："究竟是庄周做梦变成蝴蝶，还是蝴蝶做梦变成了庄周呢？"

这便是"庄周梦蝶"的典故。

庄子是一个出世主义者。现实生活中，庄子虽在人世，却和不在人世一样；他虽然与世人往来，却不问世上的是非、善恶、得失、祸福、生死、喜怒、贫富……眼光见地处处都要超出世俗之上，行为举止都要超出"形骸之外"。

庄子的哲学，更是一种"泛爱万物"的兼爱主义哲学。他和老子一样讲天道自然无为，继承并发展了老子"道法自然"的观点，把"道"作为世界最高原理。

他强调事物的自生自化，认为"道"是"先天地生"，"自本子根"，无所不在，无所不包的；既没有界限、差别，也没有神的主宰，即万物齐一。

庄子对中国古代哲学的发展有很大的影响，魏晋时期的玄学思潮"祖述老庄"，融合了儒、道两家，很多名儒也从这时开始研究庄子的思想。

　　庄子的文章汪洋恣肆，想象瑰丽，具有浓厚的浪漫主义色彩，寓言故事的形式富有幽默讽刺意味，对后世文学语言影响很大。

　　他和门人以及后来学者合著的《庄子》一书，被道教奉为《南华经》，是道家经典之一，在哲学、文学上都有较高研究价值，名篇有《逍遥游》《齐物论》《养生主》等，其中《养生主》中的"庖丁解牛"尤为后世所传诵。

庖丁解牛[1]

庄子

庖丁为文惠君解牛[2]，手之所触，肩之所倚，足之所履，膝之所踦[3]，砉然向然，奏[4]刀騞然，莫不中[5]音。合于《桑林》[6]之舞，乃中《经首》之会[7]。

文惠君曰："嘻[8]，善哉！技盖[9]至此乎？"

庖丁释[10]刀对曰："臣之所好[11]者道也，进[12]乎技矣。始臣之解牛之时，所见无非牛者也。三年之后，未尝见全牛也。方今之时，臣以神遇[13]而不以目视，官[14]知止而神欲行。依乎天理[15]，批大郤[16]，导大窾[17]，因其固然[18]。技经肯綮之未尝[19]，而况大軱[20]乎！良庖岁更刀[21]，割也；族庖月更刀[22]，折也。今臣之刀十九年矣，所解数千牛矣，而刀刃若新发于硎[23]。彼节者有间[24]，而刀刃者无厚，以无厚入有间，恢恢乎其于游刃必有余地矣[25]，是以十九年而刀刃若新发于硎。虽然，每至于族[26]，吾见其难为，怵[27]然为戒，视为止[28]，行为迟[29]，动刀甚微[30]，謋然已解[31]，如土委地[32]。提刀而立，为之四顾，为之踌躇满志[33]，善[34]刀而藏之。"

文惠君曰："善哉！吾闻庖丁之言，得养生焉。"

【注释】

[1] 本篇选自《庄子·内篇·养生主》，这则故事说明做事不仅要掌握规律，还要持着一种谨慎小心的态度，收敛锋芒，并且在懂得利用规律的同时，更要去反复实践，才能终究领悟出事物的真理所在。

[2] 庖丁：庖，厨师，庖丁即一个姓丁的厨师。文惠君：人名，梁惠王是作者假托的一个君王，历史上并无其人。解：剖割分解。

[3] 踦：抵住。

[4] 奏：进，音响大于砉的砍割裂之声。

[5] 中：合乎。

[6]《桑林》：商汤时的乐曲名。

[7] 经首：尧时的乐名。会：音节。

[8] 谞：同"嘻"，惊叹之声。

[9] 盖：通"盍"，为何。

[10] 释：放下。

[11] 好：喜好。

[12] 进：超过。

[13] 神遇：从精神上去感知事物、事理，即心领神会。

[14] 官：指耳目等感觉器官。

[15] 依：遵循。天理：牛的天然的生理结构。

[16] 批：击，劈。郤：筋骨间的空隙。

[17] 导：引。窾：空。导大窾：刀引入到筋骨间的空隙。

[18] 因：因循。固然：本来的样子。

[19] 技：当作"枝"字来解。枝经，经脉相连处。肯：附在骨头上的肉。綮：筋肉纠结之处。

[20] 大軱：此处指大骨头，即所谓的盘结骨。

[21]良：善。岁：年。更：更换。

[22]族：大多数。折：用刀砍断骨头。

[23]硎：磨刀石。

[24]节：骨节。间：间隙，空隙。

[25]恢恢乎：宽绰的样子。游刃：运刀。

[26]族：骨节筋腱聚集处。

[27]怵：一心谨慎。

[28]视：目光。为：因。

[29]行为迟：动作因此放慢。

[30]微：轻。

[31]謋：象声词，这里指牛体解开时的声响。

[32]委地：堆积在地上。

[33]踌躇满志：从容自得，心满意足。

[34]善：收拾。

🪷 学富五车

> 无厚不可积也，其大千里。
>
> ——惠施

惠施，即惠子，战国中期哲学家、政治家、辩客，名辩思潮中"合同异"学派的主要代表人物。他的作品已经全部散失了，主要学说散见于《荀子》《韩非子》《战国策》《吕氏春秋》《说苑》等书。此外，他的好朋友——庄子的一些著作里也有提到他的思想。

主要在魏国生活的惠施学识很渊博，魏惠王十分赞赏他的博学，经常听他讲学，还十分器重他，拿他与管仲相比。当然，惠施对魏王也很忠诚，作为合纵抗秦的倡导者，他在各国享有很高的声誉，因此，常被魏惠王派到其他各国处理一些外交事务。

张仪来到魏国后，打算为秦连横，一起进攻齐楚。惠施因与其政见不合被迫离开了魏国。

他先到楚国，又回到家乡宋国，在那里遇见并结识了庄子，与之交游甚好。后来魏惠王离世，张仪失宠离开，他又得以重回魏国。

惠施为魏国制定了很多法律，但因其著作散失，这些都没能流传下来。《庄子·天下篇》用"惠施多方，其书五车"来形容惠施的知识渊博，藏书也很多。成语"学富五车"便是由此而来。

惠施十分善辩，常与庄子讨论问题，其中，濠上观鱼的故事，就是两人的著名辩论。

庄子与惠施交游于濠水的桥上，看见水中鱼儿悠然戏水，便说道："你看鱼儿在水中多么快乐呀！"

惠施反驳道："你又不是鱼，怎么知道鱼快不快乐？"

庄子回答说："你又不是我，你怎么知道我不知道鱼快不快乐？"

惠施很机敏，立刻利用庄子的逻辑反驳庄子："我不是你，当然不会知道你的想法，但是有一点很清楚：你也不是鱼，所以你也不可能知道鱼是否快乐。我们没必要再争论下去了！"

辩论到这里，庄子本已无话可说，因为惠施用的正是庄子的论据。然而，庄子突然话锋一转道："那我们就再回到刚才的对话，你问我，'你怎么知道鱼快不快乐？'既然你这样问了，你便是已经知道我知道鱼是快乐的了，否则怎么会这样问呢？那么，现在我可以告诉你：我是在这濠水桥上知道的！"

这则故事被记载在《庄子·秋水篇》里。惠施死后，庄子曾感慨世上再无可言之人……

惠施主张广泛地分析世界上的事物，认为在广袤无垠的宇宙里，任何时间、空间上的差异都是微不足道的，万物的相同和相异都是相对的，是在不断变化的，看似相异的对立之中有着同一性，这便是"合同异"。

为此，惠施提出了"历物十事"等命题来进行论证。《庄子·天下篇》记载了这十个论题，后世称之为"惠施十事"。比较著名的有："至大无外，谓之大一；至小无内，谓之小一。""日方中方睨，物方生方死。""大同而与小同异，此之谓小同异；万物毕同毕异，此之谓大同异。"

惠施说的"万物毕同毕异"，是指万物各有一个"自相"，例如一胎里生不出两个完全一样的兄弟；一棵树上开不出两朵完全一样的花；一朵花上找不出两片完全一样的花瓣……这便是万物的"自相"。

有自相，所以"万物毕异"，但万物却又都有一些"共相"。例如男女有别，却同是人；人与禽兽有别，却同是动物；动物与植物虽有别，却同是生物……这便是万物的"共相"。有共相，所以"万物毕同"。

毕同毕异，"此之谓大同异"。惠施的这一思想与庄子"齐万物为一"的思想有异曲同工之妙。

从整个名辩思潮的发展来看，惠施与一般只着眼于社会政治伦理问题研究和只停留于思维形式研究的诸家不同，他是先秦时期注重研究自然，颇具科学精神的一位思想家。他注重从事物的联系和发展来看待事物的差异，发现差异的相对性，这对当时以静止观点看待实物的形而上学思想是不小的冲击，在中国古代哲学上具有积极的进步意义。但他过分夸大了事物的同一性，忽视了个体的差别和相对稳定性，因而又走向了哲学的另一个极端——相对主义的错误。

🪷 白马非马，病人非人

> 白马者，马与白也。马与白，马也？故曰：
> 白马非马也。
>
> ——公孙龙

与"合同异"相对，"离坚白"是战国末期名家另一派的观点。"离坚白"就是将"坚"与"白"两者相分离。这一学说的主要代表人物是战国末期的公孙龙。

公孙龙，赵国人，当时著名辩者、逻辑学家，与惠施齐名。他曾在平原君赵胜家当门客，与同时期的邹衍辩论过，后被"邹衍不辩"弄得下不来台。

公孙龙本人不仅善于辩论，还善于"劝人"，这或许是受到墨家"兼爱非攻"思想的影响，他曾到处劝人"偃兵"。据《吕氏春秋·应言》记载，他曾劝说过燕昭王偃兵。

公孙龙还曾到过魏国，与公子牟论学。

"离坚白"来自公孙龙的一篇文章《坚白论》。说有一块坚硬的白石头，用眼睛看不到石头是坚硬的，只能看到石头是白色的，即"视不得其所坚，而得其所白者"，所以"无坚"；用手去摸石头，摸不到石头是白色的，只能感受到石头是坚硬的，即"拊不得其所白，而得其所坚者"，所以"无白"。

进而，他指出，看到白时感觉不到坚，感觉到坚时看不到白。坚在未与石物结合时，必定独立的，是"坚"并自藏着的；白在未与石物结合时，也必定独立的，是"白"并自藏着的。由此推论，"石"中之"坚、白"两种属性不可并存，是两个相分离而独立自藏着的概念，不能同时联系在一个具体事物之中。

其实，"离坚白"与"合同异"，都是当时人们对事物的一种认识，只是"离坚白"强调事物的差异性。

公孙龙得以著名于世，是因为他力倡"白马非马"之说，并与儒家的孔穿、阴阳家的邹衍等人进行过辩论。

白马非马，这似乎是自相矛盾的命题，但公孙龙却巧妙地论证了这个命题的正确。他认为，事物和概念都是有差别的，所以概念与概念之间是绝对没有联系的。"马"是指马的形状，"白"则是指马的颜色，颜色当然不能说等同于形状了，所以"白马"也就不能等同于"马"。如果一个人要买马，当然买什么马都行，而如果一个人要买白马，那就不是任何马都行，必须是白色的马了。由此可见，白马非马。

这一论证的合理性在于，公孙龙看到了"白马"和"马"是不同的概念，两者存在着特殊和一般的差别，但由于他过分夸大这种差异性，而看不见概念反映事物的同一性，这一命题也就成了形而上学诡辩论的代表。

在庄子看来，公孙龙花言巧语、能言善辩，但"白马非马"这样的辩论，没有实际的意义，不仅自身存有很大的逻辑问题，还把语言本身遮蔽掉了，最后只能越辩越糊涂。

　　客观地说，公孙龙的哲学思想和这些诡辩故事，是对中国古代逻辑学的发展起了重要作用的。他能看到作为事物属性的一般，是某一类事物所共有的，这种观点是正确的。但由此得出结论说，一般可以脱离个别而独立存在，就是把一般和个别割裂开来，那就成为客观唯心主义了。

　　现存的《公孙龙子》一书，仅流传下来六篇论文，首篇为《迹府》，是后人对公孙龙事迹的集录，其他五篇为《白马论》《指物论》《变通论》《坚白论》《名实论》，集中反映了他的哲学和逻辑思想。

✿ 事实胜于雄辩

> 必先验小物，推而大之，至于无垠。
>
> ——邹衍

邹衍，战国时期齐国人。著名哲学家，阴阳家学派的代表人物，阴阳五行学说的集大成者。他思想宏大，学识渊博，曾在齐国稷下学宫讲学；又喜欢谈天说地，内容无所不包，因此后世人又称其为"谈天衍"，又称"邹子"。

当时的邹衍在各国已经享有很高的声望，行至各国都享受到了上等的礼待，这与孔孟二贤周游列国时的境遇大不相同。

邹衍行至梁国，梁惠王亲自出城迎接，并对他行宾主之礼；行至燕国，燕昭王为他扫路，并为他造了一座宫殿，希望做他的弟子，亲自去听他讲课；行至赵国，平原君赵胜走在路旁，在他入座前为他擦拭座位上的灰尘……

邹衍路过赵国时，公孙龙也在平原君赵胜处，被尊为座上宾。平原君想让他们来辩论辩论，看看谁更厉害。谁知邹衍并不买账。

邹衍直接对平原君说："所谓的辩论，就是区别不同的类型，不相损害；排列不同的概念，不相混淆；阐明自己的观点，让别人理解，而不是越辩越迷惘。像这样的辩论是可以参与的，辩论中胜出的一方能继续坚持自己的观点，挫败的一方也可继续追求真理。

"但用花言巧语来偷换概念，用繁文缛节来做论据，甚至用互相诋毁来吸引别人的辩论，只求咄咄逼人、纠缠不休，让别人不认输不罢休，这不仅妨碍了治学的根本道理，还有伤君子风度，我邹衍是绝不会参与的。"

在座的人听了邹衍的这番话，不禁拍手称道。从此，公孙龙在平原君那里就受到了冷落，最终离开了赵国。

邹衍这种"不辩"的态度，很受后人称道和学习。

有些事情，事实胜于雄辩，何必浪费时间与精力与睁着眼睛说瞎话的人徒费口舌呢？

可见，邹衍做学问，追求的是经世致用之学——不管是钻研学问，还是治理国家，务实才是最根本的，这也充分体现了邹衍匡世济民的入世精神。

🪷 五德终始说与明堂制度

邹衍之前的五行学说，只是用阴阳来解释已见的现象，用卜筮来探求未知的现象，而邹衍在继承了古代阴阳五行说的基础上，还将自然规律和社会法则有机地结合在一起，提出了"五行生胜"的理论，并据此提出"五德终始说"，开创了战国时期的阴阳家学派。

邹衍认为，每一朝代都有五德中的一种与其相配合，每一德都有德运盛衰，德运便决定这个朝代的命运，朝代的更迭也是按照五行相克的顺序进行的。他说，自黄帝（土德）以来，已经夏（水德）、商（金德）、周（火德）三代，并预言"代火者必将水"。

按照五行相生的顺序，邹衍还将季节划分为五季，认为天子要在相对应的方位穿着相应颜色的衣服。而且，天子应住在一间特别的大院子里，院子的东南西北方向各有一个正厅和两个厢房，这些屋子统称为"明堂"。

天子每个月应换一个正厅居住，天子的衣服、食材、音乐、所祭的神等都需要遵照这个月特有的规定去安排，十二个月为一个轮回。

这个大院子中间还有一厅，供天子在季夏之月时居住。"东、南、中、西、北"的方位与"春、夏、季夏、秋、冬"的时令相配，天子则按"木、火、土、金、水"的顺序去做"天人相应"的事情，这便是明堂制度。

这种以五行相克说解释王朝政权的兴废，以五行相生说解释自然季节的转移的说法，虽然带有浓厚的神秘主义色彩，但在当时深受民众的认可和统治者的重视，为齐闵王称东帝，燕昭王称北帝奠定了充实的理论基础。

由此，邹衍受到他们的礼遇和重用也是不难理解的。

"五德终始说"的影响很大，被历代新王朝的统治者视为一种改朝换代的理论工具。

秦始皇统一六国后，根据邹衍"水德代周而行"的结论，将秦文公猎获黑龙当作水德兴起的符瑞，证明自己的政权是合乎天意的，成为"五德终始说"的第一个实践者。

"五德终始说"认为人类社会是在不断变化的，有一定的合理性，但用五行相生相克的理论来解释，就陷入了周而复始的机械论，毫无发展的观点可言。

邹衍对宇宙空间有着广阔性的联想，遂提出了"大九洲"说，他以"先验后推"法推论世界有九大州，中国所在为其中之一，名赤县神州。

这种对世界地理的推论性假说，在当时及后世有扩大人们地理视野的意义。据《汉书·艺文志》记载，邹衍著有《邹子》四十九篇、《邹子终始》五十六篇，不过均已失传。

🪷 人人都可以成为圣人

言有召祸也，行有招辱也。君子慎其所立乎！

——荀子

荀子，名况，字卿，又称孙卿，战国末期赵国人，是我国古代杰出的思想家、文学家、教育家。荀子自幼聪慧，学问很好，有"神童"的美誉。

据说他曾到齐国稷下游学，在稷下学风的熏陶下勤奋学习研究。后因战事离齐去楚，被楚国春申君任为"兰陵令"。在他晚年时期，许多学者都前往齐国讲学，加上齐国以藏书丰富而出名，所以荀子又回到齐国。荀子知识渊博，很受齐王尊敬，被赐封为"列大夫"，又因年龄较大，三度被众人推选担任"祭酒"一职。

战国末期，诸子百家的思想学说均已出现，并趋于成熟，这使得荀子能广集百家之长，为己所用。在他的思想体系里，不仅有儒家思想的枝叶，还有法家思想的萌芽，其中还间杂一些道家和阴阳家的思想。

荀子继承了儒家"为政以德"的传统，宣扬儒家的王道思想，主张以德服人，反对用强力来压人，认为治国就应当"平政爱民"。他曾游经秦国，拜见秦昭王，并对其宣扬自己的学说。可惜，当时的秦昭王正在和范雎设计"远交近攻"的阴谋，以求攻伐天下，对他的大道理一点兴趣都没有。荀子只好悻悻地去了赵国。

到了赵国，荀子见到了赵孝成王，得以和楚将临武君辩论军事问题。荀子认为决定战争胜负的不是权谋诡计、士卒兵刃，而是百姓的趋向；用兵的目的不是为了"争夺"，而是为了"禁暴除害"。如果战争得不到百姓的支持，那么，即使是齐国的"技击"，魏国的"武卒"，秦国的"锐士"，也终归要失败。

最后，荀子说："兵要在乎善附民。"认为争取民心才是用兵之道的关键。这正与他"王道"思想的具体内容即礼义和仁政相契合。他还做了个比喻：君主就好比行驶在水中的"舟"，庶民就好比"水"，"水则载舟，水则覆舟"。即提醒君主，如果对庶民施以暴政，那便会遭到覆舟的危险。

荀子与孟子同是儒家，但二人沿着不同的方向，继承和发展了孔子所创立的儒家伦理思想。孟子主张性善论，认为人有"四端"。荀子则相反，提出了一种以性恶论为基础，以礼为核心，代表新兴地主阶级利益的伦理学说。

荀子从人的自然欲望上寻找道德的根源，认为人性本"恶"。他还摆脱了天命论的影响，强调"制天命而用之""人定胜天""行贵于知"等观点。荀子说："人之性恶，其善者伪也。"他认定人性生来本"恶"，就是饥而欲饱、寒而欲暖、劳而欲休，就是好利、嫉妒、喜欢声色。这是先天而生、不学而能的。只有"师法之化，礼义之道"，才可以为善。否则，顺着人性发展，就会出现暴乱。

因此，荀子主张"礼义师法"，增益身心；若不能如此，便不足为学。他说："性也者，吾所不能为也，然而可化也。情也者，非吾所有也，然而可为也。"这也揭示了荀子教育学说是趋向"积善"的。

荀子认为，天有固定不变的规律，地也有固定不变的法则，这些并不因为人的好恶而有所改变，这也就意味着，天不能干预人事，自然界的规律也不会决定社会的变化。从而强调了自然规律的客观性。

同时，荀子明确指出，社会国家的治乱兴废，与天无关，与时无关，与地无关。他还举例说：天、时、地等自然界的条件，在禹的时代和桀的时代是相同的，并没有因为一治一乱而发生改变。

继孔子推行"仁"，孟子推行"义"之后，荀子提出了"礼"。他认为礼在调节社会上人与人的关系中起重要作用。

所谓"礼者，贵贱有等，长幼有差，贫富轻重，皆有称者也"，即"礼"是社会上自然形成的公共法则，是每个人都得遵守，不能选择，不许怀疑的。

他还认为"礼治"与"法治"应相互结合，这样才能使社会上每个人在贵贱、长幼、贫富中有恰当的地位。

荀子是先秦哲学的总结者，他提出了"人定胜天"的思想，达到了先秦哲学的最高峰，对以后唯物主义思想的发展起了积极作用。汉代的王充、唐代的柳宗元、刘禹锡等都继承了他的唯物主义思想。

荀子晚年积极从事教学和著述，主要思想都反映在《荀子》一书中。

《荀子》的文章论题鲜明，结构严谨，说理透彻，有很强的逻辑性，对后世说理文章有一定影响。其中五篇短赋，开创了以赋为名的文学体裁，对汉赋的发展起到了促进作用。

因为荀子是第一个使用赋的名称和用问答体写赋的人，所以，后人将他和屈原一起尊称为"辞赋之祖"。

劝学（节选）

荀子

积土成山，风雨兴焉；积水成渊，蛟龙生焉；积善成德，而神明自得，圣心备焉[1]。故不积跬步[2]，无以至千里；不积小流，无以成江海。骐骥[3]一跃，不能十步；驽马十驾[4]，功在不舍。锲而舍之，朽木不折；锲而不舍，金石可镂。蚓无爪牙之利，筋骨之强，上食埃土，下饮黄泉，用心一也。蟹六跪而二螯[5]，非蛇鳝之穴无可寄托者，用心躁也。

【注释】

[1]积善成德，而神明自得，圣心备焉：积累善行养成高尚的品德，自然会心智澄明，到达很高的精神境界。得：获得。

[2]跬：古代称跨出一脚为"跬"，两脚为"步"。

[3]骐骥：骏马。

[4]驽马十驾：劣马拉车连走十天，也能走得很远。驽马：劣马。驾：马拉车一天所走的路程叫"一驾"。

[5]六跪：六条腿，蟹实际上是八条腿。跪：蟹脚。螯：蟹钳。

❀ 刑过不避大臣

> 民之性，饥而求食，劳而求快，苦则求乐，
> 辱则求荣，生则计利，死则虑名。
>
> ——韩非

韩非，战国时期唯物主义哲学家，法家思想的主要代表、集大成者。他和李斯都是荀子的弟子，出身于韩国贵族世家，后世又称其韩非子。

当时的韩国是一个小国，在秦国强大势力摧残下，近乎亡国。韩非多次上书，要求变法图存，但均未被韩王采纳。于是他"观往者得失之变"，退而开始专心著书。

韩非虽然口吃不善言语，但是文采却很出众，写出了《孤愤》《五蠹》《说难》等一系列文章，字里行间，阅尽天下。这些作品流传到秦国，得到了秦王嬴政的赞赏。

秦国派兵攻打韩国，迫使韩王派韩非做使臣来到秦国。

韩非上书秦王，劝其先伐赵而缓伐韩，得到秦王的再次赏识。两人相谈甚欢，秦王想要重用他，但李斯嫉妒韩非的才能，与姚贾一起设计陷害韩非。

秦王听信谗言，将韩非关入监狱。等到秦王想要放他出来时，韩非已被迫服毒自杀，秦王后悔不迭。

一生怀才不遇的韩非虽然英年早逝，但他的思想却在秦始皇和李斯的推行下得以实践。

韩非赞同"人性本恶"的观点，继承了荀子的唯物主义思想，并总结了前期法家的经验，吸收了儒、墨、道诸家的一些观点。他以法治思想为中心，对战国后期复杂多变的现实做了哲学概括，从而形成了以法为中心的法、术、势相结合的政治思想体系，成为法家之集大成者，为秦国统一天下提供了思想武器。

韩非认为人与人之间的关系都是利害关系，因势利导，人人都是有私心的，即"畏诛而利庆赏"，仅靠道德的力量是没有办法维持社会稳定的。即"法之为道，前苦而长利；仁之为道，前乐而后穷；圣人权其轻重，出其大利，故用法之相忍，而弃仁人之相怜也"。只有凭借强大的法律去约束人们的行为，才能将"恶"限制住，而君主的职责就在于利用"刑"和"德"，让人们避恶从善，立公弃私。

他还认为"法、术、势"三者是一个统一的整体。他说："明主之行制也天，其用人也鬼。天则不非，鬼则不困。势行教严逆而不违。"君主没必要像儒家要求的那样，必须具备特殊的学识和高尚的情操并凭借个人的影响力来统治百姓。君主只要将赏罚大权紧握在手中，找适当的人帮助他管理百姓，懂得辨别忠奸就可以了。只有牢牢掌握权力，执法严明，君主才能将法治推行下去，且知人识人，才会赢得群臣的忠心，收服众人，让百姓遵纪守法。

韩非还是先秦哲学倡导"矛盾之说"的第一人，对辩证法思想的发展做出了巨大贡献。

他以楚人出售矛和盾的故事为例，说明："夫不可陷之盾与无不陷之矛，不可同世而立。"这便是"矛盾"一词的由来。

随着战争的持续和"礼义"的衰微，大的诸侯国通过侵略和征服等手段，试图组建一个权力高度集中的强有力的政府，用以维持统治和扩充地盘。为了适应中央集权封建专制政权的需要，韩非提出必须统一国民的思想。

此外，韩非还主张独尊法家，禁止其他各家学说；反对藏书，主张焚书。他说："知者不以言谈教，而慧者不以藏书。"这直接导致了秦始皇的"焚书坑儒"事件。

从本质上说，这是一种实行思想文化专制的愚民政策，严重阻碍了科学与文化的发展和继承。但法家学说的出现，"富国强兵""法不阿贵"等观点的提出，还是给当时的统治者提出了很多治理国家的方案，具有一定的积极意义。

❀ 宋人酤酒[1]

韩非

宋人有酤[2]酒者,升概甚平[3],遇客甚谨,为酒甚美,县帜甚高,然而不售[4],酒酸。怪其故,问其所知闾长者杨倩。倩曰:"汝狗猛耶?"曰:"狗猛则酒何故而不售?"曰:"人畏焉。或令孺子怀钱挈[5]壶瓮而往酤,而狗迓而龁[6]之,此酒所以酸而不售也。"

夫国亦有狗。有道之士怀其术而欲以明万乘之主,大臣为猛狗,迎而龁之。此人主之所以蔽胁,而有道之士所以不用也。

【注释】

[1]故事用恶犬、猛狗来比喻那些伤害忠臣、阻挡忠谏的佞臣,指出正是这些邪恶小人蒙蔽了君主,使他们亲近不了敬献忠言的贤臣。这便是"狗猛酒酸"的深刻道理。

[2]酤:同"沽",卖。

[3]升概甚平:容器量酒量的很平,意思是"分量很足"。升:量酒的器具。概:作"量"解。

[4]不售:卖不出去。

[5]挈:携带。

[6]龁:咬。

秦汉时期的黄老之学

黄老之学，始于战国盛于西汉。"黄"，是指传说中的黄帝；"老"，是指春秋道家学派的创始人老子。"黄老"即是二人的合称。

战国末期，诸子百家的思想中，法家的政治思想是当时的主流，其他各家学派莫不受其影响。在这种背景之下，道家当中分化出一派——黄老学派，其思想宗旨以道家思想为主干，假托黄帝的名义，引进法家学说，同时还兼收了其他各派如阴阳、儒、墨等诸家的观点。

这一学派主要的思想特点，便是"无为而治"。《史记·乐毅列传赞》记载，黄老学说的主要代表人物有河上丈人和安期生，这两个人都是当时著名的隐士。

最初，黄老之学在诸子百家中地位平平，并不引人注意。直到西汉初年，由于它契合当时政治的需要，逐渐成为当世显学。

陆贾是汉初黄老思想的最早倡导者。他对刘邦说："陛下虽然是在马上得天下，但不能在马上治天下，治理国家，应该文武并用，才是长久之计。"刘邦听后，觉得很有道理，便令他总结秦亡汉兴的经验教训。

经秦末战乱之后，整个社会一片疮痍，民无盖藏，人无作业。当时百姓急需休养生息，恢复生产。而黄老之学所强调的"道生法"，主张"是非有，以法断之，虚静谨听，以法为符"正符合了当时统治者的需要。

陆贾以黄老学说为指导，结合汉初的政治、经济状况，写了一本名为《新语》的书，提出必须实行"无为而治"的黄老政治思想。他主张统治者对百姓不要过多地干涉，要使百姓能够休养生息，安居乐业。这样才可以减少人们对统治者的反抗，才能巩固西汉王朝的统治。

陆贾的这些主张，得到了刘邦的称许，全部记载在他写的十二篇《新语》里。

黄老学派认为，君主应"无为而治"，"省苛事，薄赋敛，毋夺民时"，"公正无私"，"恭俭朴素"，"贵柔守雌"，通过"无为"而达到"有为"。

此后惠帝、吕后和文帝、景帝统治期间，都有意识地、自觉地将黄老思想作为统治思想加以推广运用，才出现了后来"文景之治"的盛世。

推行黄老学说最为著名的是曹参。曹参与汉高祖刘邦是同乡，当年他跟着汉高祖起兵，带兵打仗立下不少功劳，可刘邦做皇帝后，却任用萧何当了开国丞相。刘邦死后，汉惠帝继位，此时，萧何也病得只剩下一口气了。汉惠帝亲自去看他，请他推荐丞相人选，萧何毫无保留地推荐了曹参。

曹参继任丞相后，一直没有什么大的变革、举措，一切都依照萧何制定的政策。对原有的法令，全部照章执行；对萧何时所任用的官员，也没有罢免擢升。由此，有人在汉惠帝面前进谗言，说曹参有私心，不精心治国。

汉惠帝也很奇怪，便叫来曹参议事。曹参说："请问皇上，您跟先帝比，哪个英明呢？"

惠帝说："我还年轻，哪比得上先帝！"

曹参又问："要谈治理国家的谋略，我与萧丞相比，皇上您看哪一个更贤明呢？"

惠帝微笑着说："恐怕你比不上萧相国吧？"

曹参乘机恳切地说："皇上说得完全对，皇上比不了先帝，我不如萧相国。那么，先帝和萧相国平定了天下，制定出的政策，难道我不应该好好地继承下去吗？还要随意更改吗？"

这就是曹参"萧规曹随"的从政谋略。这种政治看似消极，实际上发挥了重要作用。

曹参在任三年，遵照萧何制定好的法规治理国家，使西汉政治稳定，经济发展，人民生活水平日渐提高。老百姓歌颂他说："萧何为法，齐如画一。曹参代之，守而勿失。载其清静，民以宁一。"

从黄老政治的实际情况看，黄老之术本身是较为温和的法家路线，它是对秦王朝极端暴力政治路线的纠正，自高祖起一百多年里，开创了"文景之治"政治局面，更是成就了汉武帝的千秋霸业。

东汉时，黄老之术与谶纬之说相结合，演变为自然长生之道，对道教的形成产生了不小的影响。

🪷 天亦有道

道源出于天，天不变，道亦不变。

——董仲舒

董仲舒，西汉时期著名政治家、教育家、唯心主义哲学家。他的学说以儒家宗法思想为中心，继承了周代的传统思想，杂以阴阳五行说，兼收了法家、道家、阴阳家、墨家的精华，将神权、君权、父权、夫权贯串为一，形成了较系统的封建神学体系。

董仲舒自幼便在多种文化熏陶中成长，为学异常勤奋，数十年如一日。专心攻读的他，曾"三年不窥园"。

据说董仲舒读起书来常常忘记吃饭、睡觉。父亲董太公知道后非常担心，为了能让儿子劳逸结合，他决定在书房后面修筑一个花园，希望董仲舒读书累了，可以去花园散散心。不曾想董仲舒三年来，一直孜孜不倦地读书学习，竟没有进园观赏一眼，真正地做到了"两耳不闻窗外事，一心只读圣贤书"。

当时的很多儒生都只学一经，而且不能触类旁通，董仲舒却不然，他学通五经，义兼百家，而且擅长议论，文章做得尤其好。东汉著名哲学家王充说："董仲舒者，文之乌获也。"赞誉他是"文章圣手""著作的大力士"。

《汉书·匈奴传》记载:"仲舒亲见四世之事。"由此可知,董仲舒一生曾四朝为官,历经汉代孝惠、文帝、景帝、武帝。

这段时间是西汉王朝的鼎盛时期,经济繁荣,政治稳定,国力空前强盛,人民安居乐业。在思想文化方面,汉初社会思想文化政策也是宽舒自如的。

"天人感应"是董仲舒政治哲学思想的理论基础和前提。他认为,君之为君,乃是上承天意;君之为君,又当效法上天之道。为此,他试图为统一的皇权专制统治创立一套完整的思想理论,从而提出了天人感应、君权神授、独尊儒术、三纲五常、阳尊阴卑等一系列主张。

董仲舒说:"天者,百神之君也,王者之所最尊也。"他认为"天"是宇宙间至高无上的主宰。自然界的万物及其变化,社会中尊卑贵贱的等级制度,都是"天"神"阳贵而阴贱"的意志的体现。

自古以来,"天"就是老百姓信仰的对象,被认为是至高无上的神秘的东西。董仲舒之所以提出这样的观点,就是要求人们顺应天的旨意。人们的行为如果符合天的旨意,上天就会给予奖励;如果不符合天的想法或本性,那就要予以制裁。

董仲舒还认为,"天"既为人世安排了正常的秩序,就有权监督这种秩序的正常实现。于是人间便有了执行"天"意的人——天子,因此"唯天子受命于天,天下受命于天子"。但是天子的权力也不是不变的,董仲舒说:"故其德足以安乐民者,天予之,其意足以贼害民者,天夺之。"意思就是,天子的德行如果使人民安乐,那么天就让他当统治者;如果他危害到了老百姓的身家性命,损害了天的尊严和形象,就要被收回权力。

这就是董仲舒的"君权神授"论,也是其政治哲学的核心,它使皇权统治变得至高无上,神圣不可侵犯。

❀ 一个儒者的自白

作为西汉今文经学的创始人、第一儒学大师，董仲舒又被称为"群儒首""儒者宗"。他多见博闻，知道许多稀见奇怪之物。再加上，他"言中规，行中伦"的道德修养，"进退容止，非礼不行"的言谈举止，很多有志青年慕名而来，拜在他的门下。

史书上说，因为求学的学生太多，董仲舒讲学都是"下帷讲诵"，即在讲堂里挂上一幅帷帘，他在里面讲，学生在帘外听。只有那些资质优异，学问好的学生才能够登堂入室，得到董仲舒的亲传，其余学生都是董氏门下高足转相传授。

秦焚书坑儒以后，人们的思想被禁锢了将近一个世纪。汉武帝时期，朝廷下诏书征求治国方略。董仲舒认为要维护政治统一，必须在思想上统一，于是他进"天人三策"，建议"诸不在六艺之科、孔子之术者，皆绝其道，勿使并进"。汉武帝采纳了董仲舒的建议，推行"罢黜百家，独尊儒术"的思想政策。从此儒学开始成为官方哲学，为此后两千余年的封建统治者所沿袭。

儒家的伦理思想被董仲舒概括为"三纲五常"。三纲，即君为臣纲、父为子纲、夫为妻纲；五常，即仁、义、礼、智、信。三纲和五常那是"天"的意志的体现，三纲的主从关系是绝对不可改变的，而五常是用来调整这种关系的一些基本原则。

董仲舒还继承发展了孔子的正名思想，强调深入研究名、号的重要性。他对名号的起源、作用以及名与号的区别做了探讨，并对各种名号如王、君、诸侯、大夫、士、民、人性等进行了正名。

在人性论问题上，董仲舒提出了"性三品"说。他的性三品说借鉴了荀子的性恶论，但基本倾向实质上与孟子性善说一致。

他把人性分为上、中、下三等，即圣人之性、中民之性和斗筲之性。圣人之性是天生的善，斗筲之性是天生的恶，都是不可改变的，不能称之为性。他说："禾虽出米而禾未可谓米也，性虽出善而性未可谓善也。"他认为人性虽包含了善的素质，但不经过教化还不能成为善，只有中民之性，是可以经过教化成为善性，是人性的典型代表，可以叫作性。

董仲舒上承孔子，下启朱熹，在新的历史条件下，复兴了被扼杀长达百年之久的儒家文化，并融会贯通了先秦其他各家各派的思想，提出一种基于"天人感应"思想基础之上、适应当时封建统治需要的学说。

他根据时代需要提出了以人为本、以德治国、仁义诚信等具有现实意义的观念，这不仅有利于集权统一、安定社会，还形成了他博大精深的理论体系，对儒学的发展起到了承上启下的关键作用。

董仲舒一生著述甚丰，大部分著作汇集在《春秋繁露》一书中。《汉书·董仲舒传》载有《对贤良文学策》，其他作品散见于《史记·儒林传》《汉书》的《五行志》《艺文志》《食货志》《匈奴传》等。

天人三策[1]（节选）

董仲舒

陛下发德音，下明诏，求天命与情性[2]，皆非愚臣之所能及也。臣谨案[3]《春秋》之中，视前世已行之事，以观天人相与[4]之际，甚可畏也。国家将有失道之败，而天乃先出灾害以谴告之，不知自省，又出怪异以警惧之，尚不知变，而伤败[5]乃至。

以此见天心之仁爱人君而欲止其乱也。自非大亡[6]道之世者，天尽欲扶持而全安之，事在强勉而已矣。强勉学习，则闻见博而知[7]益明；强勉行道[8]，则德日起而大有功：此皆可使还至[9]而有效者也。《诗》曰"夙夜匪解[10]"，《书》云"茂哉茂哉[11]"皆强勉之谓也。

【注释】

[1]天人三策：又称"举贤良对策"，因文中着重讲到天人感应问题，又称"天人三策"。汉武帝即位以后，多次要各地推举贤良和文学的人才到朝廷参加对策，董仲舒也在其中。汉武帝策问三次，董仲舒对策三次。当时受推荐的文士有数百人，唯董氏之对策被汉武帝推为举首，其原因在于他提出的理论适应于当时时代的需要。

[2]情性：情况和本质。

[3]案：同"按"，审查、研求。

[4] 相与：相互之间的关系，相关联的所在。

[5] 伤败：国家出现天灾人祸或动乱挫折。

[6] 亡：通"无"。

[7] 知：同"智"。

[8] 行道：遵循"天命"治理国家。

[9] 还至：很快恢复到原来国家大治的局面。

[10] 夙夜匪解：朝夕不懈。《大雅·烝民》中的诗句："夙夜匪解，以事一人。"大意是，日夜工作不松懈，为了周王一个人。

[11] 茂哉茂哉：引自《尚书·咎繇谟》。茂，奋勉，努力。

❀ 心在天下

> 圣人不贵尺之璧，而贵寸之阴。

——刘安

《淮南子》，是创作于西汉时期的一部论文集，因是西汉淮南王刘安主持编著的，所以又名《刘安子》《淮南鸿烈》。

刘安，西汉皇族，是高祖刘邦的孙子，淮南厉王刘长的儿子，我国西汉时期著名思想家、文学家。他自幼好读书，善文辞，才思敏捷，喜欢鼓琴。他的父亲刘长因谋反罪被废除王位，不久便绝食而死。所以，16岁的他便被册封为淮南王，从此潜心治国安邦，著书立说。

汉初，文帝、景帝等都以黄老之学作为治国的指导思想，主要大臣萧何、曹参也都好黄老之学，施无为之政，将道家的"无为而治"由理论推向实践。

刘安深受他们的影响，与汉武帝"独尊儒术"的政策相悖，以"无为而治"为主要治国思想，对道家思想加以改进，遵循自然规律制定了一系列鼓励生产、轻刑薄赋的政策。

他礼贤下士，体恤百姓，善用人才，使淮南地区呈现国泰民安的景象，并日渐成为文人荟萃的文化中心。

不过，他和他父亲一样，有"心在天下"。为了能在发生动乱时取得政治上的主动，刘安一边广置门客进行学术思想交流，一边集聚金钱，制作军事装备，不断积蓄力量。

后来，事情有所败露，在朝廷追查的时候，刘安直接起兵，谋反叛乱。汉武帝派兵攻入淮南，很快便将叛乱平定了。刘安被判定"大逆不道，谋反罪"，被迫自杀。

《淮南子》一书于汉景帝后期开始撰著，在武帝刘彻即位之初的建元二年（公元前139年）进献于朝廷。

在当时的皇室贵族里面，淮南王刘安是学术修养较为深厚的人，他广集宾客、方术之士数千人著书立说，作《内篇》二十一篇，《外篇》更多，又作《中篇》八卷，主要讲神仙黄白之术，有二十万字左右，著成《淮南子》一书。

这部文化巨著内容包罗万象，涉及范围十分广泛，既有史料价值，又有文学价值，其中内篇论道，外篇杂说，在继承先秦道家思想的基础上，综合了诸子百家学说中的精华部分，是无为与有为的结合，是经世致用之学。然而留传下来的只有二十一篇《内篇》。其中最后一篇名《要略》，是全书的序言。从《要略》看，全书写作有统一的计划和安排，但从现有的内容看，并未完全统一。

《淮南子》在政治上还具有积极进取的精神，对"无为"做了新的解释。书中说："所谓无为者，不先物为也；所谓无不为者，因物之所为。"如神农氏教民"播种五谷"，发明医药，"一日而遇七十毒"；尧积极从事政治管理与社会教化；舜"辟地树谷，南征三苗，道死苍梧"；汤夙兴夜寐，勤于政务。这些古圣先王，一生致力于兴利除害，屡建奇功。

书中还主张循理而举事，反对离道而妄为，提出因自然之势加以主观努力而有所作为。这在相当程度上克服了老庄的消极无为的思想。

　　《淮南子》对后世研究秦汉时期文化起到了不可替代的作用，里面"塞翁失马"蕴含的哲学思想闻名古今。

🪷 淮南子（二则）

刘安

夫大寒[1]至，霜雪降，然后知松柏之茂也。

兰生幽谷，不为莫服而不芳；舟在江海，不为莫乘而不为[2]；君子行义，不为莫知而止休[3]。

【注释】

[1]大寒：二十四节气中最后一个节气，那时天气是最冷的时候。

[2]莫服、莫乘：没有人佩带、乘坐。

[3]不为莫知而止休：不因没有人知道而停止，是说君子行仁义之事不求名不避宠。

✿ 模仿大师

> 重言，重行，重貌，重好。言重则有法，行
> 重则有德，貌重则有威，好重则有观。
>
> ——扬雄

扬雄，又作"杨雄"，字子云，蜀郡成都人，西汉哲学家、文学家、语言学家。他自幼好学，勤于思考，"博览无所不见"，"默而好深湛之思"，酷好辞赋，不为章句所限。他和韩非一样，有些口吃，但他的文章比他的言论更出名。

年轻的时候，扬雄非常崇拜大辞赋家司马相如，曾模仿司马相如的《子虚赋》《上林赋》，作《甘泉赋》《羽猎赋》《长杨赋》，为已外忧内患的汉王朝歌功颂德、粉饰太平，但他自认为自己的赋和司马相如的赋一样，都是似讽而实劝，具有一定的社会意义。因为扬雄的辞赋成就可以媲美于司马相如，后世将两人合称"扬马"。

不过，到了晚年，扬雄对赋又有了新的认识。他首倡"诗人之赋丽以则，辞人之赋丽以淫"的观点，指出"辞人赋"有"虚辞烂说，劝百讽一"的弊端，应视其为"雕虫小技"，壮夫不宜为之"，于是，他转而研究哲学。

扬雄曾师从著名学者严君平。严君平精通先秦老庄哲学，他所著的《道德指归》一书，内容博大精深，在探索宇宙方面，体现了较强

的哲学思辨性，这对扬雄的影响很大。

汉朝政权被王莽篡夺后，政治变得黑暗。身处乱世的扬雄便辞官归隐，自甘淡泊，潜心著述。他仿照《论语》著《法言》，仿照《易经》著《太玄》，在这两本书里提出了自己的世界观。

《法言》是一部模仿《论语》体裁写成的道德格言集，通过问答的方式就当时思想家们所关心的问题进行了论述。当时，经学一统天下，阴阳灾异学说十分盛行。但扬雄没有局限于此，而是重新阐释了传统儒学的一些基本观念，批判了流行的错误认识。他主张文学应该以儒家著作为典范，应当征圣宗经，并提出了天数是历史演变的必然趋势，天地的变化及其规律是可知的，人能用精神研究外物，同时，他还对天人关系做出了新的解释。

《太玄》是扬雄一生最耗心血，也是最得意的一部著作。这本书不仅体现了扬雄卓越的哲学创造力，还体现了他高超的玄思水平。它模仿《周易》而作，主要谈论了天地人三者的相关问题："玄者，天玄也、地玄也、人玄也。天浑行无穷不可见也，地不可形也，人心不可测也。故玄，深广远大矣。"

扬雄认为，"玄"是宇宙万物的根源，如实地认识自然现象是十分必要的，天地万物和现实世界的一切生命，都是由阴阳二气生成的，而阴阳二气就产生于"玄"。

在《太玄》中，他还糅合了《易传》中的阴阳学说和《老子》的天道观，并吸收了当时宇宙理论和天文历法方面的思想资料，建立起了一整套关于宇宙形式和变化的体系。他说："有生者必有死，有始者必有终。"从而批驳了社会上借以宣扬谶纬迷信的天命论。他自诩《太玄》是关于宇宙构造的缩影。

　　扬雄融会儒道两家思想，创造了一个严谨而精细的哲学体系，在中国哲学发展史上是极为罕见的。与此同时，他也在一定程度上依据唯物主义观点，对当时流行于世的天人感应、鬼神图识等宗教迷信思想进行了批判，在某种意义上可以说是企图恢复先秦儒学注重理性和道德实践的精神，对东汉杰出的唯物主义哲学家王充有较大的影响。而扬雄竟然比拟圣人而创作了《法言》和《太玄》两部著作，使他在中国哲学史上占有独特的地位。

✿ 真理是在争论中确立的

> 不学自知，不问自晓，古今行事，未之有也。
>
> ——王充

王充，字仲任，会稽上虞人，东汉唯物主义哲学家，在我国哲学史上有重要的地位。

王充的先祖曾因军功而受封，级别虽然不高，但可以坐食其税，算是个中小地主。可惜好景不长，一次突发事变，祖上失去了爵位和地位，家产业被没收。家族无爵可继，又有家难归，于是，王充一家人在封地附近安置下来，以转手倒卖、贾贩经商为业。后因王充的父亲王诵好勇任气，得罪了地方的豪强，又举家迁走，从此，家族走向衰落。

到王充出世时，家里已经是"贫无一亩庇身"，"贱无斗石之秩"，再加"宗祖无淑懿之德"，王充一家被称为"孤门细族"。也就是说，在这个家里，迎接王充降临的，不仅没有任何财产、名誉地位，而且更让他背上了一个先人无德、祖宗无行的沉重包袱，以致后来王充成名后，还有人以此来讥讽他。

家里穷没有书可以读，王充就经常逛书店，阅读人家卖的书。他游学洛阳，在班彪门下学习，好博览而不守章句，很多书看一遍就能够背诵，加之读的书又比较杂，很快便精通了百家之言。

当时的洛阳是东汉的帝都，是全国政治、经济、文化的中心。王充在此地"入太学，访名儒，阅百家，观大礼"的经历，使其大开眼界，增进了不少学问，初步形成了他博大求实的学术风格。

可是，王充一生业儒，仕路不亨。只做过几任郡县僚属，终因与上级争论、不合而离职，回到乡里，在家教书。

王充是东汉杰出的唯物主义思想家和教育家，他提出"元气"是天地万物的原始的物质基础。"气"和"气化"可以说明万物、人及各种自然现象的产生，"天地合气，万物自生"。他认为，物之生是元气的凝结，死灭则复归于元气，犹如水凝而为冰，冰释而复为水一样。

王充认为，天地之气能感动人物，人物却不能感动天地之气，是因为前者是"本"而后者为"末"。他说："人不能以行感天，天亦不能随行而应人。"又说："人，物也；物，亦物也。"这样就割断了天人之间的联系。

关于万物之间的关系，王充认为："同气相成，殊气相革。"即不同性质的东西才能互相作用、革化。他把这看作普遍规律，用它来解释自然现象与社会现象。王充还把这种"斗争"观点试图用于分析某些社会矛盾现象。他举例说："一堂之上，必有论者；一乡之中，必有讼者。讼必有曲直，论必有是非；非而曲者为负，是而直者为胜。"

在唯物主义自然观的基础上，王充建立了唯物主义认识论。他已经初步认识到，真理是在争论中确立的，是在和谬误的斗争中出现的；这种斗争是不破不立，异常尖锐的。

王充反对"奉天法古"的思想，认为今人和古人相"齐"，没有什么不同，也没有什么根据说古人总是胜于今人，所以，没有必要"颂古非今"。这种见解与"天不变，道亦不变"的思想是完全对立的。

✿ 是神创造了人，还是人创造了神

> 教化立而奸邪皆止者，其堤防完也；教化废
> 而奸邪并出，刑罚不能胜者，其堤防坏也。古之
> 王者明于此，是故南面而治天下，莫不以教化为
> 大务。
>
> ——董仲舒

董仲舒之后的神学目的论，把天说成是有意志的人格神，把自然界万物说成是天有意创造的。对于这种说法以及人世间传说的鬼神，王充一针见血地指出，这是人们自己"思念存想"的产物，不是神创造了人，而是人创造了神。

王充强调，董仲舒的"天人感应"抹杀了天和人的差别。他认为，天是客观存在着的自然界，是没有意志的；而人是动物中最具有智慧的，是有感情欲望的，所以才能进行有意志、有目的的活动。他说：只有有口有眼的东西，才是有意志作为的。口要吃东西，眼要看东西，这是因为他内心有欲望，欲望要表达出来，口眼就去寻找了，找到了，才会满足，这些都是欲望的所作所为。所以，福和祸都是人们自己招来的，祭祀不过是"主人自尽思勤"而已，并不能真正因此而避祸得福。推之于鬼神，是蠢人的行为，乱世的现象。那些灾异和人生病一样，都是自然现象，与政治、皇帝无关。

同时，王充还认为，如果只根据感觉来认识事物，那就会被外在的虚像迷惑，以假为真。所以，要分辨是非曲直，必须"不徒耳目，必开心意"。

这也从另一方面表明，王充是重视实际经验对于认识的作用的。他提出只有通过实际经验才能熟能生巧，并举例说："齐都世刺绣，恒女无不能。襄邑俗织锦，钝妇无不巧。日见之，日为之，手狎也。"相反，如果没有实际经验，不去实践，那么即使再聪明也不会达到的。

王充擅长辩论，他的话开始看上去很诡异，最后的结论却又很实在。他力主"为世用者，百篇无害；不为用者，一章无补"，反对将儒家经典变为教条，所以，他的文章强调内容，提倡通俗，反对崇古、模拟和"浮华虚伪之语"。王充认为庸俗的读书人去做学问，大多会失去儒家的本质，于是，他选择闭门思考，谢绝了一切庆贺、吊丧等礼节性的事宜，潜心著述。

《论衡》是王充的代表作品，有八十五篇，二十万字左右，书中解释了万物的异同，纠正了当时人们的疑惑，也更正了社会上流行的对鬼神的认识，是中国历史上一部不朽的无神论著作。他还写了《儒增》《书虚》《问孔》和《刺孟》等篇，对传统的儒学，特别是汉代经学，进行了论难。在书中，他甚至怀疑古经、上问孔孟，公然向神圣的经典挑战，后人对其多存质疑。

近七十岁的时候，王充被好朋友推荐出去做官。汉肃宗特诏派公车去聘请，但他终因体力、脑力都衰弱了，还生着病，未能去，在家创作了《养性书》十六篇，倡导要节制欲望，守住原神等观念。

🪷 万物亦有亦无

东汉末年，黄巾大起义失败后，各地诸侯割据，经过长期混战，形成了魏、蜀、吴三国鼎立的局面。公元 280 年，西晋政权完成了全国的统一，但是只维持了非常短暂的几十年，就被少数民族统治者推翻。

从东汉末年到西晋，战乱几乎持续了近百年，在这段时期中，儒学一家独尊、至高无上的地位发生动摇，一种新的崇尚老庄、调和儒道的哲学——玄学应运而生。

"玄"这一概念，最早出现于《老子》一书："玄之又玄，众妙之门。"王弼在《老子指略》中说："玄，谓之深者也。"玄学，即研究幽深玄远问题的学说。

魏晋玄学以简约、精致的思辨哲学而著称，一方面它在政治上继承了汉儒尊崇孔子的思想，另一方面又改造了老庄哲学，可以说是儒家名教思想和道家自然思想的综合。它以《老子》《庄子》和《周易》为主要研究对象，并以《老子》《庄子》批注《周易》。例如：王弼写作的《周易注》与《周易略例》两书，就是以老庄学说解释《周易》的代表作。

"名教"与"自然"的关系问题，是魏晋玄学贯穿不变的核心议题。"名教"是指封建的等级名分和道德规范，也可以理解为通过上定名分来教化天下。"自然"是指所谓人的本初状态或自然本性，同时也指天地万物的自然状态。

魏晋玄学的发展大致可以分为四个阶段。

其一为魏代的"正始之音"，这时期是玄学的开创阶段，主要代表人物有何晏与王弼，他们以《周易》《老子》为理论论据，盛倡"贵无"，鼓吹"言不尽意"，主张"名教出于自然"，为门阀士族利益服务。

他们认为，整个世界"以无为本""以有为末"，认为"无"是世界的本体，"有"是各种具体的存在物，是本体"无"的表现。并认为世界的本体"无"是绝对静止的，现象的"有"是千变万化的，运动着的"万有"最后必须反本，归于"虚静"。

在政治方面，何晏与王弼崇尚老子"无为而治"的观点，认为治理国家应该以道家的自然无为为本，以儒家的名教为末。

其二为竹林时期，主要代表人物为阮籍与嵇康。他们从道家自然无为思想出发，提出了"越名教而任自然"的主张，带有强烈的反对儒学的倾向，与何王学派对立。同时他们又都对庄子隐世逍遥的思想非常欣赏，并以消极的方式拒绝与司马氏政权合作。

其三为西晋元康时期，是玄学的综合期和完成期，代表人物是郭象。郭象的玄学，是在魏晋之际向秀《庄子注》思想基础上发展起来的。郭象的玄学，以庄学为主，反对何晏、王弼的学说，提出了自己的玄学崇有论思想。他主张名教即自然的儒道合一说，认为逍遥世外与从事名教世务本是一回事，因此逍遥游并不要遁世。

其四为东晋时期，代表人物是僧肇，核心思想是"万物是亦有亦无，有无双遣而并存的"。

自西晋短暂的统一之后，从永嘉之乱到东晋政权建立，社会处于动荡与分裂中，这给佛教的发展提供了良好的土壤。东晋一朝为清谈后期，清谈只为口中或纸上的玄言，已失去了政治上的实际作用，转变为名士身份的装饰，并且与佛教结合，呈现出儒、道、佛三位一体的发展趋势，因此，这一时期也可以称为"玄佛合流"。

天人之际是奇才

> 动静屈伸，唯变所适。
>
> ——王弼

魏晋玄学开创阶段的代表人物是王弼，可以说他就是魏晋玄学理论的奠基人。

王弼出身于官僚世家，他的曾外祖父是东汉末年号称"八俊"之一的荆州牧刘表，继祖父则是"建安七子"之一的王粲。优越的成长环境，再加上他个人的努力，最终成就了一代少年奇才。

王弼小的时候非常勤奋好学，对于儒、道两家的学说都有独到的见解。他还是个少年的时候，就为《老子》作注。当时正值玄学的领袖何晏也为《老子》作注，听说了这件事情之后，便亲自去翻阅。看过之后，何晏自愧不如，将自己的著作改名为《道》《德》二论。

当时的何晏已官居吏部尚书，年龄比王弼大将近四十岁，其学术、政治地位都非常显赫，但仍对这个二十岁不到的少年在学术上的见解赞叹不已，认为王弼是可以与自己探讨"天人之际"这样哲学难题的人。由此可以看出，少年王弼在学术见解方面，已压倒了他的前辈。说他是玄学理论的奠基人，名副其实。

之后，何晏推荐王弼担任台郎一职。不过王弼高傲不群，为人有些刻薄，时常以自己的优点和别人的缺点比较，而且说话从来不给别人留余地，得罪了不少人。加之他也不善于打理政务，没多久便把官职丢了。

同年秋天，王弼身染重病，最终不治而亡，年仅 24 岁。

虽然王弼的人生很短暂，但其学术成就卓著，著有《周易注》《周易略例》《老子注》《老子指略》《论语释疑》等。他的哲学思想归结为一点，就是认为天地万物都是以"无"为本，在有形有象的事物背后，有一个无形无象但更重要的东西在支配着它们，这个无形无象的东西称为"无"。

"无"即自然，因此名教出于自然。王弼将名教的产生也看作是自然而然的。既然名教出于自然，那么统治者就应该根据"自然"的原则来管理国家，即"无为而治"。

根据"以无为本"的原则，在王弼的哲学里还衍生出"得意忘象"——只重视精神而忽视形式——的思考方式，这对中国古代诗歌、绘画、书法等艺术理论也有一定影响。

东晋大诗人陶渊明就深得这种思考方式的精髓。他的名诗："采菊东篱下，悠然见南山。山气日夕佳，飞鸟相与还。此中有真意，欲辨已忘言。"完整地体现了这一意境。采菊东篱、悠然见山、日夕鸟归等情景的美好，以及触景生情的感悟，只可意会不可言传，"已忘言"三字将读者带入了一个新的高远的哲学境界。

❀ 放浪形骸皆自然

内不愧心，外不负俗，交不为利，仕不谋禄，

鉴乎古今，涤情荡欲，何忧于人间之委曲？

——嵇康

一篇《与山巨源绝交书》，一曲《广陵散》，让后人记住了"嵇康"这个名字。

嵇康，字叔夜，因曾在朝中担任中散大夫的官职，后人又称他为"嵇中散"。嵇康年轻的时候聪明好学，博览群书，无师自通，但是个性骄纵，超然不群，这种性格深深地影响了他的为人处世。

音乐中寄托着嵇康清静无为、崇尚自然的思想。他爱好音律，演奏古琴的技巧非常娴熟，在当时是首屈一指的高手。他创作的音乐作品还被隋炀帝作为科举取士的条件之一。此外，他在书法方面的造诣也很高。

嵇康不但才华出众，而且相貌堂堂，一表人才。他的好朋友山涛形容他：站立时就如孤松独立；醉态时犹如玉山将崩。最让后人铭记的，还是嵇康放浪形骸的性格和不畏权贵的态度。当时司马氏把控朝纲，对文人采取"顺我者昌，逆我者亡"的态度。嵇康坚决不顺从，为此还写下了《与山巨源绝交书》的千古名篇。

他家门前有一棵大树，他就在树下架起个炉子打铁，同为"竹林

七贤"之一的向秀帮他拉风箱。本来风度翩翩的美男子落魄为满身脏汗的打铁汉子。为了免遭迫害，嵇康正是用这种玩世不恭的态度，做着无言的痛苦抗争。

在哲学方面，嵇康崇尚自然，认为"自然"是宇宙本来的状态，是一个有规律的、和谐的统一整体，其中没有任何矛盾冲突，而人类社会又是自然的一部分，也本应是一个无利害冲突的和谐整体。他认为名教破坏了这种和谐状态，因此在人与社会关系方面，主张"越名教而任自然"。

怎么才能做到这样呢？嵇康主张，一个人心神安宁，内心就不会充满欲望；一个人思想豁达，情感就不会受到欲望的约束。内心不求名利，就可以超越名教的牵绊而处于自然的状态中；情感不受欲望束缚，就能够透彻地了解事物。

这就是说一个人不仅要冲破传统的道德规范的罗网，而且要抛弃功名、利禄和其他一切个人欲望、个人得失。

嵇康另一个比较著名的观点是"非汤武而薄周孔"，这个观点带有鲜明的历史特色，明确地扛起了反对儒家的大旗。

当时司马氏集团为了篡夺曹魏政权，将虚伪的儒家礼教作为实行政治阴谋的工具。嵇康对当权派这种卑鄙的手段非常反感，因此，他反对的名教，是司马氏集团提倡的虚伪名教，并不反对维护封建纲常的名教，所以他又强调儒家礼乐的作用，认为真正的礼乐教化可以达到移风易俗的目的。

这些主张为嵇康招来了祸端，他最终遭到钟会陷害，被当权者判处死刑。

在临刑的时候，三千太学生前来拜嵇康为师，并向当权者请愿，希望能够赦免嵇康，但被当权者拒绝。

在生命的最后一刻，嵇康为前来送行的人们弹奏了一曲《广陵散》，之后便从容不迫地引颈就刑了，时年39岁。

随着一代大师的远去，《广陵散》也成为当世绝曲。

🪷 赠秀才[1]入军（其二）

嵇康

息徒兰圃[2]，秣马[3]华山。流磻[4]平皋[5]，垂纶[6]长川。

目送归鸿，手挥五弦。俯仰自得，游心太玄[7]。

嘉彼钓叟，得鱼忘筌[8]。郢[9]人逝矣，谁与尽言。

【注释】

[1]秀才：指地方推荐给朝廷的有才德之人。一般认为，此处"秀才"指的是嵇康的哥哥嵇喜。

[2]兰圃：长着兰草的野地。

[3]秣马（mò）：饲养马匹。

[4]磻（bō）：指在系箭的绳子上系一块石头。

[5]皋（gāo）：水边的陆地。

[6]纶：钓鱼的渔线。

[7]太玄：大道。

[8]筌（quán）：捕鱼的竹器。《庄子·外物》："筌者所以在鱼，得鱼而忘筌。""得鱼忘筌"比喻得意忘言的样子。

[9]郢（yǐng）：古地名，是春秋时期楚国的都城。

❀ 拥有绝对自由的人

在上而不凌乎下，处卑而不犯乎贵。

——阮籍

在我国历史上，有一位用眼睛来表达内心强烈情感的人，他就是阮籍。

阮籍，字嗣宗，魏晋思想家、文学家，因曾做过步兵校尉，后世又称他为阮步兵。

阮籍与嵇康齐名，同为"竹林七贤"中著名人物。

历史记载，阮籍有一项稀奇的本事，就是能为"青白眼"。遇到不喜欢的人，阮籍就只瞪出白眼球；遇上他尊敬赞赏的人，他才露出黑眼珠。

阮籍的母亲去世，嵇康的哥哥嵇喜前来吊唁，阮籍就翻着白眼，致使嵇喜不快离去。嵇康知道后，由于了解阮籍的性格，就干脆拿着酒坛和琴去看他。阮籍果然高兴，其豪放不羁、不拘俗礼的个性可见一斑。

才华横溢的阮籍，深处政治黑暗的年代，抱负难以实现，内心异常苦闷。在司马氏和曹魏之间，阮籍选择了一条中间道路，他一方面巧妙地和司马氏周旋，不敢明显地顶撞，另一方面又用嬉笑怒骂、利落锋利的笔调讽刺司马氏的阴险与虚伪。

被压抑的个性反映到阮籍的文学作品中，塑造了他隐晦曲折的文风。八十二首五言《咏怀诗》是阮籍文学成就的代表。其中，有对人生困境的思考，有对自由境界的追求，有玄远旷达的情怀，也有人与自然水乳交融的终极目标。

在思想上，阮籍是推崇道家的学说的，他反对统治者利用儒家的礼教来压迫下层民众。这些哲学思想则主要体现在《达庄论》《通老论》和《大人先生传》等作品中。

在《通老论》中，阮籍总结了老子的哲学观点，他说："《易》谓之太极，《春秋》谓之元，《老子》谓之道。三皇依道，五帝仗德，三王施仁，五霸行义，强国任智，盖优劣之异，薄厚之降也。"阮籍认为，道家的"道"是要胜过儒家的"仁""义"的，而且今人不如古人。

《达庄论》是阮籍对庄子思想的阐发。他虚构了一个故事，假托一群信奉儒家的青年人和一位领悟宇宙人间大道的"先生"之间的一场辩论，阐述了庄子的思想。阮籍受当时最流行的老庄思想和玄学的影响，在关注人的现实生活困境的同时，吸收老庄的理论，构筑自己理想的精神境界。

阮籍一生从来没有放弃过对自由的追求。在他的理想中，只有内心超越时间和空间的限制，精神才能得到彻底的解脱，拥有绝对的自由。他高贵的人格魅力和独特的生命存在方式，令其在中国人文历史的时空中熠熠生辉。

咏怀（节选）

阮籍

其一

夜中不能寐，起坐弹鸣琴。

薄帷鉴明月，清风吹我襟[1]。

孤鸿号外野，翔鸟鸣北林[2]。

徘徊将何见，忧思独伤心！

【注释】

[1] 帷：帷幔。鉴：照。襟：衣襟。

[2] 孤鸿：离群的大雁。翔鸟：飞翔的鸟。

其三

嘉树下成蹊，东园桃与李[1]。

秋风吹飞藿[2]，零落从此始。

繁华有憔悴，堂上生荆杞。

驱马舍之去，去上西山趾[3]。

一身[4]不自保，何况恋妻子。

凝霜被野草，岁暮亦云已[5]。

【注释】

　　[1]嘉树：东园的桃李树。蹊：小路。

　　[2]藿：豆叶。

　　[3]西山：这里指首阳山，相传是叔齐和伯夷隐居的地方。趾：脚边，这里的意思是山脚下。

　　[4]一身：自身。

　　[5]被：覆盖。亦云已：也已经完了。

口若悬河的郭象

官者庶人之师，其身既正，不令而行。

——郭象

魏晋南北朝时期的哲学，受到当时政治、经济条件的制约，带着鲜明的时代特点。

司马炎继承了父亲司马昭的晋王之位，几个月后逼迫魏元帝曹奂将帝位禅让给自己，国号大晋，建都洛阳。没多久，西晋王朝就实现了全国统一。

政治的稳定和经济的发展，对人们的思想也产生了重大影响，一个非常显著的特点就是，儒道对立渐渐发展成为儒道调和。这个观点的代表人物就是郭象。他认为道家的自然与儒家的名教是一致的。

郭象，字子玄，河南洛阳人，西晋时期玄学家，做官的职位是黄门侍郎、太傅主簿。郭象喜好老庄的学说，非常善于清谈。他年轻的时候，已经是一个很有学问的人，对于日常生活中发生的现象，他都会仔细观察，然后思考其中的道理。因此，他的知识十分丰富，对于事情总有独到的见解。

成年后，很多人推荐郭象去做官，他都拒绝了，而是把研究学问和谈论哲学作为人生的追求。过了些年，朝廷又派人来聘请他。无奈之下，他只能答应了，担任了黄门侍郎一职。到了京城，郭象专心读书，知识渊博，他讲解问题时不仅把事情的道理讲得非常透彻，还常深入浅出地附上自己的见解，因此人们听他谈论学问时，都觉得受益匪浅。

当时有一位太尉王衍，非常欣赏郭象的口才，经常在别人面前称赞郭象说："听郭象说话，好比悬在山上的河流奔泻，直往下灌，从来没有枯竭的时候。"后人就以"口若悬河"来形容人谈吐流利，能言善辩。

可见，郭象的口才和学问在当时都是一流的，这都体现在他留给后人的主要著作《庄子注》一书。

当时的玄学讨论离不开"名教"与"自然"的关系问题。和他的前辈不同，郭象不赞成把名教与自然对立起来，他认为名教完全符合人的自然本性，而人的本性的自然发挥也一定合于名教。他说，仁义等道德规范就在人的本性之中，一切贵贱高下等级，都是"天理自然"，"天性所受"，人们如果按照"天性"来生活，那么名教的秩序就自然安定了。因此，名教与自然两者是不矛盾的。

在这个理论的基础上，郭象形成了自己的"独化论"体系，主张名教即自然，自然即名教，天地间一切事物都是独自生成变化的。如果万物没有一个统一的根源或共同的根据，那么万物之间也没有任何的资助或转化的关系了。

以现代的观点来看，郭象的理论还有很多不足，但是符合当时主流的思想趋势，撑起了魏晋玄学发展的重要阶段。

藏在金丹中的长生不老术

> 劳谦虚己，则附之者众；骄慢倨傲，则去之者多。
>
> ——葛洪

道教，在魏晋时期称太平道，它的传播因黄巾起义的失败而走向低谷，到了东晋，道教逐渐从低谷中崛起，道教的神仙理论也初成体系。这以倡导神仙道教的理论家和实践家葛洪所著的《抱朴子·内篇》为标志。

葛洪，字稚川，号抱朴子，东晋著名炼丹家、医药学家、道教理论家和实践家。葛洪一生颇为坎坷传奇，他生于一个破落的官僚贵族家庭，童年生活无忧无虑，终日骑马、习武、游玩。13岁时，父亲遭到排挤，郁郁不得志而去世，家道从此中落，葛洪只得依靠耕田砍柴奉养母亲。

困苦的生活令葛洪开始思考自己的人生，他深知读书的重要性，开始借书览阅，问学解疑。16岁便开始读《孝经》《论语》《易经》《诗经》等经史书籍。

西晋末年，政治黑暗，葛洪报国无门，逐渐产生了修道炼丹的想法。于是他隐居在罗浮山，开始精研道术，终成为当时博学多闻的学者。

葛洪的著作很多，最具有代表性的就是《抱朴子》一书，全书分为《内篇》和《外篇》。后人通常将《外篇》作为他儒家思想的代表作，《内篇》作为他道家思想的代表作。

在《抱朴子·外篇》中，葛洪畅谈时政得失，托古讽今，评论民间世俗，主张任贤举能。他认为在乱世中，当权者应该对儒、墨、名、法诸家兼收并蓄。他还认为，文章应该与德行并重，立言应当有助于教化。《外篇》流传下来的有五十篇，鲁迅先生阅读之后，称赞其为"论及晋末社会状态"的代表。

在《抱朴子·内篇》中，葛洪不仅对战国以来的神仙理论和神仙方术做了全面总结，还将道教的戒律与儒家的纲常名教相结合，强调"欲求仙者，要当以忠孝和顺仁信为本。若德行不修，而但务方术，皆不得长生也"，也就是说修仙必须积累善行、慈悲为怀，不能只重视修行。他还强调人不能单纯地将隐世山林作为唯一的人生目标，要想真正的得道成仙还要建功立业，完成好"修身齐家治国平天下"的使命。

另外，葛洪也是炼丹史上一位承前启后的大家，他在《金丹》和《黄白》两篇中，系统地总结了晋以前的炼丹成就，记载了大量的古代丹经和丹法，具体地介绍了一些炼丹方法，为后人留下了珍贵的原始实验化学的资料。

《抱朴子》将玄学与道教神学，方术与金丹，儒学与仙学，丹鼎与符进行了系统的总结和归纳，从而确立了道教神仙理论体系，在我国道家发展史上占有重要的地位。

✿ 众神的传说

道教的神仙体系经历了一个由多到少，由简单到复杂的演变过程，汉魏两晋是道教神仙体系的初创时期，两宋是其最后的"编订"时期。

其中，我们比较熟知的有"三清、四御、五老君"。

"三清"的总称谓是"虚无自然大罗三清三境三宝天尊"，是指天神所居住的三处圣境，即玉清、上清、太清三清境；也指居于三清仙境的三位尊神，即玉清元始天尊、上清灵宝天尊、太清道德天尊。

此外，"三清"还是道家哲学"三一"的象征。《道德经》曰："道生一，一生二，二生三，三生万物。"道是浑然天成的一个整体，它逐渐幻化生成阴阳二气。阴阳二气相互作用，生成天地万物。道家认为"用则分三，本则常一"，后来道教根据这个衍化出居于三清胜境的三位尊神，因此三清尊神在道教神仙体系中地位最为尊贵。

"四御"是道教天界尊神中辅佐"三清"的四位尊神，所以又称"四辅"。他们的全称是：紫微北极大帝、南极长生大帝、勾陈上宫天皇大帝、承天效法后土皇帝地祇。

一般认为"三清"是宇宙万物的创造者，"四御"是统率天地的万神。

在"四御"之中，玉皇大帝是最受崇拜的。紫微北极大帝协助玉皇大帝执掌天经地纬、日月星辰，统率三界星神和山川众神；南极长生大帝协助玉皇大帝执掌人间寿天祸福；勾陈上宫天皇大帝协助玉皇大帝执掌南北极与天、地、人三才，并主宰人间兵革之事；承天效法后土皇地祇协助玉皇大帝执掌阴阳生育、万物生长和大地河山。

"五老君"是指地位与"三清"平齐的五位天神，即东方安宝华林青灵始老君、南方梵宝昌阳丹灵真老君、中央玉宝元灵元老君、西方宝金门皓灵皇老君、北方洞阴朔单郁绝五灵玄老君。

"五老君"是道教早期尊奉的神灵，据说位于山西省介休市的绵山就是五方神灵会见群仙的地方。

✿ 八仙过海各显神通

八仙，是道教在民间广为流传的八位神仙。

在明代以前，关于八位神仙的名字有很多种说法。明代作家吴元泰的小说《东游记》问世以后，八仙的名字基本确定为：铁拐李、汉钟离、张果老、蓝采和、何仙姑、吕洞宾、韩湘子、曹国舅。

铁拐李，姓李，名玄，又叫李凝阳、李洪水、李孔目。传说他出生于唐朝开元年间，仪表堂堂，在终南山学道。有一次他元神出窍，肉身被老虎吃掉，无奈之下投身于一个跛脚乞丐，于是就变成了一个蓬头卷须、黑脸巨眼的丑陋汉子。铁拐李经常背一葫芦，据说里面装着仙丹妙药，专门治病救人。

八仙中名气仅次于铁拐李的是汉钟离。传说，他一出生就有 3 岁孩童那么大，天生福相，天庭饱满，地阁方圆。成人后，他官居朝廷的谏议大夫一职，后来隐居终南山，得道成仙。他的形象常常是祖胸露乳，手摇大扇，头上扎两个小髻，悠然自若，十足一个闲散的汉子。

张果老是八仙中年老的一位，本名"张果"，因年纪最高，人们尊称其为"张果老"。传说中他背负一个道情筒，倒骑白驴，云游八方，劝化度人。

吕洞宾可以称得上八仙中流传故事最多的一位了，全真道奉他为"纯阳祖师"。同时，他也是八仙中最有人情味的一个，英俊潇洒，手持宝剑，为民除暴安良，斩妖除怪。

八仙中唯一的女性是何仙姑，相传她出生的时候紫云缭绕，头顶上有六道霞光，从小智慧敏捷，聪敏过人。13岁时，何仙姑在山中遇到了吕洞宾，吃了吕洞宾赠送的一只仙桃，从此不饥不渴，身轻如燕，并能预知人生祸福。她的形象是一位手挎花篮的姑娘。

蓝采和是一位玩世不恭，似狂非狂的行乞神仙。他身穿破衣衫，手持三尺多长的大拍唱板，在城市里边走边唱。他唱得最多的是：踏歌蓝采和，世界能几何。红颜三春树，流年一掷梭。

手持长笛的英俊斯文少年就是韩湘子了，据说他是唐朝大文豪韩愈的侄子，生性放荡不羁，不好读书，只爱饮酒，后来吕洞宾化名"官无上"，前来传道，点化韩湘子，助他成仙。

八仙中排名最后的是曹国舅，他的形象和其他七位迥然不同，他头戴纱帽，身穿红袍官服，手持玉板。相传，他是宋朝皇帝宋仁宗曹皇后的长弟，名景休，志在清虚，不慕虚荣，不喜富贵，后来因弟弟枉害人命，羞愧之下，隐居山林，由汉钟离、吕洞宾点化，列入仙班。

八位神仙的形象、穿着各有特色，传说是分别代表着男、女、老、少、富、贵、贫、贱，他们手中的宝物，檀板、扇、拐、笛、剑、葫芦、拂尘、花篮八物被称为"八宝"，代表八仙之品。因为八仙都是凡人得道成仙，所以在民间受到普通大众的广泛喜爱。

✿ 佛教的发展

> 物无彼此，而人以此为此，以彼为彼。彼亦
> 以此为彼，以彼为此，此彼莫定乎一名，而惑者
> 怀必然之志。
>
> ——僧肇

晋武帝死后不久，"八王之乱"爆发了。匈奴贵族趁机攻进洛阳，俘虏晋怀帝，并将洛阳洗劫一空，西晋王朝从此元气大伤。同时，曹魏以来迁居塞内的游牧民族也乘机起兵称帝，全国又陷入分裂混战的局面。

动荡和混战的社会大环境，给人们带来了无穷无尽的灾难，但却给佛教的传播培植了良好的土壤。佛教所宣传的"生死轮回""因果报应"等思想，让民众得以从现实的苦痛中得到些许解脱。

佛教的大乘空宗思想和老庄玄学思想有很多共同点，它们一个讲"空"，一个讲"无"。当时，玄学思潮盛行，佛教徒们为使佛教得到更广的传播，纷纷以玄学来解释印度的佛学，于是佛教玄学就此产生了。

后人还用了一个学术名词"玄佛合流"来概括这种现象，这一阶段的主要代表人物有道安、支遁、僧肇等，其中，以僧肇的思想影响最大。

僧肇俗家姓张，陕西西安人，小时候家里很穷，所以靠佣书为生。他经常帮别人誊写、编录典籍，因此得以博览群书。

少年时代，僧肇非常喜爱玄理，对于老子和庄子的文章爱不释手。一次偶然的机会，他接触到了《维摩经》，经过仔细地阅读和思考，僧肇确定了自己毕生的追求和目标，因此出家为僧。

僧肇出家之后，对佛经进行了深入辟理的研究，21岁的时候，已经得到了广泛认可。

当时，天竺高僧鸠摩罗什接受姚兴的邀请，在甘肃地区传播佛法，僧肇便慕名前往，两人由此结缘。之后，他跟随鸠摩罗什来到长安，开始参与佛经的繁杂翻译工作。

在追随鸠摩罗什的十多年里，僧肇是其门下最年轻的、在学术上最有成就的弟子。由他参与并编订的经论，千百年来成为佛教徒众公认的权威版本。另外，他本人还著有《物不迁论》《不真空论》《般若无知论》和《涅槃无名论》。

他的这四部著作，以佛教的思想为宗旨，并结合了老庄的哲理，阐述了一系列哲学命题。

不仅如此，僧肇还对魏晋玄学做了总结，最后完成了魏晋玄学思维从"贵无"到"崇有"再到"合有无为一"的认识过程。

僧肇认为玄学的"贵无"思想与"崇有"思想都是偏颇的理论，"合有无为一"才是真谛。他说，客观世界从其本体的角度来看，是虚幻不实的，因此是"空"便是"无"，但这虚幻不实的客观世界又是可以用各种现象表现出来的，所以从现象的角度来看，又是"有"，只是这种"有"是虚假的，是"假有"。这样，"有"和"无"就是同一事物的两个方面，所以现象和本体应当结合起来看，不能偏执于一方。

可惜的是，他只有 31 年的生命。如果僧肇能享有高寿，那么他对佛教思想理论上的贡献肯定会更大。

🪷 思想界三分天下

坐落在洛阳市东的白马寺，是佛教传入我国后兴建的第一座寺院，有中国佛教的"祖庭"和"释源"之称。一般情况下，人们都将白马寺的修建作为佛教传入中国的标志事件。

佛教在传入初期，被当成神仙道术一类，流传并不是很广。西晋末年，动荡的社会为佛教传播提供了有利的客观环境。

到了东晋十六国时期，佛教已经普及社会的各个阶层。西域僧人佛图澄被后赵统治者尊为"大和尚"，他除了宣传佛教以外，还参与军政大事的决策。

佛教在南北朝时获得了空前的大发展。

宋、齐、梁、陈各代帝王大多数崇信佛教，其中以梁武帝萧衍尤为突出。他既是皇帝，又是佛教信徒，既是佛教实践家，又是佛教理论家。萧衍自称"三宝（佛、法、僧）奴"，四次舍身入寺，都由朝廷用重金赎回。他亲自下令修建了大批寺庙，亲自讲经说法，著书立说，举行盛大的斋会。

根据史书记载，当时梁朝有佛寺2846座，僧尼82700余人，只都城建康的大寺庙就有700多所，僧尼信众达万人。

北朝虽然在北魏世祖太武帝和北周武帝时发生过禁佛事件，但总的说来，北朝历代帝王也都竭力扶植佛教，并热衷于凿窟雕像。北魏文成帝就在大同开凿了云冈石窟；孝文帝迁都洛阳后，为纪念母亲，营造了龙门石窟。

在当朝帝王和士大夫的支持下，佛教的传播更加深入。顿悟渐悟的辩论、神灭神不灭的斗争，盛行一时，出现了涅槃、成实、三论等学派。

南北朝的佛教也因地域等原因，呈现出不同的特点。北方偏重崇信禅学，注意修行；南方则偏于玄谈义理。

佛教哲学蕴藏着极深的智慧，它对宇宙人生的阐述，对人类理性的反省，有着深刻的见解。经过魏晋南北朝时期的吸收、消化和发展，佛教已在中国扎下根来，逐渐融入中国人的思想，奠定了中国思想界"儒、释、道"三分天下的格局的基础。

🪷 人生就如同一树花

形存则神存，形谢则神灭。

——范缜

南北朝时期，佛教经历了爆发式的传播，形成一股重要的社会势力。寺庙通过香客、皇室、政府等捐赠的金钱、土地，开始依附农民，经营商业，从中获得巨大财富，逐渐形成了相对独立的寺院经济。

一方面，寺院经济的无节制发展，引发出很多新的社会矛盾和经济矛盾。另一方面，灵魂不死、轮回报应等已经"变形"的佛教消极思想弥漫于朝野，笼罩着社会的各个角落。

当时的统治者将佛教作为统治民众的工具，投入大量的人力物力来修建寺庙，劳民伤财。在这样的背景下，一部在中国哲学史上具有非凡意义的著作——《神灭论》诞生了。这本书的作者是南北朝时期著名的唯物主义思想家范缜。

范缜的父亲去世得比较早，家里只有他和母亲两个人，生活很是清贫。20岁以前，他一直跟随当时著名的学者刘瓛学习。范缜性格直爽，能言善辩，喜欢直言不讳地说出自己的观点，而且总是习惯穿着草鞋，步行外出。

由于他对学习和生活的态度都与众不同，对世间事物也都有自己独到的见解，所以授业的老师们都对他另眼相看，并亲自为他举行标志成年的加冠礼。

长大以后，范缜博通儒家经典，尤其精于"三礼"，即儒家经典《仪礼》《周礼》《礼记》。

范缜生活的年代，从皇帝到平民都笃信佛教，南齐的宰相萧子良就是其中之一。他在郊外有一幢别院，常常在那里招待文人墨客，喝酒谈天。

有时候，他也会邀请一些佛教法师，宣扬佛法。那些法师宣传，人死之后灵魂是不会一起消失的；一个人的富贵或者贫贱都是注定的，是前世的因果报应，今生无法改变。

这些说法是一种非常消极的人生观，会极大阻碍个人的成长和社会的进步。于是，范缜大胆地站出来，号召大家不要相信那一套。

萧子良听说后，亲自质问范缜："你不相信因果报应，那么，为什么有的人生来富贵，而有的人生来就贫困呢？"

范缜答道："打个比方，人生就如同一树花，虽然同在一根树枝上，但突然刮起了大风，有的花瓣就随风飘到富贵人家的坐垫上，有的就飘到人家的厕所里。"

萧子良一时间没明白，范缜接着解释："落在坐垫上的就像您，落在厕所里的就像我。贫贱富国就是这么回事，和因果报应没有丝毫关系。"

回到家后，范缜专门写了《神灭论》，明确地提出自己的观点。

在《神灭论》中，范缜提出"神即形也，形即神也，是以形存则神存，形谢则神灭"的观点。他认为人的形体和精神是不分离的整体，形体是精神的本质，精神只是形体的作用；精神和形体的关系，好比一把刀和锋利的关系，没有刀，就不能起锋利的作用；没有形体，自然精神是无法存在的。这就从根本上否定了佛教所宣扬的因果报应。

在文章的最后，范缜还谴责揭露了当时帝王和世家大族佞佛所引发的社会危机。

范缜那坚持唯物主义的无神论思想和为捍卫真理勇于斗争的无畏精神，在千百年来的中国哲学史上始终闪烁着耀眼的光芒。

🪷 神灭论（节选）

范缜

问曰："子云[1]神[2]灭，何以[3]知其灭也？"

答曰："神即[4]形也，形即神也。是以[5]形存则神存，形谢[6]则神灭也。"

问曰："形者无知[7]之称，神者有知之名，知与无知，即事有异，神之与形，理不容一，形神相即，非所闻也。"

答曰："形者神之质[8]，神者形之用[9]，是则形称其质，神言其用，形之与神，不得相异[10]也。"

问曰："神故[11]非质，形故非用，不得为异，其义安在？"

答曰："名殊[12]而体一也。"

问曰："名既已殊，体何得一？"

答曰："神之于质，犹[13]利之于刃，形之于用，犹刃之于利，利之名非刃也，刃之名非利也。然而舍[14]利无刃，舍刃无利，未闻刃没而利存，岂容形亡而神在。"

【注释】

[1]子云：你说。

[2]神：指精神活动，也含有灵魂的意思。

[3]何以：怎样，怎么样。

[4]即：就，这里指相连，离不开。

[5]是以：因此，所以。

[6]谢：衰亡凋零。

[7]知：感觉，知觉。

[8]质：物质，有时专指人体。

[9]用：作用。

[10]异：不同，分离。

[11]故：本来。

[12]殊：不同。

[13]犹：如同，好像。

[14]舍：舍弃，离开。

🪷 多元开放

到了隋唐时期，数百年的分裂动荡格局结束了，国家政治实现了统一。之后又经过数十年的发展，经济和文化都在盛唐时期达到了鼎盛。

相对稳定的政治环境，广泛的民族大融合，塑造了人们包容开放的心态，再加上高层统治者积极宽容的政策，为学术文化的大发展提供了良好的环境和平台。

在这样的背景下，儒、释、道形成了三足鼎立的局面。在这一时期，儒家恢复了正统的地位，但是"一家独尊"已经让位于"三教鼎立"。在统治者的推动下，《五经正义》问世了，且被作为官方教科书，从而完成了经学史从纷争到统一的过程。

经过长时间的融合、发展，隋唐时期的儒学吸取了佛教和道教的思想。天人关系、三教关系、性情修养问题成为人们探讨的主题。

因道教奉老子李耳为教主，李姓又是唐朝的皇家姓氏，所以从唐高祖李渊开始，唐朝皇帝就以教主后代自居，努力支持道教的发展。

唐高宗奉老子为太上玄元皇帝。到了开元时期，唐玄宗又尊老子为大圣祖，还下令将老子的画像颁布天下，提倡大家研习《老子》《庄子》等道家经典。

此外，唐玄宗还封庄子为南华真人，尊文子为通玄真人、列子为冲虚真人等，并派人广泛搜寻道家经典著作。

隋唐时期还是佛教大发展的鼎盛时期。

唐朝的皇帝虽自称是老子的后代，但实际上都实行佛道并行的政策，尤其是在武则天当政时期，佛教备受重视，甚至一度凌驾于道教之上。在这段时间内，佛教信仰深入民间，在建筑、绘画、音乐等方面，建树很大，丰富了中国民族文化艺术的宝库。

唐朝时，还有很多僧人不惜历尽千难万险去印度学习佛经，其中就有大家熟知的玄奘法师。

由于南北朝以来新佛经的传入和对教义的不同解释，佛教在唐代逐渐形成了许多宗派。宗派不同于学派，它具有自己独特的理论体系，如规范的宗教制度、独立的寺院经济、传法世系等。可以说，宗派的形成是佛教中国化的主要标志之一。当时最主要的宗派有天台宗、法相宗、华严宗和禅宗，其中以慧能和神秀所倡导的禅宗流行最广，对我国后世佛学的影响也最大。

三千性相都具足于一念之中

自隋文帝实现全国统一后，佛教也综合南北体系，形成了划一的特色。隋文帝杨坚是在佛寺出生长大的，因此，他称帝后大力扶植佛教的发展，广建寺庙，还亲自下令保护佛教。

无独有偶，其子隋炀帝也信奉佛教，在扬州巡察的时候，炀帝不仅设了"千僧斋"，还请陈朝高僧智𫖮大师为其授菩萨戒，自称菩萨戒弟子。

这一时期，智𫖮大师正式创建了中国最早的佛教宗派，因其宗派创立于浙江天台山，因此称为"天台宗"。

智𫖮大师，出生于南朝梁武帝时期，姓陈，名智𫖮，河南许昌人。他出生的第二天，便有两名和尚叩门来访，预言这个还在襁褓中的孩子将来必定要出家。

智𫖮出身门第很高，他父亲曾在朝做官，因此，智𫖮从小便目睹朝代变迁给民众带来的苦难，常感叹人生无常。在他18岁的时候，智𫖮决定跟随慧思大师出家。后来，他在天台山讲经9年，人称"天台大师"。因隋炀帝又赐其号"智者"，因此世人又称其为"智者大师"。

智𫖮大师融合当时南北佛教的特点，强调"止""观"并重。止是禅定，禅是不执着一切境界相，定是内不动心；观是般若，般若是智慧，同时他还提出"一念三千"和"三谛圆融"等观点。

智颉大师还著有《摩诃止观》一书，是中国佛教第一部关于佛学概论的巨著。

关于智颉大师，还流传着一个传奇的故事。故事发生于隋炀帝时期，隋炀帝的萧妃得了一种怪病，群医束手无策。隋炀帝辗转请来了智颉大师。大师为萧妃做了七日光明忏之后，奇迹发生了：

一只形貌怪异的鸟飞到了斋台的上空，曲折地飞了一会儿后，突然死去。不久之后，鸟儿又神奇地复活了。它振动起翅膀，鸣叫了几声，飞走了。就在这一幕"死而复活"的奇异景象过后不久，萧妃不药而愈。

这个故事的真实性，无从考据，但是这一事件却反映出智颉大师和隋炀帝之间的密切关系。最高统治者的支持，无疑是天台宗得以快速发展的重要因素。

天台宗的教义主要依据《法华经》而来，因而也称法华宗。天台宗的教义以"止观并重""定慧双修"为最高要求，这也是智颉大师完成南北佛教统一任务的具体表现。智颉大师"一念三千"学说，即三千性相都具足于一念之中，是对其止观理论的进一步发挥。

❁ 玄奘西行求法

> 若不摧邪，难以显正。
>
> ——玄奘

古典小说《西游记》中，玄奘的身世充满了坎坷和磨难——他的父亲经历了"金榜题名时，洞房花烛夜"的喜悦，又遭遇了月黑风高、抛尸江底的惨剧，玄奘刚出世，便被母亲无奈送走。小说中的描写固然带了很多传奇色彩，但历史上记载的玄奘，一生也颇为传奇。

玄奘年幼时因家境困难，曾跟随长捷法师住在净土寺，学习佛经5年。13岁的时候，他便在洛阳正式出家。剃度后的少年玄奘刻苦研习佛经，十几岁时佛学造诣已经非常了得。

当时正值隋末唐初的动荡年代，但为了求得佛学的真谛，玄奘下四川，上长安，辗转求学。贞观元年（公元627年），玄奘再次到长安学习外国语言和佛学典籍，声誉遍传京师。

在继续学习佛学的同时，玄奘感到各派学说纷繁复杂，没有定论，便决心到天竺取经。他从凉州玉门关出发，经过今天的土耳其、阿富汗等地区，单独行走十万里，历尽千辛万苦抵达天竺。

最初，玄奘在那烂陀寺学习，后来游历天竺各地，并与当地佛学家辩论，名声大震。玄奘在天竺学习了近二十年，最终拒绝了天竺的盛情挽留，回到了长安，并同时带回了657部佛经，受到唐太宗的热情迎接。

　　为了保存从天竺带回来的珍贵经文，唐太宗特地在长安城内的慈恩寺西院修筑了五层塔，也就是今天的大雁塔。从此，玄奘和弟子一边忙于宣扬佛法，一边从事梵文经典的翻译工作。在 19 年的时间里，玄奘和弟子窥基等人共翻译出 75 部经、论著作。

　　同时，玄奘还将西行沿途的风土人情、政治、历史、文化等编纂成《大唐西域记》，为后人留下了宝贵的研究资料。玄奘大师留给后人的还有"不至天竺，终不东归一步"的玄奘精神，被鲁迅先生誉为"中国脊梁"。

　　此外，玄奘和他的弟子窥基还创立了唐朝初期一个很重要的佛学宗派——法相宗。这个宗派集中分析了世界上各种物质和精神现象，从而认为宇宙间的万物都不是独立存在的，全部根源于"识"，即"万法唯识"。"识"又分为八种，即眼识、耳识、鼻识、舌识、身识、意识、未那识、阿赖耶识。由于法相宗的很多教义不符合当时的社会人情，而且理论烦琐深奥，不是专业人士很难懂得其中的奥妙，所以在唐朝初期流传了几十年就遭到了冷落，逐渐湮灭不闻。

🪷 "胡言乱语"得衣钵

> 既非风动，亦非幡动，仁者心动耳。
>
> ——慧能

慧能，又叫惠能，俗家姓卢，出身于没落的官僚家庭，父亲在唐高祖年间被贬官到岭南地区，家境从此没落。

3 岁的时候，慧能的父亲去世，全家搬到了南海，慧能只得靠卖柴养活母亲。有一天，他背着柴到集市上卖，偶然听到有人在读《金刚经》的"应无所住而生其心"一段，有所感悟，别人告诉他这是湖北黄梅五祖弘忍大师教人们诵读的佛经。

自此，慧能决心出家学佛，在安顿好母亲之后，便到湖北拜弘忍大师学习佛法。

弘忍大师第一次见到慧能，就问他："你来自哪里？来这里做什么呢？"

慧能回答："弟子是从岭南来的，来这里是为了'作佛'。"

弘忍大师听后说："你是岭南人，又是獦獠（当时中原对南方少数民族的称呼），如何能作佛？"

慧能回答："人有南北的区别，佛并没有南北的区别啊！"

听了他的回答，弘忍大师不忍拒绝，就安排慧能去做舂米的苦活。

八个月后，年事已高的弘忍大师命弟子各写一首偈子交给他。大家心里都明白，这是大师选择衣钵继承人的考试。当时弘忍大师有弟子700人，慧能只是其中一个做苦工的，并没有参加考试的资格。

在众多弟子中，神秀是弘忍大师的首席上座师，半夜三更的时候，他在佛堂的墙壁上写下了一首偈子：

身是菩提树，

心为明镜台。

时时勤拂拭，

勿使惹尘埃。

这首偈子的意思是，要时时刻刻修养自己的身心，以此来抵御内心的邪念和外来的诱惑。

第二天，大家看到这首偈子，都交口称赞，只有弘忍大师没有做任何评价。慧能看了之后，说写这首偈子的人没能领悟到真谛，然后高声念道：

菩提本无树，

明镜亦非台。

本来无一物，

何处惹尘埃。

这首偈子非常符合禅宗的理念：世上本来就是空的，心本来就是空的话，就无所谓抗拒外面的诱惑，任何事物从心而过，都不会留下痕迹的。

弘忍大师看到后，对慧能说："真是胡言乱语。"大师似乎很难原谅慧能，还在他的头上拍打了三下，但慧能立刻领会了大师的意思，当天夜里三更天的时候来到大师的房间。大师亲自为慧能解说《金刚经》，把世代相传的法衣传给他，封他为禅宗六祖，还吩咐慧能不到必要时刻，不要亮出自己的身份，免得引起麻烦。

之后，慧能回到岭南，度过了15年的隐居生活。一次偶然的机会，慧能到了广州法性寺。他听到两个小沙弥在争论风和幡谁在动，一个说风动，一个说幡动。

慧能插口说道："不是风动，也不是幡动，是你们的心动。"大家听了，非常佩服，于是慧能受到寺庙主持印宗法师的礼遇。没过多久，慧能又来到宝林寺，并在这里普度佛法三十多年，直至圆寂。

慧能的弟子根据他的佛学思想总结整理出了《六祖坛经》一书，被奉为禅宗的经典。当时，也有人称中国僧侣能够说法而称经者只有他一人。

净在修心

慧能禅师见弟子整日打坐，便问："你为什么终日打坐呢？"

"我参禅啊！"弟子回答。

"参禅与打坐完全不是一回事。"禅师说。

"可是你不是经常教导我们要安住容易迷失的心，清静地观察一切，终日坐禅吗？"

禅师说："终日打坐，这不是坐禅而是在折磨自己的身体。"

弟子们听后都感到有些迷茫。

慧能禅师接着说："禅定，不是整个人像木头、石头一样的死坐着，而是一种身心极度宁静、清明的状态。离开外界一切物相，是禅；内心安宁不散乱，是定。如果执着人间的物相，内心即散乱；如果离开一切物相的诱惑及困扰，心灵就不会散乱了。我们的心灵本来很清净安定，只因为被外界物相迷惑困扰，如同明镜蒙尘，就活得愚昧迷失了。"

弟子躬身问："那么，怎样才能去除妄念，不被世间迷惑呢？"

慧能说道："思量人间的善事，心就是天堂；思量人间的邪恶，心就化为地狱。心生毒害，人就沦为畜生；心生慈悲，处处就是菩萨。心生智慧，无处不是乐土；心生愚痴，处处都是苦海。"

禅师的话唤醒了弟子们，他们终于醒悟。

🪷 见性成佛

佛教的宗派很多，在中国独立发展的却只有三派：禅宗、天台宗、法相宗。

"禅"是梵语音译"禅那"的缩写，意思是静虑。静坐沉思，被称为"坐禅"或"禅定"，是佛教修养的重要方式之一。禅宗、宗门禅宗，又称宗门，创始人是菩提达摩，在六祖慧能时期，禅宗进入传播的高峰，到唐朝中后期成为汉传佛教的主流宗派。

禅宗的中心思想是："不立文字，教外别传；直指人心，见性成佛。"意思是通过日常的实践，感悟到真正的智慧，从而达到自觉、自由、自知的境界。

五祖弘忍在传承衣钵时，慧能和神秀所作的偈子成为禅宗最大的一宗公案。正因为这段公案，禅宗产生了两位颇有传奇色彩的禅师——慧能禅师和神秀禅师，也使得禅宗分为南、北二宗。

神秀，北宗禅的创始人，早年当过道士，50岁时遇到五祖弘忍大师，遂剃度出家，受到五祖禅师的特别器重，被称为"悬解圆照第一""神秀上座"。

五祖弘忍禅师圆寂后，神秀到了湖北江陵当阳山玉泉寺，宣扬佛法，声名远播，还得到当朝女皇武则天的敬重和支持。神秀禅师继承了弘忍大师以心为宗的传统，认为"一切佛法，自心本有"，反对"将心外求"。

慧能创建的南宗禅，兴起的时间比较晚，但是影响力却远远超过了其他几派。

南宗派和北宗派最大的区别就在于参悟佛理的方式不同，南宗禅主张顿悟，北宗禅主张渐悟。

渐悟，主张经过长时间的思考和对佛理的学习而领悟，如静坐参禅。顿悟，主张佛在心内，只要净心、自悟，就不必苦修，便可以顿悟成佛。顿悟具有醍醐灌顶的效果，能够让人豁然开朗。顿悟和渐悟的主张，集中反映在神秀和慧能两位禅师的那两首偈子。

慧能的这种"见性成佛"简单速成的方法，对于那些陷于现实苦难中看不到未来的普通民众，有着极强的吸引力。慧能禅师之后，南宗禅发展为洪州、石头二宗，后又衍生为五宗七派，几乎取代了佛教的其他宗派，得到广泛流传。

🪷 韩愈谏迎佛骨

书山有路勤为径，学海无涯苦作舟。

——韩愈

在中唐的历史上，韩愈留下了浓墨重彩的一笔，他既有文人的铮铮风骨，又有武将的智勇谋略——佞佛成风，劳民伤财，他敢犯颜直谏；匪盗横行，民生多艰，他敢深入虎穴。

韩愈，字退之，唐代古文运动的倡导者，"唐宋八大家"之首，苏轼称他"文起八代之衰，道济天下之溺"，有"文章巨公"和"百代文宗"的美誉。

韩愈生活在"安史之乱"之后，一生经历了代、德、顺、宪、穆宗五位皇帝的执政期。这个时期的唐朝已基本处于藩镇割据的状态，朝廷宦官专权、党争不断，政治比较腐败。

皇帝要迎佛骨入大内，韩愈奋不顾身，上表力谏，作《谏迎佛骨表》。文中措辞严厉，直言无隐，惹恼了皇帝。于是在这次儒佛的交锋中，韩愈最终沦为失败者，被贬到潮州做刺史。

潮州有一条江，江里有很多吃人的鳄鱼，成为当地一害，许多过江的人都被它们吃了。一天，又有一个百姓遇害了。韩愈忧心忡忡：鳄鱼不除，必定后患无穷。于是韩愈下令准备祭品，决定亲自去江边设坛祭鳄。

韩愈摆好祭品后，对着江水大声喊道："鳄鱼！鳄鱼！韩某来这里做官，为的是能造福一方百姓。你们却在这里兴风作浪，现在限你们在三天之内，带同族类出海，时间可以宽限到五天，甚至七天。如果七天还不走，绝对严处。"

从此，潮州再也没有发生过鳄鱼吃人的事情了。人们把韩愈祭鳄鱼的地方称为"韩埔"，渡口称为"韩渡"，这条大江则被称为"韩江"，而江对面的山被称为"韩山"。

作为"为官一任，造福一方"的能官，韩愈在民间流传的为民的故事还有很多，在潮州，就还有"韩文公过马牵山""叩齿庵"等传说。

唐朝前期的几位皇帝都不太重视儒家思想的发展，这便从思想上动摇了唐王朝的统治。韩愈从维护国家统一出发，在政治上力主加强统一，反对藩镇割据；在思想上大力倡导儒学，以孔孟道统的继承者自居。

韩愈所倡儒家思想的一个中心词是"道统"，即儒家传道的脉络和系统。他明确提出儒家有一个贯穿始终又不同于佛家和老子的"道"。"道"，也就是儒家思想核心的"仁义道德"。

千百年来，儒家"仁义道德"的传承有一个历史发展过程。这个过程就是尧传给舜，舜传给禹，禹传给汤，汤传给周文王和周武王，他们传给孔子，孔子传给孟子，孟子死后，没有人能将思想传承下来。

韩愈首次明确了儒家具体的传授谱系，起到了"正名分、反僭乱、明纪纲"的作用，对于维护中央集权的安定和统一有重大意义。同时，他还看到了佛教盛行给社会带来的消极影响的一面，于是他提倡用儒家积极入世的思想来对抗佛道。而这一时期，提出"反佛"的观点，正符合当时社会发展的需要。

韩愈的思想价值还体现在教育方面，他提出了如强调英才教育、尊师重道、因材施教等主张，都非常有新意，对今后教育的发展具有很大的社会价值。

🪷 师说（节选）

韩愈

古之学者必有师。师者，所以传道受业[1]解惑也。人非生而知之者，孰能无惑？惑而不从师，其为惑也，终不解矣。生乎吾前，其闻道也固先乎吾，吾从而师之，生乎吾后，其闻道也亦先乎吾，吾从而师之[2]。吾师道也，夫庸知其年之先后生于吾乎[3]？是故，无贵无贱，无长无少，道之所存，师之所存[4]也。

嗟乎！师道[5]之不传也久矣！欲人之无惑也难矣！古之圣人，其出人[6]也远矣，犹且从师而问焉；今之众人，其下圣人也亦远矣，而耻学于师[7]。是故圣益圣，愚益愚[8]。圣人之所以为圣，愚人之所以为愚，其皆出于此乎？爱其子，择师而教之；于其身也，则耻师焉，惑矣。彼童子之师，授之书而习其句读者，非吾所谓传其道解其惑者也。句读[9]之不知，惑之不解，或师焉，或不焉[10]，小学而大遗[11]，吾未见其明也。巫医[12]乐师百工[13]之人，不耻相师。士大夫之族，曰师曰弟子云者，则群聚而笑之。问之，则曰："彼与彼年相若也，道相似也。位卑则足羞[14]，官盛则近谀[15]。"呜呼！师道之不复，可知矣。巫医乐师百工之人，君子不齿，今其智乃反不能及，其可怪也欤！

圣人无常师。孔子师郯子[16]、苌弘、师襄[17]、老聃。郯子之徒，其贤不及孔子。孔子曰：三人行，则必有我师。是故弟子不必不如师，师不必贤于弟子，闻道有先后，术业有专攻[18]，如是而已。

【注释】

[1]业：泛指古代经、史、诸子之学及古文写作。

[2]从而师之：跟从（他），拜他为师。

[3]夫庸知其年之先后生于吾乎：哪管他的出生的时间是比我早还是比我晚呢？

[4]道之所存，师之所存：知识、道理存在的地方，就是老师存在的地方。

[5]师道：从师学习的风尚。

[6]出人：超出（普通）人。

[7]耻学于师：以向老师学习为耻。

[8]是故圣益圣，愚益愚：因此圣人更加圣明，愚人更加愚昧。

[9]句读（dòu）：也叫句逗。古文中没有标点符号，语气已经完的叫"句"，语气未完的叫"读"，句号为圈，逗号为点。

[10]或师焉，或不（fǒu）焉：有的请教老师，有的却不问老师。

[11]小学而大遗：小的方面倒要学习，大的方面（惑之不解）却放弃了。

[12]巫医：古代用祝祷、占卜等迷信方法或兼用药物医治疾病为业的人，连称为巫医。

[13]百工：泛指手工业者。

[14]位卑则足羞：（以）地位低（的人为师），就感到耻辱。

[15]谀：阿谀，奉承。

[16]郯（tán）子：春秋时郯国（今山东郯城一带）的国君，孔

子曾向他请教过关于少昊时代职官制度典籍历史等情况。

[17]苌（cháng）弘：东周敬王时候的大夫，孔子曾向他请教古乐。师襄：春秋时鲁国的乐官，名襄，孔子曾向他学习弹琴。师，乐师。

[18]术业有专攻：学问和技艺上（各）自有（各的）专门研究。攻：学习、研究。

🪷 柳宗元统合儒释

广直言之路，启进善之门。

——柳宗元

唐宋八大家之一的柳宗元，字子厚，山西运城人，世称"柳河东""河东先生"。他的文学成就很高，在文章方面，他与韩愈并称为"韩柳"；在诗歌方面，他与刘禹锡并称"刘柳"。

柳宗元出生于文化气息浓厚家庭，他的父亲柳镇信奉传统儒学，具备积极用世的态度和刚正不阿的品德；他的母亲则是一位典型的贤妻良母，同时也是一名虔诚的佛教徒。父母双亲在言传身教和学识方面，给予柳宗元儒学和佛学的双重影响。

柳宗元出生的时候，"安史之乱"刚刚平定二十年，太平盛世不再，政治腐败、藩镇割据等社会矛盾逐渐显露出来。但柳宗元并没有受大形势的影响，年少得志的他，20岁中进士，几年后便步入官场，开始参与政治。

经过十多年的历练，柳宗元对政治黑暗和社会现实的认识更加深刻，萌发了革新的想法。顺宗即位后，开始任用他和王叔文、王伾等大臣进行改革，史称"永贞革新"。

可惜，改革进行不到半年，就失败了。柳宗元也因此受到牵连，被贬到湖南永州任司马，时间长达十年。这一件事成为他人生的重要转折点。

被贬期间，柳宗元并没有消极颓废，而是将主要精力放到了著书立说方面，对于哲学、政治、历史、文学等方面的一些重大议题，他都进行了研究。他给后人留下的最大一笔思想财富就是：统合儒释。

儒、释、道三家，在魏晋时期已形成了鼎立格局，到了唐代，三家合流已是大势所趋，但还没有找到正确的途径。柳宗元"统合儒释"的主张，为当时学说繁杂的局面开辟了一条新的道路，为以后的儒、释、道三教合流奠定了基础。

他用儒家经典解释佛教，表明了儒家和佛教在新的历史条件下都可以不断丰富、相互融合，也只有这样双方才能都获得发展。

作为一个大一统的王朝，唐代是儒家思想进一步被尊为正统的时代，也是佛教盛行的时代，但柳宗元并没有受到所谓主流思想的束缚，而是以一种全新的角度去思想问题。这种博采众长的哲学思维方式，远远超出了同时代的其他学者。

🪷 小石潭记（节选）

柳宗元

从小丘西行百二十步，隔篁竹，闻水声，如鸣佩环，心乐之。伐竹取道，下见小潭，水尤清冽。全石以为底，近岸，卷石底以出，为坻为屿，为嵁为岩[1]。青树翠蔓，蒙络摇缀[2]，参差披拂。

潭中鱼可[3]百许头，皆若空游无所依。日光下澈，影布石上，怡然[4]不动，俶尔[5]远逝，往来翕忽[6]，似与游者相乐。

潭西南而望，斗折蛇行，明灭可见。其岸势犬牙差互，不可知其源。坐潭上，四面竹树环合，寂寥无人，凄神寒骨，悄怆[7]幽邃。以其境过清，不可久居，乃记之而去。

【注释】

[1] 坻（chí）：水中的高地。嵁：不平的山岩。

[2] 蒙络摇缀：（茎蔓）覆盖残绕，摇曳生姿。

[3] 可：大约。

[4] 怡然：呆呆的样子。

[5] 俶尔：忽然。

[6] 翕忽：迅速的样子。

[7] 悄怆：忧伤。

✿ 理学的天下

经历了五代十国短暂的动乱时期，北宋王朝重新建立起统一的封建政权，社会经济逐渐恢复，思想文化也获得了新的发展契机。理学作为封建统治阶级新的维护统一的思想工具应运而生。

对于理学，一个公认的解释是：中国宋元明清时期以讨论理气、心性等问题为中心的哲学思潮，又称"道学"。它大致的发展轨迹是：创始于北宋，盛行于南宋、元、明，清中期以后开始逐渐衰落。

理学发展的初始，可以说是对道教和佛教的批判。佛教和道教的盛行，让部分儒者感到不满和不安。他们认为佛教和道教的理论使人们的行为不受礼法的约束，会危及社会秩序。于是有一部分人开始倡导辟佛的主张，他们认为佛教和道家的出家一说违背了忠孝之道，僧侣不从事任何生产活动，反而要大肆修建庙宇，不仅劳民伤财，还对社会经济的发展产生了极大的负面影响。韩愈的"辟佛"就是在这样的背景下产生的。

另一部分人认为儒学和佛道并不是完全冲突的，可以相互融合、共同发展。韩愈的好朋友柳宗元就提出佛教中的有些道理与儒家的《论语》和《易经》是相通的。还有一部分人，则更高瞻远瞩，他们借鉴佛、道形而上的理论来完善儒学，并由此建立起儒家的形而上体系。

这一体系的建立不仅弥补了之前儒学的不足，还成为之后理学的主要任务和内容。在这方面，韩愈的弟子李翱更有卓识远见，他提出"复性说"，认为性善而情恶，只有消除情欲，才能恢复善性。此外，他还发掘了保存儒家关于性命原理学说的《易》和《中庸》。这两部著作正是宋明理学家阐发儒家形而上学说，并与佛、道对抗的主要经典。这些思想，为理学的形成开了端绪。

北宋以后，佛教理论日渐衰落，新儒学运动广泛开展起来。范仲淹、欧阳修等政治革命家努力提倡儒家学说。之后，被称为"宋初三先生"的胡瑗、孙复、石介以儒家的《周易》和《春秋》为依据，提倡道德性命学说，发展了韩愈的道统说。其中，胡瑗还认为应该将儒家经典作为治国的根据。

到了北宋中期，理学思潮逐渐形成，并占据了主导地位。理学流派纷纭复杂，北宋有周敦颐的濂学、邵雍的象数学、张载的关学、二程的洛学等，南宋时期有朱熹的闽学、陆九渊兄弟的江西之学，明中期则有王守仁的阳明学，等等。其中，二程、朱熹为代表的程朱理学和陆九渊、王守仁为代表的陆王心学是最主要的两大学派。

宋元明清时期，历代统治者多将程朱理学作为官方统治思想，进一步强化了儒学在社会政、教两方面的功能。由于伦理修养层面是直接为政治制度层面服务的，统治者常常使得本来建立在自觉原则上的道德规范，变为强制人们接受的律条，成为"以理杀人"的工具，对封建社会后期的历史和文化发展产生了诸多负面影响。

先天下之忧而忧

不以物喜，不以己悲。

——范仲淹

　　"居庙堂之高则忧其民，处江湖之远则忧其君"和"先天下之忧而忧，后天下之乐而乐"是北宋著名文学家、思想家、政治家范仲淹的名句。意思是说，在朝中做官的时候担忧百姓，离开朝廷，在边远地区的时候担忧君主；在天下人还没忧愁之前，就在为天下的命运忧愁了，在天下人享乐之后，才去分享天下人的快乐。

　　后人把范仲淹的这些思想总结为"忧国忧民"一词。这既符合儒家的一贯要求，又丢弃了儒生一味追逐名利、升官显名的观念，对之后几百年儒生的人生观都产生了积极的影响。

　　范仲淹从小刻苦读书，生活得非常简朴，每天只吃一碗稀粥，凉了以后分为四份，拌几根腌菜和醋，早晚各吃两份，吃完继续读书。成语"断齑画粥"就来源于范仲淹的苦学事迹。他的这种生活很像孔子的弟子颜回的经历："一箪食，一瓢饮，在陋巷，人不堪其忧，回也不改其乐"。

　　考中进士之后，范仲淹进入仕途，参与政事。他在担任右司谏时，多次进谏，得罪了太后和宰相——当时，年幼的宋仁宗即位，由刘太后垂帘听政——被贬到了苏州。后因治水有功，才被调回京城，担任开封知府。

范仲淹深受百姓爱戴，所到之处，政绩卓著。宋夏交战，已经52岁的范仲淹被任为陕西安抚经略招讨使，亲临前线视察。他号令严明，爱抚士卒，奖拔人才，阻止了西夏的入侵，成功地化解了多次边境危机。

多年的仕途和军旅生涯，让范仲淹看到了北宋朝廷政治和军事方面的诸多弊端，如果不改革，国家将面临灭顶之灾。在宋仁宗的支持下，范仲淹出任参知政事，开始改革，史称"庆历新政"。

初期，新政取得非常好的效果，宋朝进入建国以来最繁荣的阶段。但是，触碰到当权者利益的改革最终失败了；支持改革的大臣纷纷被贬，范仲淹也在其中，几年之后郁郁而终。

在新政中，范仲淹非常重视教育和治学。他早年就主持过应天府府学，从来都是诲人不倦。有时，还用自己微薄的俸禄招待学生们吃饭，他还联络和资助过许多著名的学者，如"宋初三先生"、张载等。

为了给国家培养实用人才，范仲淹还提议将教育和科举考试的内容转向讲求经旨的义理之学和注重实用的经济之学。此后，考试内容开始注重考察学生的理论思维，学校教育减少了死记硬背、脱离社会实际的章句记诵及辞赋学问。

这些改变在儒学的发展史上有着深远的意义，可以说，它彻底改变了儒学的价值取向，是中国儒学发展史上少数几个重要的转折点之一，而范仲淹就是这些革新的主要推动者。

❀ 出淤泥而不染

> 诚者，圣人之本，百行之源也。
>
> ——周敦颐

周敦颐，字茂叔，原名敦实，因避宋英宗旧讳改名敦颐，宋代思想家、理学家，人称濂溪先生。他在北宋是一个名气很大的人，被后世人称为理学的开山鼻祖。26 岁时，周敦颐便进入仕途，做了近三十年的地方官，主要负责司法部，属于司法官。他在职期间，执法非常严格，从不徇私枉法。

他在担任南安军司理参军时，有一人犯了法，按照律法本不应处以死刑。但转达使王逵却想加重刑罚，判其死刑，同僚们都不敢有异议。只有周敦颐强烈反对，敢于和他据理力争，但是王逵还是不同意。周敦颐非常恼火，毅然要辞官，他说道："这样的官怎么能当呢？通过杀人来向上司谄媚，我坚决不做这样的事情！"最终，他坚决的态度改变了王逵的做法，那名囚犯幸免于难。从这件事情中，可以看出周敦颐的人品非常正直，黄庭坚也称赞他："人品甚高，胸怀洒落，如光风霁月"。

纵观周敦颐的政治生涯，其官阶并不显达，始终是地方官吏，如主簿、县令、州判官、知州军等。为官期间，周敦颐的工作重心就是负责司法工作，其政绩表现突出，在当时算是一位清官。正如他在

《爱莲说》中写的："出淤泥而不染，濯清涟而不妖。"

周敦颐一面做官，一面潜心于对儒家学说的研究和传授。可以说，他既是一名官员，又是一位出色的儒学大师。

他融合佛道两家的思想，糅合《周易》，初步建立了一套综合探讨宇宙本原、万物生成、人性、封建伦常等问题的理论体系，为日后博大精深的宋明理学的建立提供了核心骨架。他的著作《太极图说》和《易通》也成为理学的经典文献。

在《太极图说》中，周敦颐系统地阐述了宇宙生化的理论。他认为宇宙的最初根源是"无极"——一种尚未分化成形的处于混沌状态的物质材料。"太极"是具有最初时空界限、分化机能和动静性能的有形物质，由"无极"演化而来。

"太极"的动静机能又分别分化为阴阳，两者相互依存、相互转化、相互作用而形成"五行"。由阴阳二气的交感和五行的相互作用，生成了天地万物，万物变化无穷尽。人类的生成和万物是一样的，因为受了"无极之真，二五之精"，从而具有了高于万物的思考和语言等能力。

《易通》是对《太极图说》的具体补充，除进一步阐述宇宙论之外，还着重阐述了人性和道德问题。在书中，作者提出"诚"是从阳气得来的，是绝对至善的，是人的一种最高超、最理想的道德境界。这两部著作相辅相成，共同展现了周敦颐的理学思想。

爱莲说

周敦颐

水陆草木之花,可爱者甚蕃[1]。晋陶渊明独爱菊。自李唐[2]来,世人甚爱牡丹。予独爱莲之出淤泥而不染,濯[3]清涟[4]而不妖[5],中通外直[6],不蔓不枝[7],香远益清[8],亭亭净植[9],可远观而不可亵[10]玩焉。

予谓菊,花之隐逸者也;牡丹,花之富贵者也;莲,花之君子者也。噫[11]!菊之爱[12],陶后鲜[13]有闻。莲之爱,同予者何人[14]?牡丹之爱,宜乎众矣[15]。

【注释】

[1] 蕃:很多。

[2] 李唐:指唐朝,唐朝皇帝姓李所以称为"李唐"。

[3] 濯:洗涤。

[4] 清涟:水清而有微波,这里指清澈的水。

[5] 妖:漂亮而不庄重。

[6] 中通外直:(它的茎)内空外直。

[7] 不蔓不枝:没有缠绕的蔓,也没有旁逸的枝。

[8] 香远益清:香气远播,更显清芬。

[9]亭亭净植：笔直、洁净的直立在那里。

[10]亵：亲近而不庄重。

[11]噫：叹词，相当于现代汉语的"唉"。

[12]菊之爱：对于菊花的喜爱。

[13]鲜：很少。

[14]同予者何人：像我一样的还有谁呢?

[15]宜乎众矣：应该是非常多了。

🪷 万物是我的朋友

为天地立心，为生民立命，为往圣继绝学，
为万世开太平。

——张载

说到古时的科举考试，历届学子都必须读一位名家的作品。这位名家的学术思想在中国思想文化发展史上占有重要地位，对以后的思想界产生了较大的影响，他的著作也一直被明清两代政府视为哲学的代表作，他就是张载。

张载，字子厚，北宋哲学家，理学创始人之一，理学支脉"关学"创始人，人称横渠先生。他是程颢和程颐的表叔，与周敦颐、邵雍、程颐、程颢，合称"北宋五子"。

他提出宇宙的本原是"气"。他说："太虚无形，气之本体。"气有聚散而无生天，气聚则有形而见形成万物，气散则无形可见化为太虚。他认为宇宙是一个无始无终的过程，在这个过程中充满浮与沉、升与降、动与静等矛盾的对立运动。他还把事物的矛盾变化概括为"两与一"的关系，认为两与一互相联系、互相依存，"有两则有一""若一则有两"。

在认识论方面，张载提出"见闻之知"与"德行之知"的区别，见闻之知是由感觉经验得来的，德行之知是由修养获得的精神境界。

在社会伦理方面，张载提出"天地之性"与"气质之性"的区别，主张通过道德修养和认识能力的扩充去"尽性"。因此，他提倡温和的社会变革，实行井田制，实现均平，富者"不失其富"贫者"不失其贫"。

张载还提倡"民胞物与"思想。他认为人和万物一样，都是源于"气"，人的本性也和万物一样，因此人们要爱一切人，如同爱同胞手足一样，并进一步扩大到天地万物。这一主张将儒家的伦理转化为现实生活中的准则。

此外，张载还严格区分了天、道、性、心等概念，准确地表达了理学的基本宗旨和精神。"为天地立心，为生民立命，为往圣继绝学，为万世开太平"这四句话，更是被当代哲学家冯友兰先生概括为"横渠四句"一直被人们传诵不衰。

二程创天理论哲学

为政之道，以顺民心为本。

——程颐

在中国哲学发展史上，有一对兄弟是必须要提到的——北宋著名理学家程颢和程颐。两人是嫡亲兄弟，都是河南洛阳人。在十四五岁时，程颢和程颐便跟随儒学大师周敦颐学习。

程颢，字伯淳，是程颐的兄长，学者称明道先生，他的哲学专著并不多，主要作品有《识仁篇》和《定性书》。程颐，字正叔，学者称伊川先生，主要哲学著作有《周易程氏传》《遗书》《文集》《经说》等。后人将他二人合称"二程"，两人在明代后期合编有《二程全书》。

"程门立雪"这个成语家喻户晓，它就来自宋代理学家杨时向程颐求学的故事。

杨时从小就非常聪慧，7岁就能写诗，8岁就能作赋，大家都称他为"小神童"。他一生著书立说，孜孜以求，在很多地方讲学，受到很多人的称赞。有一年，杨时要赶去浏阳县出任县令。为了要向程颐拜师，他不辞劳苦，专程绕道洛阳。一天，他与他的学友游酢在辩论一个问题，结果谁也说服不了谁，于是他们决定去向程颐请教。当时正值隆冬季节，天上下着鹅毛大雪，寒风凛冽。杨时来到程家的时候，先生正在打坐养神。他们不敢惊扰先生，于是就在门外恭恭敬敬地站着。过了很长一段时间，程颐醒来，从窗户看到门口站着几乎变成雪人的两人，赶忙请他们进屋。这个故事告诉人们要尊敬师长，也从侧面反映出程颐的博学多识。

在哲学上，二程继承并改造了先秦哲学中"理"的范畴，建立了以"天理"为核心的理学体系。他们认为"理"是世界的本原，是最高的哲学范畴，阴阳二气和五行只是"理"创生万物的材料，即"万物皆只有一个天理"。之后，"理"或者"天理"被作为中国哲学的最高范畴使用，也被称为是世界的本体。二程还提出"理"在人类社会相对应的道德规范。

在人性论方面，他们进一步发展了孟子的性善论，回答了为什么人性本善，为什么会产生恶等问题。人性有"天命之性"和"气质之性"的区别。前者是"理"在人性中的表现，没有受到任何损害，是善良无瑕的；后者是"气"化而生的，因"气"有清浊厚薄，阻碍了"理"的正常发挥，所以有贤愚、善恶的分别。恶就是人欲，和"天理"是对立的，因此要"存天理，灭人欲"。

二程创天理论哲学，把哲学本体论与儒家伦理学直接统一于天理，在理学各派中，最能体现理学的基本特征。这一理论也成为宋代理学发展的主要趋势。虽然二程都以"理"作为哲学的最高范畴，但程颢是以"心"解理，开了日后的"陆王心学"一派；程颐一般是把理与气相对来论述的，开启了"朱学"一派。

❈ 圣人当以道心为主

> 读书，始读，未知有疑；其次，则渐渐有疑；
> 中则节节是疑。过了这一番，疑渐渐释，以至融
> 会贯通，都无所疑，方始是学。
>
> ——朱熹

"惟楚有材，于斯为盛。"这副对联被高高地挂在湖南岳麓书院的门口，向世人昭示这里人才济济，是无数潇湘子弟的骄傲。岳麓书院被称为"四大书院"之一，它的兴盛和南宋理学大师朱熹有着密切的关系，现在书院正堂还供奉着朱熹的半身塑像，墙壁上还有朱熹手书的"忠、孝、节、廉"四个大字。

1167 年，朱熹应书院张栻的邀请，不远千里从福建来到这里和他一起会讲，历时两个月，史称"朱张会讲"。这次会讲吸引了各地的学子。据记载，人多时，书院的井水都被学生喝光了。此后，岳麓书院逐渐成为当时的文化中心，被越来越多的学子奉为"高等学府"，形成了独特的"书院文化"。

朱熹，字元晦，号晦庵、晦翁等，别号紫阳，今江西婺源人。他 19 岁进士及第，多次担任地方官职，但每次的时间都不长。他为政期间，申明敕令，惩治奸吏，清正有为，但多次遭到排挤，仕途坎坷，

很不顺利。朱熹不仅是著名的理学家、思想家、哲学家，还是教育家、诗人、闽学派的代表人物，世人尊称其为朱子，赞他是孔孟以来弘扬儒学最杰出的大师。

在理学发展史上，朱熹是集大成者，他继承了北宋时期程颢、程颐的理学，完成了客观唯心主义的体系。这一体系的核心范畴是"理"，或称"道""太极"。"理"先于万物，并决定万物的存在，它是超越天地万物，是永恒的、不生不灭的客观自然的存在，无情意，无造作。在理与气、理与物的关系上，朱熹主张理气统一，他认为理通过气产生了万事万物，是万物的根据和本质。

"格物致知"是《大学》一书所提出的儒者求学八个阶段中最初始的两个阶段（见《大学》一则），是儒家学派为实现自己"修身齐家治国平天下"的政治思想而提出的阶段性行为目标。到了南宋，朱熹将"格物致知"提高到了特别崇高的位置。

"格物"是到达事物的极致，穷尽事物的本然之理。认识是一个由表及里、由深入浅的过程。穷理就是探究社会普遍永恒的道德法则。"致知"就是把自己已知的加以推广，以此物推及彼物，从有穷推及无穷。朱熹探讨了知行的关系，认为知先行后，行重知轻。

在人性论上，朱熹发挥了张载和程颐的"天地之性"与"气质之性"的观点，继而提出了"道心""人心"的理论。"道心"出于天理或性命之正，表现为恻隐、羞恶、是非、辞让，是善。"人心"出于形气之私，是指饥食渴饮之类。圣人以"道心"为主，不以"人心"为主，"人心"须听命于"道心"。

朱熹从心性说出发，探讨了天理人欲问题。他以为人心有私欲，所以危险；道心是天理，所以精微。因此他又提出了"遏人欲而存天理"的主张。

从元朝开始，朱熹的《四书集注》和其他经学注释就被定为科举考试的依据，他的言论几乎成了判断是非善恶的最高标准。

🪷 朱熹诗选（两首）

观书有感

半亩^[1]方塘^[2]一鉴开^[3]，天光云影共徘徊^[4]。

问渠^[5]哪得清如许，为有源头活水^[6]来。

【注释】

[1]半亩：形容池塘之小。

[2]方塘：方形的水塘。

[3]一鉴开：像一面镜子似的被打开，这里形容池塘中水非常清澈。

[4]共徘徊：指阳光和云影都在如镜的水中来回闪动荡漾，就像人在徘徊。

[5]渠：它，指方塘。

[6]活水：指流动不息的水，在这里比喻不断更新的知识。

春日

胜日^[1]寻芳^[2]泗水^[3]滨，无边光景一时新。

等闲识得东风面^[4]，万紫千红^[5]总是春。

【注释】

[1]胜日：晴天。

[2]寻芳：寻觅美好的景色。

[3]泗水：地名，在南宋时被金人占领，这里暗指孔门，因为春秋时孔子曾在洙、泗之间讲学，教授弟子。因此这里的"寻芳"是指寻找、学习圣人之道。

[4]东风面：借指春天。

[5]万紫千红：这里形容孔学的丰富多彩。诗人将圣人之道比作催发万物的春风。

❀ 宇宙是吾心，吾心是宇宙

为学患无疑，疑则有进。

——陆九渊

在南宋，陆九渊是与朱熹齐名的思想家，史称"朱陆"。陆九渊是宋明两代主观唯心主义——"心学"的开山之祖，字子静，号存斋，江西金溪县人，因曾在象山讲学，人称"象山先生"。

陆九渊出生于一个传统世家之中，其家族拥有深厚的学术、礼教传统。他自幼聪明好学，喜欢打破砂锅问到底，拥有作为一位思想家的天分。

三四岁时，陆九渊就问父亲："天地何所穷际？"父亲没有告诉他答案，他就苦思冥想，几乎到了废寝忘食的地步。在第一次学习《论语》时，他就质疑其中有错误的地方，这种质疑学问的精神对他日后专研学问有很大的帮助。

陆九渊历任靖安县主簿、台州崇道观主管、荆门军知军等职。他为官清廉、不喜空谈、务求实干，认为任贤、使能、赏功、罚罪是医治国家疾病的"四君子汤"。

在学习方法上，陆九渊鲜明地提出了"六经注我，我注六经"的观点。意思是，不明白那些客观的道理，甚至于没有了解古人的意思，而只在语言文字上推敲，那就是"我注六经"；自己明白客观的道理，借前人的理解阐发自己的思想，就是"六经注我"。

陆九渊还热心讲学授徒，倡导大力发展教育事业。据历史记载，在象山向他求学的学子和求教的学者多达数千人。在长期实践中，陆九渊逐渐形成了自己的教育思想。他认为教育的目的在于"教人做个人"。

那么怎么才能做一个"天理纯全，仁我、礼、智"的人呢？首先，要分清利和义，能够为了义，不为物欲所引诱；其次，还要立志。他针对当时学生只知背诵空洞文章的弊病，提出学以致用的治学观点，主张通过为社会培养具有社会责任感的人，来改变南宋小朝廷苟安的命运。

在哲学上，陆九渊提出"心即理"的命题，并以此为核心，创立"心学"，将自然的普遍规律与封建纲常伦理合二为一，即"人皆有是心，心皆具有理，心即理也"。宇宙中万事万物的"理"就是每个人心中的"理"，因此他有一句名言："宇宙就是吾心，吾心就是宇宙。""心"是陆九渊哲学的基本范畴，"理"的普遍必然性必须通过"心"来证明。

在伦理思想方面，陆九渊用心学论证封建纲常的合理性。在他看来，"本心"就是仁义礼智之心，是人心和宇宙的"理"。"立心"要求人们从利欲事物的缠绕中超脱出来，去认识、实践"本心"的善。

著名学者吕祖谦为了调和朱熹"理学"和陆九渊"心学"两派之间在学术上的矛盾，邀请他们在江西鹅湖寺举行学术交流，史称"鹅湖之会"。这次大会进行了三天，双方各持己见、互不相让。虽然学术上的分歧没能得到解决。但是这次讨论会影响很大，是中国哲学史上堪称典范的一次学术讨论会，而且开启了书院会讲的先河。

一生不注重著书立说的陆九渊，现在流传下来的只有一些书信、奏表、序文等。他的思想经后人充实、发挥，成为明清以来的主要哲学思潮，一直影响着近现代中国的思想界。

🪷 圣人之道，吾性自足

破山中贼易，破心中贼难。

——王守仁

在我国数千年的历史中，能做到"立德、立言、立功三不朽"的人屈指可数，明代的大儒王守仁是其中之一。

王守仁，字伯安，浙江余姚人，号阳明子，世称阳明先生，故又称王阳明。他是明代著名的思想家、哲学家、文学家、书法家和军事家，不仅精通儒释道三家学问，而且能够率军作战，是罕见的全能大儒。他的思想在日本、朝鲜半岛等地都有深远的影响。

王守仁出身于书香门第、官宦世家，据记载，他的远祖父是东晋著名的书法家王羲之。自幼便非常聪明的王守仁，学文习武都比较勤奋，读书也不限于四书五经，但是他的思想也有点怪癖，行为也有些不循规蹈矩。

十一二岁在读私塾时，他问老师，什么是天下第一等事？老师告诉他，读书考取功名。他补充说，应该是读书学做圣贤。成年之后，王守仁以诸葛亮自喻，决心要成就一番事业，在考中进士后他走上了仕途。

此后，他先后在刑部、兵部、吏部任职，不仅在实践中锻炼了才干，还对之前从书本上学到的知识有了更深刻的认识。在别人都认为他的前途一片光明时，朝廷发生了一件大事——皇帝驾崩了。小皇帝刚刚即位，朝政被宦官刘瑾把持，王守仁因反对其专权，被廷杖四十，贬到贵州龙场。

环境的变化和内心的动荡，使王守仁对之前所学的知识有了新的认识。他认识到"圣人之道，吾性自足，先知求理于事物者误也"，这次思想转变，被史上称为"龙场悟道"。

当地人敬重王守仁的学问，为他修建了龙冈书院，于是，王守仁便安心待了下来，开始收徒讲学，乐此不疲。在这安静且困难的环境里，王守仁的学说逐渐成为当时主流的哲学思想，也就是后来的"阳明心学"。

在王守仁的"心学"体系中，"心即理""知行合一""致良知"是三个比较重要的命题。"心即理"是王守仁哲学的逻辑起点，也可以说是他的宇宙观。他认为"心"便是天理，是万事万物的根本，又是万事万物变化的归宿。

在此基础上，他提出了"知行合一"的理论，肯定人的能动作用，认为知和行是相互联系、相互依存的。既然知道这个道理，就要去实践，如果不去实行，就不能算是真正的知道。

在方法论方面，王守仁认为朱熹的"格物致知"是错误的，应该是"致良知"。人们应当用自我的"心之本体"，即"良知"，来主宰和支配一切行为，从而实现自己的人生价值。他相信自我的力量和潜在的能力，否定用现成的规范和教条来束缚身心，主张人们将道德准则融入日常的生活中，以良知代替私欲，破除"心中贼"。只有去掉内心世界的恶欲和私欲，才能拯救个人，解决现实的社会问题。

当时正值明朝中期，宦官专权，政治腐败，贪官污吏肆意横行，农民起义不断涌现，明代潜伏已久的社会矛盾越来越明朗。"知行合一"和"致良知"是王守仁为大明王朝想出的药方。

王守仁晚年的时候将自己的学说总结为四句话："无善无恶是心之体，有善有恶是意之动，知善知恶是良知，为善去恶是格物。"这便是"王门四句教"。

王守仁不仅是一位思想家，也是一位教育家。他以弘扬"圣学"为己任，一生诲人不倦。在教学实践中，他总结出了很多有价值的教育理论，提出了学习要循序渐进、身体力行，教学要因材施教等观点。同时，他还注重培养学生独立与自主的治学精神，为学生确立了"立志、勤学、改过、责善"四项准则。

作为我国"心学"思想的集大成者，王守仁创立的"阳明学派"是明代中后期一个思想活跃、影响深远的学派，成为我国理学发展的又一高峰。

🪷 我劝天公重抖擞

有学者将清代思想文化的发展进程形容为绚烂多姿、波澜壮阔。从明清之际"经世致用"思潮的兴起、耶稣会士东来传教，到王夫之、黄宗羲、顾炎武等诸多杰出思想家和学者的涌现，诸家思潮并济开启了清代哲学思想发展的进程。

随着清朝政权的稳固和社会经济的发展、"汉学"的复兴，考据学在学术思想界占据了支配地位。统治者运用"文字狱"、科举考试等手段对思想领域的控制逐步加强，对学术思想的参与也逐渐增多，清代学术进入了一个对既往成果进行全面清理、总结的时代。

最具代表性的就是大型类书和丛书的编纂，其中康熙、雍正年间编纂的类书《古今图书集成》和乾隆时期完成的丛书《四库全书》，集我国古代经、史、子、集之大成，几乎囊括了当时所有的文献典籍。

而经过颜元、戴震等人批判的宋明理学，到清中期以后，日益没落。加上，大批耶稣会传教士跟随殖民者的脚步来到中国传教，带来了西方的科技文化，形成了中国历史上第二次中外文化交流的高潮。

中西方文化有相互交融的方面也冲突的方面，为了维护自身统治，清朝统治者实行了闭关锁国的政策，切断中外文化交流的官方渠道，致使当时的中国处于愚昧保守的状态下。

到了清朝中后期，科举考试中八股文对年轻学子的思想禁锢越来越严重，社会矛盾也越来越突出。一批开明的思想家目睹清朝统治急剧衰落，深感社会矛盾深重、危机四伏，终于发出了自己的呐喊——"九州生气恃风雷，万马齐喑究可哀。我劝天公重抖擞，不拘一格降人才。"

这是著名思想家、文学家龚自珍的名篇。龚自珍，字尔玉，号定庵，浙江杭州人。他出身于官宦世家，曾任内阁中书、宗人府主事和礼部主事等官职，主张革新政治，抵制外国侵略，曾全力支持林则徐禁烟。后因厌恶官场，龚自珍在 48 岁的时候辞官归家。在往返京杭的途中，他写下了组诗《己亥杂诗》，共 315 首。上文提到的是第 125 首，诗中用"万马齐喑"比喻当时思想被禁锢，人才被扼杀，一片死寂、令人窒息的局面；用"风雷"比喻锐意革新的力量，将天下的阴霾全部清除。这首诗反映出诗人针砭时弊，要求改革的愿望。

龚自珍对公羊三世说哲学体系实行了革命性的改造，论证了封建统治的演变规律为"治世—衰世—乱世"，并以此作为变革、救亡图强的有力的哲学思想武器。

同时期的还有被誉为近代中国"睁眼看世界"先行者的魏源，他主张学习西方的先进技术和民主制度，以抵御西方国家的侵略，并将这种思想总结为"师夷长技以制夷"。太平天国革命时期，洪秀全、洪仁玕等人从西方基督教那里吸取了"上帝""平等"的观念和思想，提出了要以革命的方式推翻清朝的封建统治。

这些思想在清中后期得到了空前发展，为近代哲学的发展拉开序幕。

🪷 天下兴亡，匹夫有责

> 拯斯人于涂炭，为万世开太平，此吾辈之任
> 也。仁以为己任，死而后已。
>
> ——顾炎武

"天下兴亡，匹夫有责"是明末清初学者顾炎武的名言，意思是天下大事的兴盛、灭亡，每一个人都有义不容辞的责任。

顾炎武，名绛，字忠清，明朝灭亡后改名炎武，江苏昆山人，号亭林，后人尊称他为亭林先生。他是我国著名的思想家、史学家、语言学家，与黄宗羲、王夫之并称为明末清初三大儒。

当时，明朝已经灭亡，清朝刚刚建立，顾炎武认为明朝灭亡仅仅是换了一个皇帝，这叫"亡国"，但是清朝的统治是要更换原来的生活方式和思想文化，这叫"亡天下"。他号召人们不必为某个皇室的兴亡而战斗，要为民族的存亡而战斗。这一思想的提出具有跨时代的进步意义，这句话也成为激励中华民族不断奋进的精神力量。

"自少至老手不释书"的典故也源自顾炎武。他出身名门，少年时勤奋读书，10岁的时候就跟着祖父阅读《资治通鉴》。他每天给自己规定相应的篇数，不仅读完还要背诵，坚持了三年，终于读完了这部巨著。顾炎武对待读书做学问非常踏实、严谨，喜欢阅读那些有实用价值的书籍，不以科举考试作为唯一目标。

每次外出，顾炎武都有许多马和骡子载书随行。到了一个地方，他就会向附近的居民打听当地的地形、风俗等情况，并记录下来。如果这个地方没什么值得留意的，顾炎武就在马背上默默地背诵之前读过的内容。他还四处搜集农田、水利、交通等方面的书籍，一边阅读，一边校正。正是以这样的精神，顾炎武完成了长达120卷的历史地理著作——《天下郡国利病书》，该书记载了明代各地区社会政治经济的基本状况，对于边疆形势和沿革也做了详细的叙述。

清军入关后，顾炎武在朋友的推荐下，在南明朝廷任职。他殚精竭虑，积极为朝廷出谋划策，希望可以光复大明。1645年，他奔赴南京就职，但尚未到达，南京便被清兵攻占。南明军崩溃后，顾炎武仍坚持抗清。

国仇家恨使顾炎武的思想产生了激烈的震动。和其他进步思想家一样，他开始遍访名山大川，潜心治学，反思社会的痼疾和明朝灭亡的原因。在《天下郡国利病书》中，顾炎武对土地兼并和赋税繁重不均等社会积弊进行了批判。他还大胆怀疑君权，认为"君"并不是封建帝王的专称，并提出了"众治"的主张，即"以天下之权寄之天下之人"。他的这些思想均具有早期民主启蒙色彩。

明末清初，是理学发展的最后一个时期，即自我批判时期。当时，出现了很多重要思想家，他们既学习理学，又对其进行批判。如：黄宗羲完成了《明儒学案》《宋元学案》等著作，对理学做了总结；王夫之提出了系统的唯物主义理论，在理气论、人性论、认识论、知行观等方面突破了理学的局限，达到了中国古代哲学的高峰。

而顾炎武择提出了经世致用的主张。他认为学习、征引古人的文章和行事，应以研究实际问题为急务，理学家不切实际的空虚之学应予以批判。他将天下、邦国、生民之事都作为"当世之务"的具体内容，提倡勇于任事、独立思考、努力创新的精神，以完成儒家"以天下为己任"为使命。

到了晚清，由于西方国家的军事侵略和文化政治思想的传入，康有为等人纷纷响应"经世致用"的号召，试图在传统文化和西方文化的交融中找到一条民族自强的道路。

🪷 日知录（节选）

顾炎武

有亡国，有亡天下。亡国与亡天下奚辨[1]，曰：易姓改号谓之亡国，仁义充塞而至于率兽食人，人将相食，谓之亡天下。

……自正始[2]以来，而大义之不明遍于天下。如山涛者既为邪说之魁，遂使嵇绍之贤且犯天下之不韪而不顾。夫邪正之说，不容两立，使谓绍为忠，则必谓王裒为不忠而后可也。何怪[3]其相率臣于刘聪、石勒，观其故主青衣行酒[4]而不以动其心者乎？是故知保天下，然后知保其国。保国者，其君其臣肉食者谋之；保天下者，匹夫[5]之贱，与有责焉耳。

【注释】

[1]辨：辨别。

[2]正始：三国时期魏齐王曹芳的年号。

[3]怪：责怪。

[4]青衣行酒：指晋怀帝被俘受辱的事。汉朝以后，地位低下的人穿青色或者黑色的衣服。

[5]匹夫：古代指平民男子，也泛指平民百姓。

🪷 最完备的政治

> 人与人较，其材质等差凡几，古圣贤知人之
> 材质有等差，是以重学问，贵扩充。
>
> ——戴震

戴震是清代中叶最具个性的儒学大师，他在学术和思想上都卓有建树，对后世产生了巨大的影响。胡适这样评价他："戴震的哲学，从历史上看来，可说是宋明理学的根本革命。"

戴震，字东源，一字慎修，号杲溪，今安徽黄山人，是我国著名的语言文字学家、自然科学家、哲学家、思想家，曾被召为《四库全书》的编纂官。戴震的学识非常广博，语言文字、历法算数、天文地理等都非常精通。对于晚清以来的学术思想来说，更难能可贵的，是他的怀疑精神和独立思考的能力。

据记载，戴震10岁的时候才学会说话，但是非常聪明。跟随老师学习，有过目不忘的本事。

一次，老师教大家学习《大学》，戴震就问老师："怎么就知道这是曾子记载的孔夫子的话呢？又怎么知道是曾子的学生记载曾子的思想呢？"

老师回答他："这是朱文公说的。"

戴震马上又问道："朱文公是宋朝人，孔子和曾子都是春秋战国时

期的人，他们之间相隔了差不多两千年，朱文公是怎么确定的呢？"

老师不知该如何回答了。

这个故事被后人总结为"戴震难师"，体现了少年戴震敢于质问、独立思考的精神。

清朝中期一个很重要的学术思潮是朴学。朴学兴起于明末清初，兴盛于乾隆、嘉庆年间，因此又称"乾嘉学派"。可以说，朴学是在与宋明理学的对立和斗争中发展起来的，因为当时的学者认为宋明理学只是空谈义理的书本学问，对社会现实漠不关心，只强调个体的"修身"，把儒家"治国平天下"的责任丢掉了，所以他们认为要想真正理解儒家精神，只有从儒家原典中探寻。

朴学注重儒家原典资料的收集和证据的罗列，主要从事文献审订、校勘谬误、注疏和诠释文字、典章制度以及考证地理沿革，等等。他们不注重文采而是以儒经说为宗。

作为当时有名的朴学大师，戴震和其他学者只知专研前人典籍不同，他既反对程朱理学空谈义理的虚玄无物，又反对乾嘉考据的矫枉过正。他认为义理、考据、辞章都是学习的途径，其中义理是最重要的，考据和辞章只是通向义理的手段。但是，他所说的义理并不是程朱理学中的义理——他认为儒家的原始精神已经被宋命理学家弄得晦而不彰，所以他主张在考据的基础上重新发展儒家的义理之学。

戴震的"义理之学"主要反映在他的三部"义理之书"中：《原善》《绪言》与《孟子字义疏证》。在这三部著作中，戴震对儒家的哲学体系进行了新的阐述，他认为"理"既是自然界万事万物的规律也是人类道德的准则。和宋明理学家将"理"和"欲"对立起来不同，他主张两者的统一，认为欲望的适当满足就是理。

戴震反对理学家片面强调"理"和"欲"对立的观点，批判程朱理学的"以理杀人"，从而提出"圣人治天下，体民之情，进民之欲，而王道备"的观点，意思是最完备的政治是让人们的需求得到必要的满足。

他认为理学和封建统治的结合，造成理，即纲常名教，成为尊者、长者、贵者用来压迫卑者、幼者、贱者的工具，是违背先秦儒家思想的。

可惜，他的学说在当时并没有引起人们的重视，到了近代，经过章太炎、胡适等学者的推崇，才被认同。现代也有很多学者将他的思想看作中国文化现代转型的先声。

❀ 病梅馆记（节选）

龚自珍

江宁[1]之龙蟠[2]，苏州之邓尉[3]，杭州之西溪[4]，皆产梅。或[5]曰："梅以曲为美，直则无姿；以欹[6]为美，正则无景；以疏为美，密则无态。"固[7]也。此文人画士，心知其意，未可明[8]诏[9]大号以绳[10]天下之梅也；又不可以使天下之，民斫[11]直，删密，锄正，以夭梅病梅[12]为业以求钱也。梅之欹之疏之曲，又非蠢蠢求钱之民能以其智力为也。有以文人画士孤癖之隐明告鬻梅者[13]，斫其正，养其旁条，删其密，夭其稚枝，锄其直，遏其生气，以求重价[14]，而江浙之梅皆病。文人画士之祸之烈至此哉！

予购三百盆，皆病者，无一完者。既泣之三日，乃誓疗之：纵之顺之，毁其盆，悉埋于地，解其棕缚[15]；以五年为期，必复之全之。予本非文人画士，甘受诟厉[16]，辟病梅之馆以贮之。

【注释】

[1]江宁：地名，旧江宁府所在地，在今江苏南京。

[2]龙蟠：地名，龙蟠里，在今南京清凉山下。

[3]邓尉：山名，在今江苏苏州西南。

[4]西溪：地名。

[5]或：有人。

[6]攲：倾斜。

[7]固：本来。

[8]明：公开。

[9]诏：告诉，一般指上级告知下级。

[10]绳：约束。

[11]斫：砍削。

[12]夭梅病梅：摧折梅，把它弄成病态。夭，使……摧折（使……弯曲）。

[13]孤癖：特殊的嗜好。隐：隐衷，隐藏心中特别的嗜好。鬻：卖。

[14]重价：大价钱。

[15]棕缚：棕绳的束缚。

[16]诟厉：辱骂。

🪷 睁眼看世界

师夷之长技以制夷。

——魏源

在我国近代史上，有位著名的思想家，对于如何保卫中华民族独立自主，抵抗西方殖民者的侵略，喊出了一句响亮的口号："师夷之长技以制夷"。关于如何学习西方先进技术、文化，他写出了名著《海国图志》。他就是晚清著名爱国思想家、政治家、文学家魏源。

魏源，原名远达，字默深，又字墨生、汉士，号良图，湖南邵阳隆回人，近代中国"睁眼看世界"的先行者之一。21岁的时候，魏源跟着父亲一起进京，认识了林则徐、龚自珍等人。此后他们交往密切，经常在一起谈论国事。

考中进士后，魏源踏入官场，任高邮知州。魏源见解独到，经常跳出前人的思维模式，语惊四座。也正因为他与众不同的个性和思想，使得他的仕途并不顺畅。大多数的时间里，他还是做幕僚和学术研究。

中英第一次鸦片战争爆发，清军处于非常不利的局面，魏源爱国心切、义愤填膺，毅然投笔从戎，为两江总督、抵抗派将领裕谦担任幕府，并到定海前线参谋战事。在镇江，魏源遇到了因禁烟被革职的林则徐，两人促膝长谈。他受林则徐的嘱托，决心编写一部启蒙世人、反对外来侵略的著作。

当时林则徐曾主持编译了《四洲志》，介绍世界五大洲三十多个国家的地理、历史和政治状况。魏源就以这部著作为基础，编写成了《海国图志》50卷。此后，他又不断对《海国图志》加以增补，十年后，全书达到100卷。

《海国图志》是我国近代史上第一部较为详尽、系统地介绍世界历史、地理、文化的著作，给封闭了近百年的国人带来全新的近代世界观念。这部著作就像望远镜一样，帮助国人看到了西方国家的工业、交通、教育等情况，认识到了很多新鲜事物。在书中魏源不仅介绍了西方的自然科学技术，还包括近代资本主义民主政治制度。

在此基础上，魏源总结出"师夷之长技以制夷"的新思想，积极要求清政府进行改革。他还提出了一些关于水利、交通、赋税等方面的改革措施和方案，以有利于"国计民生"。他的这些观点对后来维新变法和洋务运动都起到了积极的推进作用。

魏源晚年辞官归隐，潜心治学。他的著作除《海国图志》外，还有《圣武记》《元史新编》《清夜斋诗稿》《古微堂诗集》和《默觚》等。

鸦片战争爆发，中华民族面临着深刻的危机，促使了民族的觉醒。以魏源等为代表的先知开启了探索救国救民道路的艰难历程。

西 方 哲 学

⚖ 爱智慧的源头

早在希腊文明兴起之前，人类文明已经在埃及和美索不达米亚发展了几千年，并向四面八方传播。但是，这种文明始终缺少一种因素，并最终由希腊人将其补上。希腊人对纯粹知识的探索和成就都非常伟大，现代的数学、科学与哲学都起源于希腊；他们编写内容翔实的历史书，思考生活和世界，不受前人思想的牵绊。

哲学，虽然并不完全像黑格尔所说的那样，是从希腊开始的，但希腊人的哲学成就的确无与伦比。希腊人把哲学称为"爱智慧之学"，赋予它循理论智、探究天地社会人间万象演变因由的任务。

希腊早期具有代表性的自然哲学流派，当属爱奥尼亚地区的米利都学派。

城市米利都，是富饶的港口和商业中心，公元前494年，米利都被波斯攻陷，丧失了它在爱奥尼亚的文化中心地位。但米利都的哲学家们，却揭开了希腊哲学以至整个西方哲学史的序幕。

米利都学派大约创立于公元前6世纪，是前苏格拉底哲学的一个学派，被誉为是西方哲学的开创者，他们朴素的唯物主义观点，开创了理性思维，他们总是试图用观测到的事实而不是用古代的希腊神话来解释世界。他们的思想观点排除了当时神造世界万物的迷信，激起了人们探索世界本原的强烈兴趣。

⚖ 智者的顿悟

> 别人为食而生存，我为生存而食。
>
> ——泰勒斯

古希腊哲学家泰勒斯，从亚里士多德时期开始被尊为西方哲学的始祖，是希腊七贤之一，西方思想史上第一个有记载有名字留下来的思想家，尽管他身上科学家的气息要比哲学家的气息浓厚。

泰勒斯还是公认的西方哲学史上第一位哲学家，因为他第一次提出了"实际的本原是什么"这一哲学命题。他还给出了自己的答案：水是世界的本原。

泰勒斯出生于小亚细亚的米利都。那里经济繁荣，但是因为有很多奴隶，使得穷人与富人之间矛盾激烈。不过，这种情况在当时的希腊非常普遍。

他非常崇尚水，甚至认为大陆是漂浮于水之上的。他还认为磁石能吸引铁是因为磁石内部有灵魂，并由此推断万物内部皆有神。虽然这些观点有些粗糙，但是对以后的哲学思想启发意义重大。

关于泰勒斯的传说有很多，其中几个很有趣。

当时的人们看到泰勒斯不好好赚钱，经常去探索些没用的事情，而且只要一有点钱就去旅行花掉了，所以都说学哲学没有用。有一年，泰勒斯运用自己掌握的知识通过观察天象，预测第二年橄榄会大丰收，便用自己的全部积蓄租下了全村的榨橄榄油机器。等到第二年，橄榄果然丰收，人们纷纷来向他租借榨油的机器，他因此大赚了一笔。由此证明了哲学家并非人们说的那样一无是处。

有智慧的人，有更重要的事情要做，泰勒斯便是如此，他更乐于追求值得追求的东西。"赚钱？如果我想赚的话，我随时可以比别人赚得多，只不过我有更重要的事情去做。"

一天晚上，泰勒斯走在旷野之间，抬头看着星空，满天星斗，璀璨耀眼。他预言道：第二天会下雨。

正在他预言会下雨的时候，脚下有一个坑，他没有注意到，结果直接掉进那个坑里，差点摔了个半死。别人把他救起来，他说："谢谢你把我救起来，你知道吗？明天会下雨啊！"

于是，人们开始争相笑话他：原来是个只知天上事，不知脚下发生什么的哲学家啊……

但是两千年以后，德国哲学家黑格尔说，一个民族只有有那些关注天空的人，这个民族才有希望。如果一个民族只是关心眼下脚下的事情，这个民族是没有未来的。

泰勒斯的伟大亦是如此，不在于他取得的成就，而在于勇于探索的精神。

⚖ 和谐就是一切

> 思而后行，以免做出蠢事。因为草率的动作
> 和言语，均是卑劣的特征。
>
> ——毕达哥拉斯

无论是解说外在物质世界，还是描写内在精神世界，都不能没有数学！

最早悟出万事万物背后都有数的法则在起作用的，是生活在两千五百年前的毕达哥拉斯。

毕达哥拉斯生于爱琴海东部的萨莫斯岛，自幼聪明好学，曾在名师门下学习几何学、自然科学和哲学。他认为"万物皆数"，"数是万物的本质"，是"存在由之构成的原则"，而整个宇宙是数及其关系的和谐的体系。在这个意义上，他把数理解为自然物体的形式和形象，是一切事物的总根源。

因为有了数，几何学才有了点，有了点才有线、面和立体，有了立体才有了火、气、水、土这四种元素，从而构成万物，所以数在物之先。自然界的一切现象和规律都是由数决定的，都必须服从"数的和谐"，即服从数的关系。

毕达哥拉斯从五个苹果、五个手指等事物中抽象出了"五"这个数。这在今天看来很平常的事，但在当时的哲学和实用数学界，却算

是一个巨大的进步。在实用数学方面，它使得算术成为可能。在哲学方面，这个发现促使人们相信数是构成实物世界的基础。

毕达哥拉斯曾旅居埃及，后来又到各地漫游，很可能还去过印度。在他的游历生活中，受到当地文化的影响，了解了许多神秘的宗教仪式，还熟悉了它们与数的知识及几何规则之间的联系。

有一次，毕达哥拉斯应邀参加一位政要的餐会。这位主人豪华如宫殿般的餐厅铺着一层正方形美丽的大理石地砖。由于大餐迟迟不上桌，饥肠辘辘的贵宾颇有怨言。而这位善于观察和理解的哲学家却在凝视脚下这些排列规则、美丽的方形地砖。

当然，毕达哥拉斯不只是欣赏地砖的美丽，而是想到它们和"数"之间的关系。于是他拿了画笔，蹲在地板上，选了一块地砖，以它的对角线为边画一个正方形，他发现这个正方形面积恰好等于两块地砖的面积和。他很好奇，于是再以两块瓷砖拼成的矩形的对角线为边画另一个正方形，他发现这个正方形的面积等于五块地砖的面积，也就是以两股为边作正方形面积之和。

至此毕达哥拉斯做了大胆的假设：任何直角三角形，其斜边的平方恰好等于另两边平方之和。这就是著名的"毕达哥拉斯定理"，在中国被称为"勾股定理"，被记载在《周髀算经》里。总之，那一顿饭，这位古希腊哲学大师的视线一直没有离开过地面。

旅行结束后，毕达哥拉斯返回家乡萨莫斯岛。由于政治的原因，他后来迁往位于南意大利的希腊港口克罗顿居住。在这里，他创办了一个集政治、学术、宗教三位于一体的组织——毕达哥拉斯学派，亦称"南意大利学派"这个学派的成员大多是数学家、天文学家和音乐家。

　　毕达哥拉斯学派是西方美学史上最早探讨美的本质的学派。他们认为，对几何形式和数字关系的沉思能达到精神上的解脱，而音乐却是净化灵魂从而达到解脱的手段。不可否认的是，毕达哥拉斯是人类思想史上最重要的人物之一。不仅真正意义上的数学是由他开创的，他还将数学与自己思想中的神秘部分结合在一起，这也导致后来数学与哲学一直存在一种奇特的关系。

⚖ 灵魂应该是干燥的

> 世界是包括一切的整体，它不是由任何神或
> 任何人创造的，它过去，现在和将来都是按规律
> 燃烧着，按规律熄灭着的永恒的活火。
>
> ——赫拉克利特

赫拉克利特是一位富有传奇色彩的哲学家。他出生在伊奥尼亚地区的王族家庭里。他本来应该继承王位的，却让给了他的兄弟，自己跑到女神阿尔迪美斯庙附近隐居起来。

波斯国王大流士曾经写信邀请他去波斯宫廷教导希腊文化，赫拉克利特傲慢地拒绝了。他说："因为我有一种对显赫的恐惧，我不能到波斯去，我满足于我的心灵既有的渺小的东西。"

有人问他为什么保持沉默，他回答说："为什么？好让你们去唠叨！"

虽然这些逸事不完全可信，但这足以表明希腊哲学家已经开始脱离公共事务，只是赫拉克利特还没有完全脱离政治而已。

当爱非斯城邦放逐了他的朋友赫尔谟多罗时，他气呼呼地说："爱非斯的每个成年人最好都将自己吊死，把城邦留给尚葆其天真的少年。"为此，他号召人民站出来，一起保卫法律，铲除暴虐。

据说，他在隐居时以草根和植物度日，后来得了水肿病。他到城

里找医生，用哑谜的方式询问医生能否使阴雨天变得干燥起来。医生不懂他的意思，他便跑到牛圈里，想用牛粪的热力把身体里的水吸出，结果无济于事……

赫拉克利特的学说偏重神秘主义，但是又不同于一般的神秘主义。他认为万物的本原都是火，世界万物是由火产生的，消亡时又都要复归于火。他说："这个万物同一的宇宙既不是任何神，也不是任何人创造的，它过去是、现在是、将来也是一团永恒的活生生的火，按照一定的分寸燃烧，按照一定的分寸熄灭。"

他还认为，人的灵魂是由水和火两部分组成的，火代表高尚，水代表低贱，因此灵魂应该是干燥的。醉酒令人快乐，但也会导致灵魂变湿，如果变成水就代表这个灵魂死掉了。

赫拉克利特的这些理论与尼采类似，都透露着一股高傲。可以看出他认为人应该自己掌握命运，并反对纵欲享乐。

"人不能两次踏进同一条河流"是赫拉克利特很有影响的一句名言，体现了朴素的辩证法思想。河里的水是不断流动的，这次踏进河里，水流走了，下次踏进河里时，又流来新的水。河水川流不息，所以人不可能两次踏进同一条河流。

这种"万物皆动"，"万物皆流"的思想，使赫拉克利特成为当时具有朴素辩证法思想的"流动派"的卓越代表。他认为，事物都是相互转化的：冷可以变热，热可以变冷，湿会变干，干会变湿……对于赫拉克利特的这种观点，恩格斯曾总结说："这个原始的、朴素的但实质上正确的世界观，是古希腊哲学的世界观，而且是由赫拉克利特第一次明白地表述出来的：一切都存在，同时又不存在，因为一切都在流动，又都在不断地变化，不断地产生和消失。"

虽然赫拉克利特的这些辩证法思想还带着朴素的直观性，但在当时却是非常深刻的，为人类认识的发展，为希腊以至整个西方的哲学和科学的发展提供了广阔的领域和深远的前途。列宁称赞他为辩证法的奠基人之一。

⚖ 论自然（节选）

赫拉克利特

太阳每天都是新的。

如果说幸福仅仅在于感官的快乐，那么，牛吃到饲草时是最幸福的。

驴子会选择饲草，而舍弃黄金。

很多人不反省自己所遇见的事，即使因此受到教训也还是没有认真地思考，他们自己却总认为自己了解了。

人们离世之后的遭遇，既不是人们所期待的，也不是人们所想象的。

渊博的知识并不能让人变得智慧。否则，它早已使赫西奥德、毕达哥拉斯以及色诺芬尼和赫卡泰变得有智慧了。

智慧只在于一件事，那就是认识那驾驭万物的思想。

灵魂的边界你是找不出来的，即使你走遍每一条大道也找不到，它的根源隐藏得特别深。

我们有没有走过同一条河流。

时间是一个玩色子的儿童，他掌握着一切。

看不见的和谐比看得见的和谐更好。

海水是最清洁的，又是最不清洁的：对于鱼，它是能饮用的和有益的；对于人，它是不能饮用的和有害的。

⚖ 万物不变都是一

> 即使这件事物是过去的，我们现在提起它的
> 时候，它在某种意义上讲也是存在于现在的。
>
> ——巴门尼德

巴门尼德，生在埃利亚一个被尊敬的富裕家族里，不过关于他生平的记载却很少。亚里士多德也只是将他的一些经历作为传说：巴门尼德曾做过色诺芬尼的学生，在埃利亚学派中是一个出色的人物。

公元前 5 世纪上半叶是巴门尼德思想传播的黄金时期。柏拉图的记载中说，苏格拉底年轻的时候曾经拜访过巴门尼德，受益匪浅。

巴门尼德认为"一"是无限的，不可分的，而且感官是骗人的，他还把大量的可感觉的事物都斥之为单纯的幻觉。他相信，唯一真实的存在就是"一"。这与赫拉克利特认为的"一生万物，一是对立统一"的观点是不同的。举例来说，赫拉克利特认为"冷"的对立面是"热"；而巴门尼德显然认为"冷"仅仅意味着"不热"，"黑暗"仅仅意味着"不光明"，没什么对立之说。

他所想象的"一"并不是我们所想象的上帝。巴门尼德似乎把它认为是物质的，而且是占有空间的，因为他说它是球形，但它是不可分割的，因为它的全体是无所不在的。

在通过思想与语言进行哲学推断的哲学家中，巴门尼德是最早的一位。从他流传下来的言论来看，他认为人的思想和言语都有一个载体，如果在这一时间和另外一时间想到或者谈到同一样东西，那就说明这件东西在这段时间内没有变化，如有变化的话，就说明这不是同一样东西。他还有这样一个推论：如果你用语言提到某事物，这种事物就一定存在，而且不仅在过去存在，现在也存在，永远都存在。

现在看来，这种观点显然是有漏洞的。比如说人们常提到的麒麟，它只是人们虚幻、杜撰出来的，原本不是真实存在的，怎么能说人们用语言描绘出来了，这个事物就一定存在于现实生活中呢？

有人说是巴门尼德创造了逻辑，实际上他从语言和思想中提取的，只是一种遵循逻辑的形而上学。人们现在回想起某件事物，回想是现在发生的，而回想的对象则不是现在存在的。回想是在大脑中对过去的事物进行重读，而过去的事物依旧在过去，并没有随着回想而来到现在。因此，他提出要避免产生这种错误的唯一办法，就是比这种错误的逻辑走的远一点，看的也远一点。

⚖ 巴门尼德著作（残篇）

巴门尼德

我乘坐着的驷马高车载着我向前进，随我高兴，极力驰骋。

后来它们把我带上举世闻名的女神大道，这条大道指引着求知人走遍所有的城镇。拉车的马儿十分聪明，欢快地载着我前行，少女们为我指点出途径。

那火热的车轴被磨得滚烫，在车轮的毂臼中发出笛啸似的声音，因为它的两端被旋转的车轮带着，飞速地翻腾。

这时，太阳的女儿们迅速走过，离开了黑夜的宅所，掠过头上的纱巾，把马车赶向光明。

少女走过的地方，矗立着一座大门，把白天和黑夜的道路划分，上边有门楣，下边有石头的门槛；这天门上巨大的双扉闭得紧紧，保管启门之钥的是狄凯，那专司报应的女神。

少女们用恭维的辞令央告这位尊神，机灵地劝她同意把插牢的门闩拿开。

于是这大门就像打呵欠似的打开了，两根嵌着钉子的黄铜门轴在一根接着一根转动。少女们驱着马匹驾着车辆笔直地走进门来，女神亲切地将我接待，握着我的右手，对我说了这番话：

啊，青年人，你在不朽的向导和马儿的陪同下，来到我的门庭，十分欢迎！把你领上这条大道的不是恶煞（因为这条大道离去人间的小径的确很遥远），而是公平正义之神。

你应当学习一切事情，从那坚贞之心的感人真理，到毫不包含真理的凡夫俗子的意见。

尽管意见不尽相同，但你还是要加以甄别，因为只有通过彻底的全面钻研，才能对假象做出判断。

不过，你要使你的那些真知灼见远离凡夫俗子的意见，不要让那些习惯用经验的力量把你逼上这条路。不要仅仅以茫然的眼睛、嘈杂的耳朵或舌头为准绳，而要用你的理智来解决纷争的辩论。

你面前只剩下一条道路，可以放胆遵循。

真理之路。

⚖ 让生活快乐起来

> 要留心，即使当你独自一人时，也不要说坏
> 话或做坏事，而要学得在你自己面前比在别人面
> 前更知耻。
>
> ——德谟克里特

古希腊哲学家德谟克里特，是原子论的创始人，他出生在希腊东北方的工业城市阿布德拉的一个富商之家。

阿布德拉是一个繁华的城市，经济发达，文化丰富，因此德谟克里特从小就见多识广。小时候，他做过波斯术士和星象家的学生，接受了神学和天文学方面的知识，对东方文化有着浓厚的兴趣。他在学习和研究的时候非常专心，经常把自己关在花园里的一间小屋中，一次，父亲从小屋里牵走了一头牛，他都没有察觉。

德谟克里特的想象力很丰富，并且很刻意在这方面培养自己。有时，他会到荒凉的地方去，或者一个人待在墓地里，来激发自己的想象。

德谟克里特成人后，来到雅典学习哲学，后来又到埃及、巴比伦、印度等地游历，前后长达十几年。他在埃及居住了五年，向那里的数学家学了三年几何。他还曾在尼罗河的上游逗留，研究过那里的灌溉系统。在巴比伦，他向僧侣学习如何观察星辰，推算日食发生的时间。

回到故乡阿布德拉后，他担任过该城的执政官。在繁忙的政务之余，他始终没有放弃追求哲学和自然科学知识，并且在艺术方面也有一定的造诣。

经常性的外出旅行，让德谟克里特花费了父亲留给他的绝大部分财产。而他又整天忙于写作"荒诞"的文章，在花园里解剖动物的尸体，以至家族中有人认为他发了疯，有些人甚至企图占有他的财产。他们控告他浪费祖产、对家族中的事不加理会，把好好的园子变成了杂草丛生的荒地。

根据该城的法律，犯了这种罪的人，要被剥夺一切权利并被驱逐出城外。但是，聪明且能言善辩的德谟克里特在法庭上据理力争：

在我的同辈人当中，我漫游了地球的绝大部分，我也探索了最遥远的地方；在我的同辈人当中，我看见了最多的土地和国家，我也听见了更多有学问的人的演讲；在我的同辈人当中，勾画几何图形并加以证明，没有人能超得过我，就是为埃及丈量土地的人也未必能超得过我……

德谟克里特的学识和他的雄辩取得了完全的胜利，征服了阿布德拉。法庭当即判他无罪，与此同时，阿布德拉还把他当成城市的伟人，在他还活着的时候就给他建立了铜像。

在哲学方面，德谟克里特认为原子本身之间没有什么性质的不同，人们感觉所感知的各种事物的颜色、味道都是习惯，是人们主观的想法。因此，他把感性认识称作"暧昧的认识"，把理性认识称为"真理的认识"。

此外，他还特别强调教育的重要性。他主张道德可教，认为道德教育可以改变一个人的性格，造成人的第二本性，而教育方法应该以鼓励和说服为主。他也很注重个人的道德修养，强调要与自己的思想作斗争，每天都有新思想。

之后的很多哲学家都受到了德谟克里特学说的影响。哲学家们总是想要了解这个世界，并乐观地认为这并不难，是这种乐观让他们大胆地去假设、论证。他们的态度使得他们充满朝气，并敢于冒险，对自己好奇的一切东西都勇往直前。

⚖ 心是事物唯一的因

> 一切事物产生于一切事物。
>
> ——阿那克萨哥拉

虽然不能与之前的毕达哥拉斯、赫拉克利特以及巴门尼德相比，但是阿那克萨哥拉在历史上也相当重要，是他把哲学带到了希腊。

他于公元前 500 年左右，出生在爱奥尼亚的克拉佐美尼，之后被请到了雅典，在那里生活了 30 年。据柏拉图的记载，阿那克萨哥拉是一位科学家，同时还有很高的演讲水平。

当时的雅典人是对他抱有偏见的，拒绝阿那克萨哥拉的文化入侵。曾有人想推翻他，开始陷害他的朋友。再加上当时的立法是允许检举违反宗教的行为的，于是阿那克萨哥拉遭到雅典人的检举，最后不得不离开雅典。人们检举他的理由很简单，就是因为他曾说过一句话——太阳是块发热的石头，月亮是土。

回到家乡的阿那克萨哥拉，创办了一个学院。按照他的遗嘱将每年自己死去的那一天定为学校假日。

阿那克萨哥拉认为，每一件事物都是由更小的事物组成的，表现在我们面前的是它包含其他事物最多时的状态。他反对虚空论，认为至少空气是无处不在的。

他认为生命的一切都是由心支配的。除了心之外，其他事物都是由其他更小的事物组成，只有心是最纯粹的。其他事物中可以包含心，但是心只包含自己。他还认为心有无穷的力量，能支配一切生命，包括自己。

心不但支配生命，还操纵一切。它策动了万物的运动，并最终将轻浮的事物展现在表面，而将沉重的事物藏在心底。在善良方面，人的心与动物的心是一样的。人类最大的优势在于长了一双灵巧的手，得以将心中的智慧展现。

亚里士多德认为，心只是事物的一种因，但并不是唯一的。阿那克萨哥拉则偏执地认为它是唯一的，于是很多解释也就显得牵强。

阿那克萨哥拉的学说没有受到宗教元素的影响，充满了科学和理智。他本人是一个无神论者，不相信有天意。这一点上，他不像毕达哥拉斯，毕达哥拉斯影响了苏格拉底，苏格拉底又影响了柏拉图，把大量的宗教元素掺入到希腊哲学中。

尽管阿那克萨哥拉不是水平最高的哲学家，但就将哲学带到雅典这一点来说，他还是十分伟大的。

⚖ 精神上的助产士

> 我只知道一件事，那就是什么都不知道。
>
> ——苏格拉底

古希腊哲学家苏格拉底，是个很复杂的人物。

他出生于雅典，一生中都在辩论，还教授青年知识，但这一切并不是为了钱。他和他的学生柏拉图，以及柏拉图的学生亚里士多德，被并称为"古希腊三贤"，更被后人广泛认为是西方哲学的奠基者。

苏格拉底具有朴实的语言和平凡的容貌，矮小的身体和神圣的思想，并且总是衣衫褴褛，赤着脚走路。他不在乎别人怎么看他，平时很少喝酒，但是酒量奇大，而且从来没有喝醉过。

早年，他继承了父业，从事雕刻石像的工作，后来才开始研究哲学。他在雅典和当时的许多智者辩论哲学问题，主要是关于伦理道德以及教育政治方面的。

他在雅典大街上向人们提出一些问题。例如，什么是虔诚？什么是民主？什么是美德？什么是勇气？什么是真理？苏格拉底说："我的母亲是个助产婆，我要追随她的脚步，我是个精神上的助产士，帮助别人产生他们自己的思想。"

柏拉图在《申辩篇》里面塑造了这样一个苏格拉底：自信、洒脱、崇尚理智。从他对死亡的看法来看，他相信灵魂不死，并坚信在另一个世界中会有更好的生活。

作为公民，苏格拉底曾三次参军作战，在战争中表现得顽强勇敢。此外，他还曾在雅典公民大会中担任过陪审官。在雅典恢复奴隶主民主制后，苏格拉底被控告，以藐视传统宗教、引进新神、败坏青年和反对民主等罪名被判处死刑。他拒绝了朋友和学生要他乞求赦免和外出逃亡的建议，饮下毒酒自杀而死，时间是公元前399年。

在西方文化史上，苏格拉底一直被看作为追求真理而死的圣人，与耶稣、孔子和释迦牟尼一同被尊为人类的导师。在当时，他也已经被认为是最有智慧的人。他用灵魂控制着自己的肉体，抵制着欲望，就是爱情也是"柏拉图式"的。

苏格拉底的妻子脾气非常暴躁，有人问他为何要娶这样的女人为妻。他笑道："如果你能驯服一匹烈马，那么其他马又有何难呢？我能忍受这样凶的人，那天下人还有谁不能做我的朋友呢？"

他的这句回答，实际包含了深刻的人生学问和智慧：即使是一个很坏的人，他也能成就别人的修养。这与基督教认为品德与知识没有关系，无知的人也可以心灵纯洁的观点是对立的，这一区别一直延续至今。

苏格拉底还主张专家治国论，他认为各行各业，乃至国家政权，都应该让那些经过训练、有知识才干的人来管理，没必要实行抽签选举式的民主。他说：管理者不是那些握有权柄、以势欺人的人，不是那些由民众选举的人，而应该是那些懂得怎样管理的人。

比方，一条船，应由熟悉航海的人驾驶；纺羊毛时，妇女应管理男子，因为她们精于此道，而男子则不懂。他还说，最优秀的人是能够胜任自己工作的人。精于农耕便是一个好农夫；精通医术的便是一个良医；精通政治的便是一个优秀的政治家。

　　苏格拉底没有著作流传于世，他的行为和学说，主要是通过他的学生柏拉图和色诺芬尼著作中的记载流传下来，但是内容却大相径庭。所以，关于他的生平和学说，从古代以来就有各种不同的记载和说法，一直是学术界讨论最多的一个问题。

⚖ 不懂哲学的人只能看到影子

> 画在沙子上的三角形可以抹去，可是，三角
> 形的观念，不受时间、空间的限制而留存下来。
>
> ——柏拉图

古希腊哲学家柏拉图，出生于一个贵族家庭，他的母亲是雅典立法者梭伦的后裔。他原姓阿里斯托克勒，因自幼身体强壮，胸宽肩阔，取了"柏拉图"一名，在希腊语中，"柏拉图"就是"宽阔"的意思。

柏拉图青年时从师苏格拉底，起初，他打算继承家族传统而从政，但后来情况发生变化：在与斯巴达的战争中，雅典民主制失利，随即苏格拉底受审并被判死刑。柏拉图对现存的政体完全失望，于是开始周游意大利、西西里岛、埃及、昔勒尼等地以寻求知识，企图实现他的贵族政治理想。

在 40 岁时，他结束旅行返回了雅典，并在雅典城外西北郊的圣城阿卡德谟创立了一所学园——阿卡德谟学园。据说，柏拉图特别重视数学，在学园门口立了块碑："不懂几何者不准入内"。学园因此培养出了许多知识分子，其中最杰出的是亚里士多德。

作为西方客观唯心主义的创始人，柏拉图的哲学体系博大精深，主要学说概括起来有以下几个部分：一是乌托邦，最早的乌托邦出现在他的著作《理想国》中；二是理念论，用来解决各种问题的；三是

灵魂不死论；四是宇宙起源论；五是他的知识观。

由此可以看出，柏拉图是从巴门尼德的学说中，汲取了永恒和万物不变的思想，后来又从赫拉克利特那里学到了世间没有什么是不变的观点。他将这两种思想合在一起，得出了自己的结论：知识来自理智，而非感官。

在柏拉图的《理想国》中，有一个著名的洞穴比喻来解释理念论：

有一群囚犯在一个洞穴中，他们手脚都被捆绑，身体也无法转身，只能背对着洞口。他们面前有一堵白墙，身后燃烧着一堆火。在那面白墙上他们看到了自己以及身后到火堆之间事物的影子，由于他们看不到任何其他东西，这群囚犯会以为影子就是真实的东西。

最后，一个人挣脱了枷锁，并且摸索出了洞口。他第一次看到了真实的事物。

他返回洞穴并试图向其他人解释，那些影子其实只是虚幻的事物，并向他们指明光明的道路。但是对于那些囚犯来说，那个人似乎比他逃出去之前更加愚蠢，并向他宣称，除了墙上的影子之外，世界上没有其他东西了。

这个故事告诉人们，"形式"其实就是那阳光照耀下的实物，而人们的感官世界所能感受到的不过是那白墙上的影子而已。大自然比起鲜明的理性世界来说，是黑暗而单调的。不懂哲学的人能看到的只是那些影子，而哲学家则在真理的阳光下看到外部事物。

但是另一方面，柏拉图把太阳比作正义和真理，强调人们所看到的阳光只是太阳的"形式"，而不是实质；正如真正的哲学道理、正义一样，是只可见其外在表现，而其实质是描述不出来的。

才思敏捷、研究广泛的柏拉图，在阿卡德谟学园执教 40 年，直至逝世。他一生著述颇丰，有《理想国》《苏格拉底的申辩》《巴门尼德》《智者》等对话体著作留于世。

⚖ 最"好"的政治制度

《理想国》是柏拉图最重要的对话体著作之一，这篇对话由三部分组成。在第一部分中他提到一个理想国，也就是最早的乌托邦；第二部分讨论哲学家的定义，因为他认为统治者必须是哲学家；第三部分中主要讨论各种体制的利弊。这里他先假设出有这么一个美好的国家，然后再去讨论它身上哪些美属于正义。

柏拉图在《理想国》中描绘了乌托邦的大致轮廓。

他认为这个理想国中应该有三种人：普通公民、士兵、卫国者。卫国者的人数要比另外两种少得多，但是只有他们有政治权力。其他两种人中特别优秀的孩子可以得到提拔，卫国者中非常差的人可以被降级。

柏拉图主要讨论了卫国者这一阶级，他从教育、经济、宗教等各个方面考虑了如何才能使卫国者更好地为国家服务。无论哪个方面，他都提出了许多建议。

第一个方面便是教育。柏拉图认为教育主要是培养人的品质，既要勇敢，又要有礼。青年们被允许接触的音乐和书籍都是经过严格挑选的，就连给孩子讲故事也只能讲官方规定的故事。

在经济方面，柏拉图主张实行共产主义，每一名卫国者只有一处小房子和简单的食物，没有其余个人财产。人们之间没有贫富之分。这一切都是为了理想国中的全体人民，而不是某一个阶级。甚至，柏拉图认为朋友之间也要实现共产主义，包括妻子、孩子。他认为男女是平等的，女孩也应该接受同样的教育，并且同样能成为优秀的卫国者，也同样可能成为优秀的战士。

神学方面，理想国中政府制造出来的神话都是为了蒙骗公民。柏拉图说过，撒谎是政府的特权。比如他们用抽签的迷信方式安排婚姻，欺骗公民。柏拉图希望有一些神话能蒙蔽欺骗所有人，包括统治者和被统治者。

这些思想后来影响到了哲学，出现了万物不变和无物不变的争论。这便是柏拉图笔下正义的根源。可见，这样的国家是僵硬的，没有生气的，它会在城邦之战中取得胜利，但不会在科学和艺术上取得成就。

在理想国里，柏拉图寄托着创造者的理想。什么是"理想"呢？它不同于对吃喝方面的欲望，并且与个人以及现状没有关系。可以说，理想就是理论上的、与现状没有关系的一种愿望，而且这种愿望不是个人的，而是希望大家共有的。比如人人有饭吃，人人待人友善，等等。

每个人的想法都是存在差异的，存在差异就会产生矛盾。解决这种矛盾，轻则由个人根据感情决定；严重的则发动战争解决。科学的事情可以用事实说话，但是伦理上的事情则不可能，只能化身为最原始的争论。

柏拉图认为自己能证明国家是好的，但是有一些民主主义者认为国家是坏的，还有一些人认为，你觉得它是好的它就是好的，你觉得它是坏的它就是坏的。但是在当时，大家都相信柏拉图的观点。人们常常习惯于用统一的标准来代替真理，可惜这是错误的。

对于柏拉图的理想国，亚里士多德认为很糟糕。他反对柏拉图将家庭取消、大家一起过集体主义生活的主张。柏拉图觉得让孩子不知道谁是自己的父母，便会像对待父母那样对待任何人，反之父母也一样。亚里士多德则认为，共同的爱便是共同的忽视，对每一个人都好，其实便是对每一个人都不好。

柏拉图的理想国并不是今天人们普遍认为的只是一个幻想，它的许多规章制度是经过斯巴达验证过的。当时殖民地非常自由，柏拉图及其追随者要是想去西班牙沿海地区建立起一个理想国是完全可行的，可惜他并没有这样做，这也导致这种政治实验最终变得彻底不可能了。

⚖ 理想国（节选）

柏拉图

苏：那么请你想象一下，就像我所说的，有两个王，一个统治着可认知的世界，另一个统治着可看见的世界——我不说是"天界"，免得你以为我是在随意使用术语——你是一定懂得这两样的：可看见的世界和可认知的世界。

格：是的，我懂。

苏：那么，就请你用一条线来表示它们吧：把这条线分成两个不相等的部分，然后把这两个部分的每一个部分，按照相同的比例再分成两个部分。如果第一次分好的两个部分中，一个部分等同于可见世界，另一个部分等同于可知世界；然后再对比第二次分好的部分，用来表示清楚和不清楚的程度，你就会发现，可看见世界区间内的第一部分可以代表影像，即我首先指的阴影，其次是在水里或是平滑固体上所反射出来的影子或其他相似的东西，你明白我的意思吗？

格：我明白的。

苏：再来说第二部分：第一部分是它的影像，它是第一部分的实物，它就是我们周围的动物以及一切自然物和全部人造物。

格：好，就这样吧。

苏：你是否认可，可看见的世界的这两个部分的比例是表示真实性和不真实性程度的比例，而影像与实物之间的比例正如意见世界和知识世界的比例呢？

格：是的，我认可。

苏：那么，请你再进一步研究一下可知世界的划分方法吧。

格：那是怎样划分的呢？

苏：是这样划分的：这个世界可以划分成两个部分，在第一个部分里面，灵魂把可看见世界中的那些自身具有影像的实物作为影像；研究仅仅是由假设出发，而不是由假设上升到原理，是由假设下降到结论。在第二部分里，灵魂则相反，是从假设上升到高于假设的原理；不再像前一部分那样使用影像，而仅用理念，完完全全用理念来研究。

格：我不太明白。

苏：这样的话，我们再换个方式试一试，让我先做一些序文式的解释，这样你就会明白了。你应该知道，研究几何、算术以及这类相关学问的人，首先要假设偶数与奇数、各种图形、三种角和其他诸如此类的东西。他们把这些都看作已知的，看成绝对的假设，他们关于这些东西的假设，是不需要对任何人做任何说明的，这些东西是自己或他人都明白的。他们就是从这些假设出发，通过首尾呼应的推理达到最终他们所要的结论。

格：是的，这我明白。

苏：你也应该明白，虽然他们使用各种可看见的图形，研究它们，但是在他们的思考空间里并不是这些图形，而是这些图形所比拟出来的东西。他们所讨论研究的并不是他们画出来的某个特别的正方形或某个特别的对角线，而是正方形本身、对角线本身。他们所做的图形都是实物的，在水中有影子或影像的。于是现在他们把这些东西当作影像，而他们实际要求看到的，则是只有用思想才能"看到"的那些实在。

格：是的。

⚖ 希腊哲学的集大成者

> 凡善于考虑的人，一定是能根据其思考而追
> 求可以通过行动取得最有益于人类东西的人。
>
> ——亚里士多德

谈到希腊哲学，最不能错过的一位哲学家，就是亚里士多德。他是希腊哲学的集大成者，师承柏拉图，被誉为百科全书式的哲学家，同时，还是许多学科的创始人，如伦理学、政治学、物理学、逻辑学，等等。

这位伟大的哲学家出生在希腊北部色雷斯地区一个叫斯塔吉拉的小城，父亲尼各马可是马其顿国王阿明塔斯的宫廷医生，母亲菲斯蒂丝家境十分富有。亚里士多德18岁进入柏拉图的阿卡德谟学园，在那里学习长达20年之久，直到老师柏拉图于公元前347年去世才离开。

离开学园后，他开始游历，后被马其顿的国王腓力二世召唤回故乡，成为当时年仅13岁的亚历山大大帝的老师。关于两人之间究竟是否是师徒关系，一直存有争议。黑格尔就认为亚历山大在事业中所表现的哲学思想，可能师承亚里士多德。

对这位未来的世界领袖，亚里士多德灌输了道德、政治以及哲学方面的知识，对亚历山大的思想形成起了重要的作用。正是在他

的影响下，亚历山大大帝始终对科学事业非常关心，对知识十分尊重。

但也有人说亚里士多德并没有做过亚历山大的老师，因为亚历山大任性而且冲动，不像是受过教育的人。即使亚里士多德做过他的老师，他也不把这位父王派来的老师放在眼里。而且在政治方面，亚里士多德与亚历山大几乎没有交集，在亚里士多德的学说中，国家是城邦制的，而在亚历山大那里，却是帝国制。

尽管自己的学生已经贵为国王，但亚里士多德并没有一直留在国王身边，他决定回到雅典，创立自己的学园——吕克昂学园——传授哲学。

作为哲学家，亚里士多德是独特的，他的教学方式是教授式的。他非常重视教学方法，反对刻板的教学方式，所以，他经常带着学生在学园的林荫大道上，一边散步、一边讨论哲理，正是因为如此，他的学园哲学被称为"逍遥的哲学""漫步的哲学"。

同时，亚里士多德的著作也是系统而有条理的。他的著作淡化了宗教成分，没有激情主义，语气平和却富有内涵，这或许是因为他最擅长的就是描写细节与进行批判的缘故。

在学院讲学期间，亚里士多德边讲课，边撰写了多部哲学著作。

亚历山大去世后，雅典人开始奋起反对马其顿的统治。由于和亚历山大的师生关系，雅典人要以不敬神之罪判处亚里士多德死刑。当年苏格拉底就是因不敬神罪而被判处死刑的，但亚里士多德没有像前者一样"逆来顺受"，而是把学园交给了别人掌管，自己逃出了雅典。第二年，亚里士多德因身染重病离开人世，终年63岁。

亚里士多德一生勤奋治学，写下了大量的著作，据说有上千部，主要有涉及哲学、物理学、政治学、诗学等方面。他的思想对人类产生了深远的影响，不仅丰富和发展了哲学的各个分支学科，还对科学进步做出了巨大的贡献。

⚖ 人的本性在于求知

虽然亚里士多德是柏拉图的学生，但他却抛弃了他老师所持的唯心主义观点。他说："吾爱吾师，吾更爱真理。"

柏拉图认为真实知识的源泉不可能是感觉，亚里士多德却认为知识起源于感觉。柏拉图认为理念是实物的原型，它不依赖于实物而独立存在，而亚里士多德却认为"实在界乃是由各种本身的形式与质料和谐一致的事物所组成的"。

"质料"是组成事物的材料，"形式"则是每一件事物的个别特征。这就好比一只鼓翅乱飞的鸡，这只鸡会鼓翅、会叫、会下蛋等，都是它的"形式"，当这只鸡死时，"形式"也就不再存在了，唯一剩下的就只有鸡这一物质。

亚里士多德还有一个观点，那就是人的心灵是形式，身体是质料，这里的形式不同于形状，而且是心灵让一个人之所以成为人的。眼睛的目的是看东西，脱离了身体便不能看，其实真正在看东西的是灵魂。形式无论体现在物上，还是人身上，看似都有目的，在这一问题上是统一的。亚里士多德和他的学派还创造了一个非常重要的名词：本质。"本质"不等同于"共相"，本质是指"你之所以是你的本性"。没有了这样的本性，你就不再是你。

亚里士多德认为：人的本性在于求知。他说求知是人的本性，人类不会先衡量一门学问是否有用再去决定是否继续思考下去。同样，哲学不会因为有用和无用而被人类有所取舍。

实际上，你每时每刻都生活在哲学中，人说到底是"哲学的"存在。所以，哲学永远不会消亡，因为人不能否认自己的本性。

亚里士多德是希腊哲学的一个转折点，在他之前的许多哲学家，都力求提出一个完整的世界体系，来解释自然现象，而他是最后一个提出完整世界体系的人。在他之后，哲学家们都放弃了提出完整体系的意图，从而转入研究具体问题。

亚里士多德的学说基本上都很通俗。因为有许多东西是红的，所以人们才说有红；因为许多事情是美好的，所以人们才说有美好。这两者之间的关系不是相互的，红的脸蛋也有时会变得苍白，美丽的花也可能枯萎，但是脸和花的本质没变。由此得出，形容词是依赖于专有名词存在的，专有名词的存在与形容词无关，这就是亚里士多德的观点。

想要描述亚里士多德的形而上学，最好的切入点应该是他对理念说的批评以及他自己的共相学说。他反对理念说，并提出了许多论据。他举例说，人是动物，理想的人就是理想的动物，那么有多少种动物就有多少种理想的动物。他的意思很明确，当个体共享一个谓语的时候，并不是因为这些个体之间有关系，而是因为这些个体都与某种理想中的事物有关系。

亚里士多德集中古代知识于一身，在他死后几百年中，没有一个人像他那样对知识有过系统考察和全面掌握。他的著作是古代的百科全书，他的思想曾经统治过全欧洲，几乎改变了全西方的哲学家。恩格斯称他为"最博学的人"。

⚖ 花园哲学家

让我们吃喝，因为明天我们就会死亡。

——伊壁鸠鲁

亚里士多德之后，希腊哲学的黄金时期已过，科学与数学迅猛发展，尽管如此，此时的哲学依旧很重要，主要产生了伊壁鸠鲁学派、斯多亚学派以及怀疑主义思潮等。

古希腊哲学家、无神论者伊壁鸠鲁的父母亲都是雅典人，但他本人生于萨莫斯。他在 18 岁时搬到雅典，之后去了小亚细亚。他曾经跟随德谟克里特的弟子学习哲学，所以他的学说受德谟克里特影响很大，主要宗旨就是要达到不受干扰的宁静状态。

公元前 307 年，他在雅典建立了一个学派，即伊壁鸠鲁学派。传说中该学派的成员都居住在他的住房和庭院内，与外部世界完全隔绝，因此被人称为"花园哲学家"。据说在他的庭院入口处有一块告示牌，上面写着："陌生人，你将在此过着舒适的生活，在这里享乐乃是至善之事。"

来听伊壁鸠鲁讲学的人很多，而且是越来越多——除了学员、朋友以外，他们的妻子、孩子、奴隶，甚至妓女都可以来听讲。这些也成了对手们诽谤伊壁鸠鲁的借口。不过，这些都没有影响他，他行事自然，为人坦率，珍惜同所有人之间的友谊，不像之前的哲学家那样严肃。

学派的成员们过着集体生活，非常简朴，食物往往只有面包和水，但他们依然很快乐。团体的运转资金大都是别人捐助的，在伊壁鸠鲁的书信中经常见到一些要求别人捐助的话，不过他所要求捐助的只是一些生活必需品。

病痛始终伴随着伊壁鸠鲁，他学会了忍受，不去抱怨。他曾经说过，一个人在受到鞭挞的时候也会感到快乐。临死前他写了两封信，他在信中说，这些年自己身上的病痛一直没有减轻，他一直在承受着痛苦，但是他不去抱怨。他一想到与弟子们、朋友们的谈话就会感到快乐。最后他还嘱托别人照顾自己已故弟子的孩子。

伊壁鸠鲁并非没有缺点，他对之前的哲学家都没有什么好印象，甚至提到他们就会发火。他不仅给自己的老师起外号，还给几乎所有之前的哲学家起外号。除此之外，他还非常专断。他的弟子必须学习他的所有学说，并且不准提出异议。

那些追随者把他当作神圣者来崇拜，他的教导被当作正统学说严格执行，形成了花园派独尊师长的传统。据记载。公元前 270 年，伊壁鸠鲁死于雅典。他一生的著作多达三百多卷，其中重要的有《论自然》《准则学》《论生活》和《论目的》，现存的仅有一些残篇。

⚖ 是幸福主义，还是享乐主义

伊壁鸠鲁，幸福主义伦理学的创始人之一。

在伊壁鸠鲁之前，快乐被快乐主义者分为两类，即动态快乐与静态快乐。动态快乐是解除痛苦的过程，静态快乐则是一种没有痛苦的平衡状态。伊壁鸠鲁认为，最大的善来自快乐，没有快乐，就不可能有善。快乐包括肉体上的快乐，也包括精神上的快乐；静态的快乐拥有优先的地位，它是"一种餍足状态中的麻醉般的狂喜"。例如，很饿的时候吃东西的过程是动态快乐，吃饱了之后的状态便是静态快乐。静态快乐不用伴随痛苦，又是一种平静的状态，因此伊壁鸠鲁选择这种快乐作为追求。他强调原理责任和社会活动，这也是他的学说和苏格拉底及柏拉图最大的不同之处。

伊壁鸠鲁成功地发展了享乐主义，并将之与德谟克里特的原子论结合起来。他同意德谟克里特的原子论，认为世界是由原子构成的。不同的是，他是唯物论者，不相信原子如德谟克里特所说是被自然控制的。

古往今来，哲学家们对人类生与死的问题进行了不懈的探讨，但都比较沉重，而伊壁鸠鲁对生与死的论述却与以往相反，以至于死亡都会变成一种受欢迎的解脱方式。伊壁鸠鲁所处的时代非常艰难，为了让人们从苦难和恐惧中走出来，他发展了自己的一套伦理哲学。他认为人类恐惧的根本原因有两个，一是宗教宣扬的受罪，二是对死亡的恐惧。于是，他要创立的伦理哲学宣称神对人世间的事情没有管辖权，并且人死后灵魂会一起消失。

他说道："一般人有时逃避死亡，把它看成最大的灾难，有时却盼望死亡，以为这是摆脱人生灾难的休息。""一切恶中最可怕的——死亡，对于我们是无足轻重的，因为当我们存在时，死亡对于我们还没有来，而当死亡时，我们已经不存在了。"

伊壁鸠鲁还认为灵魂是由原子构成，布满全身。人死后，灵魂也就消失了。不过，构成灵魂的原子还在，只是我们再也感受不到它们了。"死亡对于我们无关，因为凡是消散了的都没有感觉；而凡无感觉的就是与我们无关的。"

尽管伊壁鸠鲁的学说被认为缺乏道德，但是他却是非常真诚的。他对人世间的苦难非常同情和怜悯，所以才让大家都来信仰他的哲学。他还这样告诫人们：不要贪图吃喝，以免肠胃出现问题；不要结婚生子，这样就没有亲人去世的痛苦了；学会欣赏快乐，忽略痛苦；如果痛苦很深或者时间很长，就得依靠心灵的训练只去想那些让人快乐的事情……

按照我们今天的标准，伊壁鸠鲁派的学说应该是消极的。但在当时，它们却是帮助人们摆脱恐惧的福音。这些学说能够减轻人的一部分痛苦，尤其是当人处于极度痛苦中时，作用会更大。

⚖ 论快乐（节选）

伊壁鸠鲁

快乐对于我们来说是善和美的结合，正因为这样，我们往往不是选择一种快乐，而是偶尔放弃很多快乐，因为这些快乐可能会带来更多的不快乐。同样，我们认为痛苦比快乐要好，因为当我们长时间忍受痛苦过后，更大的快乐将会随之而来。根据它们的天然联系来说，每一种快乐都是好的，但并不是每一种快乐都是可取的。

同理可推，即使每种痛苦都是坏的，我们也没有必要从本质上驱避每种痛苦。不过，根据某种标准来权衡，分析利弊，我们就要必须对所有事物进行全面的判断。也正因为如此，我们时而会将好事情看作坏事情，反之，将坏事情看作好事情。

必须看到的是，欲望里面，有一些是自然而然的，有一些则是徒劳的、不自然的。在自然的欲望里，有些是必需的，有些纯粹是巧合而已；在必需的欲望里，有些是幸福需要的，有些则是身体生理需要的，还有一些是为了维持生活。

苦恼，或许是来自恐惧、空虚、寂寞，以及无休止的欲望。然而，假如一个人能控制自己的欲望，那么他便能为自己赢得真正意义上的人生幸福。在各种欲望中，所有那些不能满足也不会痛苦的人，不在这必需之列；可是当他的需求难以实现或是有可能带来伤害时，这类欲望便会烟消云散。

有些自然的欲望就算不可能实现，也不会带来痛楚，但人们却紧抓不放，这种快乐纯粹是无聊的想象，它之所以没有被人们摒弃，并不是因为它的本质如此，而是因为人们的空想。

不管是拥有庞大的财富，还是荣耀和众人的仰慕，抑或是其他导致无穷无尽欲望的身外之物，都不能赶走心灵上的烦忧，更不能带来真正意义上的快乐。

我们不应该违背天性，应该率性而为。这里所提及的率性，是指满足那些必需的欲望和自然而然的欲望。如果后者会带来危害，那应当严格抵制。率性而不被蒙蔽的人，可以在天地之间独立。

但凡率性随缘的人，点滴即可满足，而那些欲壑难平的人，即使是家财万贯，也不会满足，不是富人，而是穷人。

你之所以会被这些问题困扰，或许是因为你忘记了自己的天性，是自己给自己创造了太多的恐惧和欲望。所以，与其满怀忧愁地过富裕生活，不如无忧无虑地过简单的生活。

⚖ 芝诺悖论

素有"悖论之父"之称的芝诺，是埃利亚学派著名哲学家巴门尼德的朋友和学生，关于他的生平缺少可靠的文字记载，但据柏拉图记载，40 岁左右的芝诺，"身材魁梧而美观，（大家）都说他已变成巴门尼德所钟爱的了"。

芝诺提出了一系列关于运动不可分性的哲学悖论，并因此在数学和哲学两方面享有不朽的声誉。

这些悖论由于被记录在亚里士多德的《物理学》一书中而为后人所知。芝诺提出这些悖论是为了支持他老师巴门尼德关于"存在"不动、是一的学说。他有几个数学悖论一直传到今天，其中有一个是阿基里斯悖论。

阿基里斯悖论是说："一个跑得最快的人永远追不上一个跑得最慢的人。因为追赶者首先必须跑到被追者的起跑点，因此跑得慢的人永远领先。"

阿基里斯是古希腊神话中最善跑的英雄，他的速度当然要比乌龟快。在他和乌龟的竞赛中，假如乌龟在他前面一段距离开始跑，他在后面追，他是不可能追上乌龟的。因为当他要到达乌龟出发的那一点，乌龟又向前爬动了。于是，一个新的起点产生了，阿基里斯必须继续追。而当他追到乌龟新爬的这段距离时，乌龟又已经向前爬了一段路程，阿基里斯只能再追赶那段路程……

就这样，乌龟会制造出无穷个起点，它总能在起点与自己之间制造出一段距离，不管这段距离有多小，只要乌龟不停地奋力向前爬，阿基里斯就永远也追不上它，只可能无限接近它！于是芝诺就得出了这样的结论：阿基里斯永远追不上乌龟。

这显然是违背常理的，但问题到底出在哪里？阿基里斯真的追不上龟吗？他当然可以，只要给他足够的时间和距离。只是芝诺钻进了一个牛角尖，他想阐述"无限接近"这个概念，也就是无穷小。

如果按照芝诺的想法来思考这个问题的话，会进入一个循环里面，即二分法悖论。

如果运动的物体想要到达目的地，那么它必须先到达其半路上的点，假设空间无限可分，那么有限距离则包括无穷多点，于是，运动的物体在有限时间内就会经过无限多点。比如：我们要跨过一个沙丘，必须先走过它的1/2，要想跨过1/2必须先走过1/2的1/2，也就是1/4，想跨过1/4也要先跨过它的一半……如此下去我们永远跨过不了沙丘。

这个悖论可以表示为："一个人想要从A点走到B点是永远不可能的！"也就是："运动是不可能的。"因为如果有这样的运动，就会有"完善的无限"，而这是不可能的。如果阿基里斯事实上在T时追上了乌龟，那么，"这是一种不合逻辑的现象，因而绝不是真理，而仅仅是一种欺骗"。这就是说感官是不可靠的，没有逻辑可靠。

根据这个运动理论，芝诺还提出了一个类似的悖论：飞矢不动。

在芝诺看来，由于飞箭在其飞行的每个瞬间都有一个瞬时的位置，它在这个位置上和不动没有什么区别。那么，无限个静止位置的总和不就等于运动了吗？或者无限重复的静止就是运动？

　　亚里士多德认为他的这个说法是错误的，因为时间不是由不可分的"现在"组成的，正如别的任何量都不是由不可分的部分组合成的那样。而且，这个结论是因为把时间当作是由"现在"组成的而引起的，如果不肯定这个前提，这个结论是不会出现的……

　　这些悖论在实践中当然是不存在，但在逻辑上却是无可挑剔的。

⚖ 帝王哲学家

> 不对的事不用做，不真实的话不必说。
>
> ——马可·奥勒留

与前面的哲学家不同，马可·奥勒留的身份是罗马皇帝，而且是罗马帝国伟大的皇帝之一，在整个西方文明里，他都算得上是一个少见的贤君。马可·奥勒留是一个比他的帝国更加完美的人，他的勤奋最终没能挽救古罗马，但他的《沉思录》却成为西方历史上最为感人的名著。

在希腊文学、拉丁文学、修辞、哲学、法律和绘画方面，马可·奥勒留都受过很好的教育，他很喜欢斯多亚派关于德行的学说，是晚期斯多亚学派的代表人物之一。更值得一提的是，马可·奥勒留虽然向往和平，却具有非凡的军事领导才干。他不相信灵魂不朽，认为做到自然，与宇宙和谐，服从神的意志做事，就是最美好的事情。

马可·奥勒留认为宇宙是有生命的实质，并认可决定论，认为神已经准备好了宇宙内的一切。他说大家都是神的儿子，包括奴隶，因此人们应该像服从法律一样去服从神的意志。有人认为恺撒高于一切，其实在最高的权力之上还有神。人们应该将神看得比世间的统治者更重要。史上没有罗马人和希腊人之分，大家都是宇宙人，马可·奥勒留这样认为。人在世上就是灵魂载着肉体，而且每个人的身上都有一部分神性，也就是神给每个人都派了一名守护者。按照这种说法，我们每个人都认识神，更不应该感到恐惧，将德行看作唯一的善来追求，那样就能避免任何灾难。

利用辛劳当中的零碎时间，奥勒留不断写下自己与心灵的对话，用以提醒和激励自己，从而创作了永悬后世的《沉思录》。这部著作最初他只是写给自己看的，并没有打算发表。

在《沉思录》中，作者考察了自然与社会、宇宙与人生、理性与欲望、自我与他人等的关系，强调人要过一种理性的生活，一方面要服务于社会，承担责任，另一方面又要培养自己的德行，保持心灵的安静和自足。

书的一开始，马可·奥勒留便感谢了帮助过自己的人，以及神明。他列举了这些人在思想等方面对自己的帮助。他还感谢神明对他的眷顾，使他有健康的孩子、温顺的妻子以及在哲学上没有走弯路。他还谈到了自己肩上的压力与负担，还谈到了自己的苦恼。

马可·奥勒留在位期间灾难连年，不仅有战争与叛变，更有瘟疫、地震这样的天灾。他用他的沉思向人们表明，他所处的时代是一个疲倦的时代，在这样的时代中即使是美好的东西也充满了让人厌倦的东西。这也是为什么当时流行斯多亚主义的原因——教人忍受，而不是希望。

这位皇帝心中许多伟大的抱负都没有实现，现实中的种种欲望让他渴望安静的乡村生活，但这个愿望也没有实现。最终，他死于征战带给他的劳苦。

⚖ 沉思录（节选）

马可·奥勒留

　　每天伊始，对自己说：我将会遇到多管闲事、见利忘义、傲慢无礼、欺诈虚伪、孤僻和嫉妒的人。他们之所以会有这样的品性，完全是因为他们不分善恶。而我——作为了解善恶本质、知道前者是美后者是丑的人；作为犯了错的人的本性是和我类似：我们不但拥有相同的血液和外貌，还具有相同的理智和神性的人——绝不可能被他们中的任何人伤害，因为任何人都不可能把恶加诸给我，我也不会责怪或憎恶这些与我类似的人。因为，我们注定是要团结协作的：唇齿相依、情同手足。那么，互相埋怨就是违背我们的本性了，就是自找无趣、自寻烦恼、自我排斥了。

　　假如有人得罪了你，那么先要思考：我们之间是什么关系，我们是注定要团结协作的——我天生就是在他们之上的，就像是一只领头羊和羊群，一只公牛和牛群的关系。要立足于最根本的原则，从这个规律来分析问题：如若并不是所有的事物都是原子，那么安排所有事物的便是自然；如若是这样，那低级的事物便是因为高级事物而存在，高级事物就要团结协作。

　　悔恨，是因为人们忽视了某件有用的事物而进行的自我责备。而善，一定是有用的事物，完美的人应当追求它。但完美的人没有人会悔恨自己拒绝了感官上的快乐，而这种快乐既不是善的，也不是有用的。

不论我是什么人，都只是一个微小的肉体、呼吸和支配部分。放下你的书吧，不要再让自己分心，分心是不好的；就好比你正面临死亡、轻视这微小的肉体；那仅仅是血液、骨骼和一种网状的组织，一种神经、静脉和动脉的结构。再来看看呼吸是什么？空气，并不总是相同的空气，而是每分每秒都在呼出和再吸入的空气。剩下的就是支配部分了：这样来打量它，它只是一个老人，不要再让它成为奴隶，也不要再像拉线木偶那样做反社会的活动，不要再不安于现在的命运或者躲避将来。

你错待了自己，错待了自己，我的灵魂，而你将不再有机会来荣耀自身。每个人的生命都是有限的，但是你的生命却已接近尾声。可你的灵魂却并没有关照自身，而是把你的幸福寄予别的灵魂。

不要去留意别的人在想些什么，一个人就很少会被别人看成是不幸福的，而那些不关心自己内心活动的人才是不幸的。

你将不久于人世，却还没有让自己简单朴素、摆脱烦恼，还没有摆脱对被外在事物伤害的怀疑，还没有养成和善地对待所有人的性情，还没有做到让你的智慧仅仅用于正直的行为。

⚖ 任何存在都是可怀疑的

人的行为和举止无不受习俗的制约。

——皮浪

最早提倡怀疑主义的人是皮浪。他原本只是一个贫穷而默默无闻的画匠，爱里斯人。年轻时，他参加了亚历山大的军队，随军到过印度。

历史上流传下来许多关于皮浪对具体事物持怀疑态度的逸事。有人说他走路的时候，总是不走"没有东西、没有车马迎面而来"的道路；有一次他还对着一堵墙跑过去……在他朋友的拉扯下，才使得他脱离危险。

据说，有一次他的老师跌入泥潭，他径自走过而没去拉一把。别人都谴责他，老师则赞扬他的冷漠和无动于衷。还有一次，他同他的同伴们一起乘船出海，遇到了风暴。同伴们都惊慌失措，他却若无其事，指着船上一头正在吃食的小猪说，这就是哲人应该具有的不动心状态。

皮浪认为由感觉和理性得来的知识都不可靠，要认识客观世界是不可能的，甚至客观世界是否存在也是值得怀疑的。人既不能从自己的感觉也不能从自己的意见来说事物是真的还是假的，所以，人们应当毫不动摇地坚持不发表任何意见，不做任何判断，对任何一件事情都说：它既不是不存在，也不是存在。

在他看来，人的行为只是按照风俗习惯所做的约定，无所谓光荣不光荣，正当不正当，也没有任何事物是美的或丑的。所谓最高的善，就是不做任何判断，不要任何知识。他主张对一切都要无动于衷，不做任何反应，以免引起无谓的争论和烦恼。只有这样，才能得到灵魂的安宁。

其实，在皮浪之前怀疑主义就已经存在，他只是将其整理汇合，并没有创立新的学说。

最早困扰古希腊哲学家的是感官上的怀疑主义，他们通过感官获得的知识与理论知识有矛盾。所以当时巴门尼德与柏拉图才会认为感官获得的只是意见，而不是知识。除了感官怀疑主义之外，皮浪又加入了道德怀疑主义与逻辑怀疑主义。

怀疑主义俘获了一群不懂哲学的人，他们看到各派的争斗没有结果，便认为永远不可能有结果。他们怀疑一切，认为人永远不可能得到正确的知识。既然如此，何不享受眼前的美好？

怀疑主义与其说是一种学说，不如说更像是一种解除烦恼的自我安慰。怀疑主义非常武断，它们不问青红皂白就否定一切。这也成了它的一个缺点，那就是不能让人信服。

直到蒂孟的出现，他是皮浪的弟子，他为怀疑主义找到了一种难以推翻的根据。他提出，没有任何证明能证据这些原则是无可争议的。公元前235年，蒂孟死于雅典，他的离世标志着怀疑主义学派告一段落。

⚖ 人生的最高目的

> 艺术的主要任务是美的创造，自然可能比人
> 包含着更多的精神力量与创造力量。
>
> ——普罗提诺

普罗提诺，是晚期希腊最后一位伟大的哲学家，新柏拉图主义的主要代表。生于埃及的他，曾拜亚历山大城的安漠尼乌斯为师学习哲学。他的一生正逢罗马历史上最混乱的时期。由于罗马军队战斗力下降，他出生之前，外族就不断入侵，加上瘟疫，罗马帝国人口减少了三分之一，同时帝国财政崩溃，税赋加重……一直到普罗提诺死后，这种局面才结束，帝国才重新建立了秩序。

在道德方面，普罗提诺为人真诚，无可挑剔，像斯宾诺莎一样让人感动。他总是用最简洁的语言将自己认为最重要的东西告诉对方。许多有权势的人都听他讲课，皇帝也对他非常赞赏。他本想建立一个柏拉图心中的理想国，但后期失去了皇帝的支持，计划也就搁浅了。此后，他开始写书，一生著作颇丰。但是，在普罗提诺的书中没有任何关于苦难的描写。

他曾参加罗马远征军，目的是研习东方哲学，此后就一直从事教学与写作。他的学说融合了毕达哥拉斯和柏拉图的思想以及东方神秘主义的"流溢说"，将"太一"看作万物之源，并认为人生的最高目

的就是复返太一，与之合一。

普罗提诺继承和发展了柏拉图的"理念"。他把理念世界归纳为太一，认为它超越一切，绝对完美。在当时的时代里，幸福必须经过对非感官的事物加以思索才能获得。这种幸福是靠思索得来的，因此感官世界、现实世界就受到了轻视。对于那些在现实生活中不如意，想在理论中经过思索得到幸福的人来说，普罗提诺非常重要。

在纯粹理智方面，普罗提诺的优点非常明显，还纠正过柏拉图的错误。他提出过很好的论据来反对唯物主义，他阐述的关于灵魂与肉体的关系比前人更透彻。

关于死后还有没有关于生前的记忆这个问题，人们都很好奇。普罗提诺说，人的一生只是灵魂很短的一个时间段。在灵魂向永恒发展的过程中，这一段时间内的事情会变得越来越模糊，灵魂会逐渐遗忘生前的事情。到了最后，会将生前的所有事情都遗忘干净。

普罗提诺主张有神论，同时主张迷信与法术。对于当时的人们来说，现实是令人绝望的，他们幻想着有一个充满美好、善良的世界。这个"美好的世界"对于基督教徒来说，便是天国；在柏拉图主义者眼中，是一个充满理念的永恒世界。基督教的神学家认为柏拉图主义是基督教神学中不可缺少的一部分，还把普罗提诺称为"柏拉图在世"。

普罗提诺在历史上的作用非常重要，在当时的世界中，他的学说虽被广泛接受了，但是没有也不可能产生积极的影响。他是古代哲学一个终结，同时又是基督教哲学的开端，不仅是对中世纪的基督教，还对天主教神学产生了巨大的影响。

⚖ 犹太宗教的发展

以色列最早的历史是传说。出现在《旧约全书》中最早有名字的犹太人是亚哈，他是以色列的国王。

公元前 722 年之后，犹太王国保持着自己的宗教与传统独立存在。公元前 586 年，新建立的巴比伦王国攻破了耶路撒冷城，并将犹太人押回巴比伦。公元前 538 年，居鲁士王攻破巴比伦，允许以色列人回到巴勒斯坦。回到巴勒斯坦的以色列人开始重建圣殿，此时犹太正教开始成形。

被掳到巴比伦的经历让犹太教发生了许多变化。犹太人将这次经历看作神在惩罚自己，就像父亲惩罚孩子一样。带着这种身负罪恶感的心理，流亡期间的犹太人更加虔诚地信仰自己的宗教。

最初的时候，犹太教信奉很多神，到了巴比伦之后便开始只崇拜一个神。十诫的第一条便说："你只准崇拜我一个神。"这说明犹太教在巴比伦入侵之前不久进行过改革。当时的先知们警告犹太人，只崇拜一个神将得到赐福，崇拜多个神将会撤销赐福。

犹太人和基督徒都喜欢讨论罪恶，不同的是，基督徒将把自己当作罪人看作一种美德，以表现自己的谦虚，犹太人则不会这样做。

希腊对犹太思想影响的最好证明体现在哲学家菲罗身上。他是正统的犹太教徒，但他同时也是柏拉图主义者，并且深受斯多亚派与毕达哥拉斯派影响。他还曾经试图将希腊哲学与正统的犹太文化结合到一起。

当时，犹太人的定居区遍布各大城市，他们影响了其他教派的教徒，以及罗马官方的宗教人士。他们的影响甚至深入到了俄罗斯南部，那里的许多人也改信犹太教。

中世纪期间，在西班牙的犹太人为文化传承做了许多贡献，其中斯宾诺莎是受影响最大的一个人。当西班牙被基督教徒控制的时候，犹太人将自己知道的知识都传给了西班牙人。他们还将知识传给经院学者，其中也包括了占星术、炼金术之类的无用东西。

当时的犹太学者既懂希伯来文、希腊文和阿拉伯文，又通晓希腊哲学。他们对世界文化的影响在中世纪之后从未间断，一直持续至今。

⚖ 基督教的开端

基督教，发源于犹太教，是以《新旧约全书》为"圣经"，信仰耶稣基督为救世主的宗教，它与佛教、伊斯兰教并称世界三大宗教。

最初的基督教是革新后的犹太教，只在犹太人之间传播。开始时，圣雅各、圣彼得都是不希望外族人入教的，但是这一切都被圣保罗打破。他不仅允许外族人加入基督教，同时还允许他们不必遵守割礼和摩西律法。

这样，基督教的信徒就越来越多，主要分两类，一类是传统的犹太人，一类是探索新教的外国人。割礼和食物方面的禁忌是犹太教推广的最大障碍之一，而基督教在继承了犹太教精髓的同时，却避开了这些禁忌，得到了很好的传播。

基督教的创始人是耶稣，他出生在犹太的伯利恒，母亲名叫玛利亚。他三十岁左右开始在巴勒斯坦地区传教，声称自己的来临不是要取代犹太人过去记载在《旧约圣经》的律法，而是要成全它。

耶稣思想的中心，在于"尽心尽意尽力爱上帝"及"爱人如己"两点。他出来传道，主要是宣讲天国的福音，劝人悔改，转离恶行。他的教训和所行的神迹，在民众中得到极大的回应。这些使得罗马帝国执政下的犹太教祭司团大受影响，深深感到自己地位不保，所以要把耶稣除之而后快。

后来由于门徒犹大的告密，罗马帝国驻犹太的总督彼拉多将耶稣逮捕，并将其钉在十字架上。在死之前，耶稣还受尽了打骂侮辱。而耶稣的本意是为了要赎世人的罪，所以他甘愿流出自己的血。

依据圣经的记载，耶稣在死后第三天从石窟坟墓中复活了。他的坟墓空了，他又多次向满心疑惑的门徒们显现。他们渐渐确信耶稣真的复活了，认为他是胜过死亡的救主。

在耶稣升天超离这世界以后，他的门徒们团结起来热心宣扬耶稣的教训，并且宣告他是复活的，是战胜死亡的主。信徒们因此而组成彼此相爱、奉基督之名敬拜上帝的团体，就是基督教会。君士坦丁改革宗教之后，教会的统治得到了极大的发展。当罗马帝国立基督教为国教时，主教被授予了司法权和行政权。

⚖ 创世纪（节选）

在宇宙天地尚未形成之前，黑暗笼罩着无边无际的空虚混沌，上帝那孕育着生命的灵运行其中，投入其中，施造化之工，展成就之初，使世界确立，使万物齐备。上帝用七天创造了天地万物。这创造的奇妙与神秘非形之笔墨所能写尽，非诉诸言语所能话透。

第一日，上帝说："要有光！"便有了光。上帝将光与暗分开，称光为昼，称暗为夜。于是有了晚上，有了早晨。

第二日，上帝说："诸水之向要有空气隔开。"上帝便造了空气，称它为天。

第三日，上帝说："普天之下的水要聚在一处，使旱地露出来。"于是，水和旱地便分开。上帝称旱地为大陆，称众水聚积之处为海洋。上帝又吩咐，地上要长出青草和各种各样的开花结籽的蔬菜及结果子的树，果子都包着核。世界便照上帝的话成就了。

第四日，上帝说："天上要有光体，可以分管昼夜，做记号，定节令、日子、年岁，并要发光普照全地。"于是上帝造就了两个光体，给它们分工，让大的那个管理昼，小的那个管理夜。上帝又造就了无数的星斗，把它们嵌列在天幕之中。

第五日，上帝说："水要多多滋生有生命之物，要有雀鸟在地面天空中飞翔。"上帝就造出大鱼和各种水中的生命，使它们各从其类；上帝又造出各样的飞鸟，使它们各从其类。上帝看到自己的造物，非常喜悦，就赐福这一切，使它们滋生繁衍，普及江海湖汉、平原空谷。
第六日，上帝说："地要生出活物来，牲畜、昆虫、野兽各从其类。"
于是，上帝造出了这些生灵，使它们各从其类。

上帝看到万物并作，生灭有继，就说："我要照着我的形象，按着我的样式造人，派他们管理海里的鱼、空中的鸟、地上的牲畜和地上爬行的一切昆虫。"上帝就照着自己的形象创造了人。上帝本意让人成为万物之灵，就赐福给他们，对他们说："要生养众多，遍满地面，治理地上的一切，也要管理海里的鱼、空中的鸟和地上各样活物。"

第七日，天地万物都造齐了，上帝完成了创世之功。在这一天里，他歇息了，并赐福给第六天，圣化那一天为特别的日子，因为他在那一天完成了创造，歇工休息。就这样星期日也成为人类休息的日子。"造化钟神秀，阴阳割分晓。"上帝就是这样开辟鸿蒙，创造宇宙万物的。

⚖ 天主教哲学教父

> 如果要明白，就应当相信，因为除非你们相
> 信，你们不能明白。
>
> ——奥古斯丁

奥古斯丁的哲学是建立在之前主教们打下的基础之上的，之后欧洲便陷入了混乱，人们一边忍受着深刻的苦难，一边期盼着美好的来世。在将近五百年中，基本上没有出过伟大的哲学家，因此，奥古斯丁也被称为中世纪教父哲学的最伟大代表。

奥古斯丁是非洲人，生于公元 354 年。幼年时，他在母亲的教育下学会了拉丁语，但在学校学习希腊语的过程中，他却饱受学校的残酷惩罚，因而他很讨厌希腊语。青春期以后，奥古斯丁为情所困。16 岁的他在迦太基与一位妇女相爱，并且生下了一个男孩。这时，他的母亲开始考虑他的婚事。不过后来，他又与一位少女订了婚，并和以前的情人断绝了联系。可是她的未婚妻太年幼了，要等两年之后才能举行婚礼，于是，他耐不住寂寞，又有了一个情人……

奥古斯丁的良心却越发地不安了，在举行婚礼前，他终于决定信仰宗教，终身不婚。19 岁时，奥古斯丁在西塞罗著作的引导下再次研究哲学。他阅读了大量拉丁文哲学著作，独立研究通了亚里士多德的《范畴论》。就在这时，他信奉了摩尼教，同时也醉心于占星术。他认

为，神是巨大的物体，他本身则是其中的一部分。

紧接着，奥古斯丁去了罗马。尽管他依然保持和摩尼教徒的交往，但他却开始怀疑教义的正确性了。他同意摩尼教"我们犯罪，是因为某种我们不知道是什么的天性使我们犯罪"的看法，但也认为学院派主张怀疑一切是对的。与此同时，他还开始相信恶魔具有实体。

青年时的奥古斯丁富于热情，放荡不羁，但内心总有一种促使他追寻真理与正义的冲动。他的名著《忏悔录》中记载了这样一件事。有一次，奥古斯丁和同伴偷摘了邻居的梨，他一直为这件事耿耿于怀，认为这是一种令人难以置信的邪恶。因为当时他并不饥饿，而且他自己有更好的梨。他认为，他之所以偷邻居的梨，是出于自己对邪恶本身的爱好。这使得这件事的本身变得更邪恶。

在现代人看来，这种"思想纠缠"简直是一种病态，但在奥古斯丁生活的那个时代却是正确的。

后来，奥古斯丁放弃了教会职务，来到米兰担任修辞学教师。这时，他遇到了安布罗斯，逐渐被安布罗斯的慈祥感动，并喜欢上了天主教。但由于从学院派学到的怀疑主义的作怪，他并没有立即投入到天主教的怀抱。最后，还是在母亲的帮助下，奥古斯丁决定改信天主教，并接受了洗礼。

晚年时，奥古斯丁担任了希波的主教，之后一直居住在那里。他被自己的罪恶意识纠缠，生活因此变得很严肃，哲学思想也变得缺少人情味。不过他的神学思想与他的生平一样，多彩多姿，深刻地影响了西方罗马教会。

⚖ 忏悔录（节选）

奥古斯丁

天主，请你俯身听我说。人们的罪恶真是可恨！一个人说了这样的话，你就怜悯他，因为是你创造了他，但却没有创造他身上的罪恶。

谁能告诉我我幼年时期犯下的罪恶？因为在你面前没有一个人是纯洁无罪的，即使是刚出世一天的婴孩也是如此。谁能对我追述我的往事？不是任何一个小孩都可以吗？从他们身上，我能够看到我已经无法记起的自己。

但这时我犯的是什么罪呢？是否因为我哭着要吃奶？假使我现在如此迫不及待地，不是吃奶而是取食与我的年龄相适合的食物，一定会被人嘲笑，理应受到指责。由此可见，我当时做了应受到指责的事情，但那时的我不可能懂得别人的指责，根据情理我也不应受到这样苛刻的指责，何况我们长大以后就完全弃除了这些状态，我也从未看到过某个人不分好坏而一股脑儿铲除的。但假如我哭着要有害的东西，对不顺从我的有害要求的行动自由的大人们、对我的父母以及一些谨慎的人，我发怒，要打他们、损害他们，对他们不屈从我的意志而加以责罚，这种种行动，在当时能看成是好事吗？

可见婴孩的纯洁仅仅是肢体的稚弱，而并非本心的无辜。我见过也体会过孩子的嫉妒：尚且不会说话，就已经会面色像死灰，眼光狠狠地盯着跟他一起吃奶的孩子。谁没见到过这种情况？母亲和乳母自称能用某种方法来加以补救。不让一个特别需要生命食粮的兄弟靠近丰满的乳房，这是无罪的吗？但人们对此都能迁就容忍，并非因为这是小事或不以为然，而是因为这一切将随年龄的增长而消失。这是唯一的理由，因为若是在岁数较大的孩子身上发生相同的情况，人们是绝不会视而不见的。

主，我的天主，你赋予婴孩生命和肉体，正像我们所见到的，你使肉体具有器官、四肢、漂亮的外貌，同时又赐予生命的全部力量，使他们保持全身的和谐。你命令我在这一切之中讴歌你，赞美你，歌颂你至高无上的圣名。因为你是全能的、至善至美的天主，即使你只是创造了这一缘由，也没有一个人能够和你相提并论：你是万物唯一的真正的本源，化育万物的至善至美者，你的法则主宰一切。

主啊，对于这一时期的生活我已想不起，只能倾听别人的话，并从其他孩子身上较为可靠地猜测这一时期的生活。把它列入我生命史的一部分，使我感到很惭愧。这个时期和我在胚胎中的生活一样，都已被遗忘在幽隐的黑暗之中。我是在罪孽中长成的，我在胚胎中就已经犯了罪。我的天主啊，何时何地你的仆人才算是无罪的呢？现在让我抛开这段时期吧；既然我已记不得任何踪影，那我和它还有什么关系呢？

是否我告别了幼年时代而进入到童年时代，或者是童年来到我的身上而代替了幼年？但前者并没有远逝，它能到何处去呢？但是它已经不存在了。我已经不再是一个不会说话的婴儿，而是成了一个咿呀学语的孩子了。根据我所能记忆的，从此以后，我开始学说话了，这也是我后来注意到的。并不是大人们按照一定的程序教我学习语言，就跟后来读书一样；是我自己，凭借你，我的天主赐给我的智慧，用呻吟、用各种声音、用肢体的各种动作，试图表达出我内心的思想，使之服从我的意志；但不可能表达出我所要表达的一切，使人人理解我的全部心情。

⚖ 一段被遗忘的时代

中世纪时期，教会内部发生了一场有关"道成肉身"的纷争，主角是亚历山大大主教区利罗和君士坦丁堡大主教聂斯脱利。这场纷争的结果是区利罗被尊为圣徒，而聂斯脱利却被斥为异端。

区利罗是个狂热分子，拥护神人一体论，身为大主教的他曾数次煽起屠杀犹太人的运动。区利罗之所以有很大的名声，主要是因为他曾对一位名叫希帕提娅的贵妇人施加私刑，而希帕提娅犯的罪过，仅仅是醉心于新柏拉图哲学和研究数学。

聂斯脱利认为，在基督里有人位和神位，因此，他反对称童贞少女为"神的母亲"。他认为童贞少女只是基督的人位母亲，而基督的神位（上帝）没有母亲。

大体说来，苏伊士河以东的教会赞同聂斯脱利的主张，苏伊士河以西的教会赞同区利罗的主张。双方决定，在公元431年召开以弗所宗教会议解决分歧。然而，率先到会场的西方主教们反锁了大门，将东方的主教们堵在门外。随后，在区利罗的主持下，他们快速通过了拥护区利罗的决议。

这就是聂斯脱利被斥为异端的过程。不过聂斯脱利不但没有放弃自己的主张，反而形成了在叙利亚和整个东方声势很大的聂斯脱利教派。

在整个中世纪，波伊提乌受到了人们的传诵和赞扬。

波伊提乌是古罗马晚期的政治家、哲学家，曾在东哥特王国任执政官。在哲学上，他糅合了基督教神学、柏拉图主义、新柏拉图主义、亚里士多德等哲学学说，引起后来经院哲学唯名论和实在论的争论，因用拉丁文注释翻译亚里士多德的《范畴篇》等著作，对中世纪的逻辑学影响很大。

他在狱中写就的著作《哲学的慰藉》是一部纯柏拉图主义的书。虽然《哲学的慰藉》一书不能证明他是不是基督徒，但却能证明他受到异教哲学的影响远比基督教神学的大。

波伊提乌声称只有苏格拉底、柏拉图和亚里士多德才是真正的哲学家，他还坚持说自己追随上帝是听从了毕达哥拉斯的命令。在伦理观念方面，波伊提乌有很多与斯多亚派吻合的地方。波伊提乌认为不完善就是缺陷，这也代表着存在一种完善的原形。

《哲学的慰藉》中，丝毫没有迷信和病态的迹象，也没有过分强求遥不可及的事物的倾向，书里呈现的是一种只有纯哲学才有的宁静。这种宁静出自被判死刑的波伊提乌之手是令人赞叹的。

尽管东哥特国王狄奥多理克处死了波伊提乌，但他们始终是朋友。波伊提乌曾经受命为狄奥多理克改革币制，加上他渊博的学识和对公益的热忱，他足以成为当时绝无仅有的人物，即使在其他任何一个时代，他都称得上是一个伟大的人物。

⚖ 修道运动

修道运动发源于大约 4 世纪初叶的埃及和叙利亚。所谓修道运动，又分为独居隐士的修道和住修道院僧侣的修道两种形式。公元 250 年，埃及诞生了第一位名叫安东尼的隐士，他在一间茅屋独居了 15 年后，又在荒漠里独居了 20 年，从此声名远扬。

大约在公元 305 年，安东尼开始出世讲道。公元 320 年前后，埃及人帕科缪创办了一所修道院。在这个修道院修道的人过着集体生活，集体进行宗教仪式，最终赢得了基督教的认可。与此同时，叙利亚和美索不达米亚也出现了修道院。

最初，修道院完全独立于教会组织之外，是一项自发运动。后来，阿萨纳修斯结合了修道院和教士，还确立了修道僧兼任祭司的规矩。紧接着，他又把修道运动带到西欧。为了促进这项运动，杰罗姆做了大量的工作，而奥古斯丁则把它传到了非洲。

在修道僧还没有被教会组织接受时，教会因他们而闹起了宗教纠纷。这主要是因为不能区分哪个是真诚的苦行僧，哪个是贪图修道院舒适的生活才做了修道僧的。还有一个原因，即修道僧往往以狂烈的方式支持他喜爱的主教，这往往使宗教会议陷入异端。

在修道运动早期的遁世修行阶层，除了宗教指定的书籍之外，修道僧再也不会多读一本书。除此之外，他们对待道德的态度还是消极的，把道德当作避免犯罪的方法。不过，在以后的日子里，修道僧倒是做了不少有意义的事情。

在西方修道僧制度中，最重要的人物是本尼狄克教团的缔造者本尼狄克。

本尼狄克从 20 岁起就在一个洞里住了三年。他的蒙特·卡西诺修道院创立于公元 530 年，为了更好地管理蒙特·卡西诺修道院，他又制定了适合西欧风土的"本尼狄克教规"。当时，有这样一个不值得提倡的规定：越能极端地苦行的人，就越有可能被认为是神圣的人。本尼狄克改变了这个规定，并进一步规定：必须经过修道院院长许可，才能实行超过教规以外的苦行。

按照"本尼狄克教规"的规定，修道院院长是终身任职的，而且权力极大，在教规和正统教义允许的范围内，他可以用任何方法管理修道僧，而修道僧不能任意转投修道院。

任何组织一旦创立就很难以缔造者的意志为转移，因为它们已经具有了自己的生命，天主教会就是最明显的一个例子，而本尼狄克教团的发展历程也体现了这一点。可是，就像耶稣会为天主教会而大感吃惊一样，本尼狄克教团也会让本尼狄克本人大感吃惊。不过，从学术的发展方面看，这对于本尼狄克教团而言这也并非坏事。

⚖ 教皇国的真正建立者

以"格列高利"为名的第一代教皇就是大格列高利。大约是在公元540年，大格列高利出生在罗马的一个贵族之家，因此他接受了当时最好的教育。公元573年，他当上了罗马市市长，但很快他就离开了政界。这以后，他耗尽了自己所有的家产用于建造修道院和救济贫民，而他自己也专心苦行，成了一名虔诚的本尼狄克派教士。

再后来，教皇贝拉二世任命大格列高利为他驻东罗马帝国的全权公使，常驻君士坦丁堡。因此，从公元579年至公元585年，大格列高利一面在东罗马帝国代表着罗马教廷，一面与东罗马帝国的教徒们辩论。在宗教方面，大格列高利取得了成功，避免了东罗马帝国的皇帝远离真实的信仰。但在政治方面他却失败了，因为他没能说服东罗马帝国皇帝向伦巴德人开战。

之后的五年，大格列高利当了自己创立的修道院的院长。教皇逝世后，大格列高利做了教皇。大格列高利刚当教皇时周围的环境很艰难，不过，这样的环境正适合他大展身手。

当时，拜占庭帝国已经衰败了，没有领主的西班牙和非洲陷入了一片混乱之中，伦巴德人趁机洗劫意大利，法兰西也处在南北之间的内战之中，等等。时代的混乱甚至使一大批主教失去了作为人们楷模的荣耀。虽然罗马主教被公认为是教廷中地位最高的人物，但他的权力仅限于主管教区之内。继任教皇以后，大格列高利就做好了用全部的精力和智力同困难搏斗的准备。大格列高利主要通过通信的方法行使他的权威。他通信的对象，包括全体罗马世界中的主教和世俗国家的统治者。

大格列高利还编著了一部教规，含有对主教们的劝告，影响了整个中世纪初期。为了让主教们愿意接受这部法规，他把它定义为"主教们的职务指南"。这部法规满篇都是对主教的忠告，包括劝告他们不要玩忽职守，等等。

此外，在谈到主教与世俗国家的统治者的关系时，法规告诫主教们说，不要批评世俗国家的统治者，因为如果他们不听从教会的意见，那么他们自然会受到地狱劫火的威胁。

总体来说，大格列高利写的信既彰显了他独特的性格，又不乏趣味。如果不是给皇帝或拜占庭宫廷的贵妇人写信，那么他在信件里的口吻就像一个教会学校的校长，既有称赞，也有训斥。总之，他总是能毫不犹豫地利用权限发号施令。尽管他是出于职责的需要而用特殊的语气命令他人，但这一切的本能根源却是他身为罗马贵族的自负。

大格列高利有着极其敏锐的政治直觉，在他任教皇期间，极大提高了罗马教皇的地位和职权。

⚖ 物质也具有思考能力

经院哲学家约翰·司各特是中世纪后期唯名论的代表之一，他是一个新柏拉图主义者，主张泛神论，倾向于斐拉鸠斯教派。他早年就读于牛津大学，深受数学、经验科学和反托马斯主义运动的影响，主要研究神学与哲学。

作为神学家，司各特并不否认宗教信仰，但他认为理性应在信仰之上，并力求使哲学独立于神学，宣称上帝并不是形而上学的主题。同时他还指出理性是有局限的，认为人们既不能通过证明承认上帝存在，也不能利用理智把握上帝的属性，只有借助于个人的沉思才能直接认识上帝。

在伦理观方面，司各特主张个人是行动和道德的主体，人应该根据自己的意志去追求幸福。他的这些思想肯定了个人的独立意志，这在当时具有一定的解放思想的作用。

在唯名论与实在论的斗争中，司各特坚持唯名论的概念论观点，他认为一般不能在人的理智之外独立存在，它只是同类事物之间的共同性。司各特采纳了亚里士多德关于形式和质料学说的基本思想，不过他反对抬高形式贬低质料。他指出质料即物质，具有独立的实在性，形式的作用在于让物质具有个性，只有它与物质结合才能构成独立的实体。

在司各特看来，人固然不能通过理性认识上帝，但可以凭借自己的天赋和能力获取知识。他认为，认识起源于人的感官对单纯物体的表象，人以这些简单的、混乱的感官表象为诱因，然后凭着理智能力，形成对根本原理的知识。理智若不从感官方面获得主题，就不可能对命题的主题有任何知识。他还猜测物质具有思考能力，认为灵魂中可能有物质。司各特的这种观点是对宗教神学唯心主义认识论的否定。

司各特的哲学思想在历史上产生了很大影响。晚年在巴黎和科伦讲学的他，从经院哲学内部公开批判托马斯·阿奎那，削弱了封建神学和托马斯·阿奎那学说的权威，加速了经院哲学的衰落。然而，正是这样一个离正统教义很远的人，却躲过了宗教迫害，最后逝世于科伦。

司各特著有《巴黎论著》和《牛津论著》等著作，其具有唯物主义倾向的认识论思想，成为 17 世纪英国唯物主义经验论的思想来源之一。

⚖ 信仰寻求理解

> 不把信仰放在第一位是傲慢，有了信仰之后
> 不再诉诸理性是疏忽，两种错误都要加以避免。
>
> ——安瑟伦

一般认为，除了教皇赛尔维斯特二世之外，10 世纪的西方没有哲学家。但伴随着 11 世纪的到来，在哲学上真正杰出的人物开始逐渐现身了。这其中最具代表性的人物有罗塞林、安瑟伦等人。他们有一个共同的身份，即都是支持教会改革运动的修道僧。

安瑟伦是意大利人，基督教经院哲学家、神学家，实在论主要代表。26 岁进入本笃修会的他，先后任了法国柏克隐修院副院长、院长和英国坎特伯雷大主教。在他担任大主教期间，曾因主教续任权与英王发生争执，两次被驱逐出境。

和奥古斯丁一样，安瑟伦也认为信仰高于理性，理性应该从属于信仰，认为如果没有信仰，就不能理解一切。为此，他提出"我信是为了理解"和"信仰寻求理解"的门号，但同时他又认为，如果仅有信仰而不诉诸理性，则近乎玩忽。

在《独白》中，安瑟伦运用因果律，从事物有不同程度的完善，推论出必有一个最完美者，即神的存在。之后，他又在《宣讲》中提出了哲学史上著名的关于神存在的"本体论论证"，从而一举成名。

安瑟伦声称任何人都有一个关于神的概念，即神是一个"不可设想有更大的最伟大者"；但如果它仅仅存在于人们的想象中，那么人还可以设想一个更伟大者，这是相互矛盾的。因此这个"不可设想有更大的最完美者"不仅存在于人们的想象中，也必须存在于现实中。

安瑟伦的这种观点，为上帝和教会高于一切做了哲学论证，但遭到了托马斯·阿奎那的驳斥。尽管后来得到笛卡儿、莱布尼茨、黑格尔等的肯定和修改，但被洛克、康德等摈弃。

在《神何以成人》一书中，安瑟伦提出世人因犯罪而冒犯神的尊严的观点，他说，神为维护其尊严与统治，坚持有罪必罚的"公义"，要求对世人施以刑罚，不然必有适当的补偿以满足神的要求。基督是神之子，以无罪之身代人受死，这就满足了神的"公义"。后世称这为救赎论的满足说或补偿说。

究其源头，安瑟伦哲学观点主要来自奥古斯丁的哲学学说，因为安瑟伦身上具有许多柏拉图的因素，都是从奥古斯丁那里获得的。

正是由于奥古斯丁的思想和柏拉图主义之间的这种承袭关系，人们往往称奥古斯丁主义为"教父的柏拉图主义"或"柏拉图—奥古斯丁主义"，而安瑟伦则是这一传统在中世纪经院哲学中的中坚人物，也便有了"最后一位教父"和"第一位经院哲学家"之称。

⚖ 上帝存在论（节选）

安瑟伦

神是的的确确存在着的，即使顽固的人在心里认为没有神。

请将理解的力量赐予信心的主，期望你照耀着你所认为有益的，使我理解你的确像我们所坚信的那样存在着，且的确是我们坚信的神。我们坚信，你是人们所能想象到的最伟大的存在。难道这样的存在是虚假的吗？只因为那些愚昧顽固的人心中认为没有神？可是，不管怎样，即使是愚昧顽固的人，当他听到我提及的那一位——人们所能想象到的最伟大的存在——的时候，也一定会理解他所听到的，而他所理解的，原本就在他的悟性范围之内，即使他并不清楚这存在的的确确地存在着。

那是因为，一个事物在悟性范围之内存在着，与理解那事物的的确确存在，是不同的。比如，当画家想象着自己即将要创作的画，他已经在悟性范围之内掌握它了，但是他本人并不认为它是存在的，因为他还没有将它创作出来。而当他将这幅画作完成以后，他不仅仅是在悟性范围之内掌握它了，还明确它是存在着的了，因为他已经把它创作出来了。

…………

因此，那位在人们所能想象到的最伟大的存在，如果真的只在悟

255

性范围之内存在，那么在人们所能想到的最伟大的存在之外，我们很可能会想象到比之更伟大的存在了。可是，这是不可能的。所以，毋庸置疑的，有一位人们所能想象到的最伟大的存在，真实地存在着，不仅在主观悟性范围之内存在，在客观实体上也存在着。

不能认为神不存在，在一切可能的想象中，神是最伟大的；被视为不存在的神，就不是神。神确确实实就这样存在着，以至于我们不能忽略它的存在。因为想象一个存在的存在是可能的，而这种观点比想象一个不存在着的存在大得多。……所以，一定有一位在一切可能想象之中最伟大的存在，人们不可能想象不到它。

神啊，你就是这存在……

然而，愚昧顽固的人如何在心里说他想象不到的事，抑或如何想象他心里不能说的事呢？因为心里说的和想象到的不是同一个事物？

…………

所以，但凡知道神是什么的人，即使他有意识或无意识地在心里说出"神不存在"的话，也想象不到神是不存在的。因为神是在一切可能想象之中的最伟大的存在，同时，能彻底了悟这个事实的人，一定能理解这种存在是如此的真实，以至于神不能被想象为不存在。

感恩我仁慈的主，我感谢你。只因我曾受过你的恩惠，并现在仍受到你的启发而相信理解你。即使我不想相信你是存在的，但我也决不能否定你的的确确存在的这个事实。

⚖ 伊斯兰文化及其哲学

伊斯兰教是世界三大宗教之一，兴起于公元 7 世纪初的阿拉伯半岛。伴随着阿拉伯帝国的形成与扩张，伊斯兰教的发展也更为迅速。

阿拉伯帝国是一个君主制国家，成为统治者的哈里发，必须要继承穆罕默德许多圣洁品质才可以。

公元 661 年，穆罕默德的女婿阿利逝世之后，伊斯兰教徒分成逊尼和什叶两派。

后来，倭马亚王朝倒台了，接替者是代表波斯利益的阿拔斯王朝，但是阿拔斯王朝并没有统治整个帝国，因为有一股倭马亚王朝的力量在逃到西班牙以后，又统治了那里。

第一个用阿拉伯文写哲学的人是金迪，被后人尊为"阿拉伯哲学家"。他精通医学、逻辑学、音乐、几何、数学等学科，翻译了普罗提诺的著作《九章集》的一部分，但这给阿拉伯人认识亚里士多德带来了混乱，数百年之后，阿拉伯哲学界才克服了这种混乱。

一般而言，阿拉伯哲学家都是百科全书式的，只要是可以被称为哲学的学问，他们都感兴趣。

⚖️ 伊斯兰教哲学的集大成者

伊本·路西德，拉丁名为阿威罗伊，出生在西班牙科尔多瓦的一个审判官之家，因此，他也先后在塞维利亚和科尔多瓦做过审判官。最初，伊本·路西德只对神学和法律感兴趣，后来才开始研究医学、数学和哲学。他名声很大，以至于人们相信他完全有能力分析亚里士多德的著作，把他称为"亚里士多德著作最权威的诠释家"。

1184 年，伊本·路西德做了叶尔孤白·优素福的宫廷御医，两年后，叶尔孤白·优素福就去世了。叶尔孤白·曼苏尔继任哈里发之后，对伊本·路西德信任如故，但由于正统教派的反对，伊本·路西德后来被革职，先后流放到科尔多瓦附近和摩洛哥。

这还不算完，后来又有人控告伊本·路西德"以牺牲真正的信仰为代价从事古代哲学的研究"。于是，叶尔孤白·曼苏尔下令烧毁了所有涉及逻辑和形而上学的书籍。不久以后，伊本·路西德就逝世了，至此，西班牙境内的伊斯兰教哲学也宣告结束。

伊本·路西德在生前曾致力于改变阿拉伯人对亚里士多德的理解。他崇敬亚里士多德就像崇敬一位宗教创始者那样。他还认为，可以借助独立于启示的理性证明上帝的存在。他的这一主张影响了托马斯·阿奎那，后者在很大程度上继承了他的主张。

伊本·路西德崇敬亚里士多德，也曾经紧紧地依附于亚里士多德，在提出"灵魂不死"的主张时就是如此。他认为，灵魂不死是因为智性不死。不过，这并不能保证灵魂不死，因为表现于不同的个人之间的知性其实是同一的。这也遭到了基督教哲学家的反驳。

虽然伊本·路西德是伊斯兰教徒，但却不是严格的正统教派。在当时也流行过一个纯正统教派的神学家组织，这个组织认为，哲学对信仰不利，因此反对一切哲学。

这个组织中间的一个名叫阿勒嘎则勒的人写过一本书，书名就叫《哲学家的毁灭》。伊本·路西德对此做出了回应，写了一本名为《毁灭论的毁灭》一书，有力地抨击了阿勒嘎则勒。

从哲学发展的角度来讲，伊本·路西德是伊斯兰教哲学的集大成者，也是基督教哲学的一个开端。13世纪时期，米凯尔·司各特将他的著作翻译成了拉丁文，在欧洲产生了极大的影响。

当时，不仅是经院哲学家受到了他的影响，就连许多主张灵魂不死的非专业自由思想家也受到了他的影响而被称为"伊本·路西德主义者"。起初，弗朗西斯教团和巴黎大学的职业哲学家是最仰慕他的人。

伊斯兰教文明对哲学的发展有一定促进作用，并在伊斯兰教徒的刺激下，西欧摆脱了野蛮状态，而且还产生了一种超过传播者自己创造的新思想的思想，这就是经院哲学。

⚖ 顺应时代发展，大胆革新

没有任何智慧是可以不经由感觉而获得的。

——托马斯·阿奎那

托马斯·阿奎那是自然神学最早的提倡者之一，也是托马斯哲学学派的创立者，被公认为中世纪经院哲学最伟大的代表。既是哲学家又是神学家的他，把理性引进神学，用"自然法则"来论证"君权神圣"说，从而成为天主教长期以来研究哲学的重要根据。

在那个时代，如果天主教信徒想学习哲学，就必须认可托马斯。在他们的心目中，托马斯具有教父般的权威，因为在大多数场合下，他都紧密地追随着亚里士多德。对于亚里士多德哲学，托马斯掌握的知识足够充分。他还促使教会相信，与柏拉图体系相比，亚里士多德体系更适合作为基督教哲学的基础。

托马斯的体系在当时所有教授哲学的天主教机构里，被认为是唯一正确的体系。天主教教会认为他是历史上最伟大的神学家，将其评为33位教会圣师之一。他死后还被封为天使博士（天使圣师）或全能博士。

托马斯的父亲——阿奎那伯爵，当时居住在那不勒斯王国，托马斯的童年也是在那里度过的，后来，他在腓特烈二世创办的那不勒斯大学读了六年书。其间，他出乎意料地加入了多明我会，该会和方济会共同对欧洲中世纪早期建立的神职阶层发起了革命性的挑战。

阿奎那的这一转变令其家族感到不悦。在去罗马的路途中，阿奎那被他的几个兄弟逮住，押送回圣齐奥瓦尼城堡。他的家人为迫使他放弃入教志向，将他监禁了一两年。根据最早有关阿奎那的传记的记载，他的家人甚至安排娼妓去诱惑他，但他不为所动。在教皇诺森四世的干预下，最后其家人还是妥协了。17岁时，托马斯·阿奎那终于穿上了多明我会会服。

阿奎那的师长看出他在神学上天赋异禀，于1244年便送他去科隆的多明我神学院深造，拜入大阿尔伯特门下学习哲学和神学。一年后，他又跟随大阿尔伯特去巴黎大学学习了三年。在这期间阿奎那也卷入了大学与天主教修士之间有关教学自由的纠纷，他主动抵制大学提供的演讲和小册子。当教皇知晓这起争议时，多明我会挑选了阿奎那作为辩护者。阿奎那在辩论中大获全胜，接着取得了神学的学士学位。

1248年，阿奎那返回了科隆，担任一名讲师，这一年也是他著述和公务生涯的开端。与诸多著名哲学家的共事经历，对阿奎那后来的发展产生了重要影响，将他造就成睿智的学者，并终身研究亚里士多德的哲学方法论。就连他的著作也广泛运用了亚里士多德的哲学范畴和逻辑方法，如其所撰写的最知名著作《神学大全》和《反异教大全》。

⚖ 上帝是完美的

与亚里士多德的哲学相比，托马斯·阿奎那的哲学，虽与其一致，但有一定的独创性，这表现在他为了让亚里士多德的哲学更适应基督教教义而略微做了些改动。他不仅熟知亚里士多德的观点，还对其有深刻的理解。在这一点上，至少在他之前的天主教哲学家都做不到。

托马斯相信神学，并主张君权神授，即君权来自神权，国王的权力是由上帝通过教会授予的，教权高于王权。他认为上帝的存在并非可以不证自明的，但却也不是无法证明的。他认为证明上帝的最好方法，便是先排除那些不可能是上帝的东西，这个方法又常被称为否定神学。

在《神学大全》中，他提出了证明上帝存在的五个证据，这个理论又常被称为"五个证明的方法"：

上帝是简单的，并没有各种组成的部位，例如身体或灵魂或者物质和形式。

上帝是完美的、毫无破绽的。亦即，上帝与其他事物的差异便在于完美无瑕这个特征上。

上帝是无限的，即上帝并没有如其他事物一般有着实体上的、智能上的或情绪上的限制。但这个无限与体积或数量上的无限并不相同。

上帝是永远不变的，上帝的本质和特征是无法改变的。

上帝是一致的，上帝自己并没有多样的特征存在。上帝的一致性本质就如同上帝的存在一般。

在《神学大全》里，托马斯还讨论到了耶稣基督，他首先讲述了圣经里亚当和夏娃的故事，并且描述人类原罪的负面结果。他提出耶稣基督化身的目的是恢复人类的本质，协助人类移除他们身上"原罪的污染"。"神圣的智慧认为上帝应该化身为人，以这个单一而相同的化身改变人们并且提供救赎"。

同时，他还批评了当时许多对耶稣基督抱持不同观点的历史神学家。他指出耶稣是真的出自神授的，而不只是一个凡人。一个异教者认为上帝只不过是寄居了耶稣的肉身，托马斯则回复道上帝的完整乃是耶稣的存在所不可或缺的一部分。

不过，托马斯也曾主张耶稣具有一个真正的（理性的）人类灵魂。这个说法使得耶稣有了双重的本质，也使托马斯与阿利乌的理论产生矛盾。他还认为这两个本质是同时存在的，但在同一个人类躯体里却是可以清楚辨别的，这个说法又与摩尼等人的理论产生差异。

简而言之，"基督有一个与我们本质相同的真实躯体、一个真实的理性灵魂，但除此之外还多出了完美的神性"。也因此，耶稣基督是统一的、三位一体的，但也可以是多重的。

在托马斯来看，人类存在的目标是要与上帝结合并且建立永恒的联结。更具体地说，这个目标可以透过"乐福直观"达成，乐福直观代表的是当人了解到上帝的本质，因而获得了完美、无止尽的幸福的境界。

托马斯指出这个最终的目标也与人在世时的作为有关。个人的意志必须被指挥朝向正确的方向，例如慈善、和平以及神圣，他认为这是达成幸福的途径。托马斯以幸福的观念作为他有关道德生活的理论轴心。

托马斯探究的不是事先不能知道结论的问题，相反，在他还没有开始思考之前，他就已经知道结论了，而且这些结论都是天主教在信仰里公之于众的真理。他希望能为这些信仰的某些部分找到一些合理的论证，如果找不到的话，他会向启示求助。然而，众所周知的是，给已经知道的结论寻找论据是诡辩，而非哲学。

⚖️ 神学大全（节选）

托马斯·阿奎那

我如今可以回答，有五种证明可以说明上帝是存在的。

第一个最显而易见的证据，是从运动得来的。这个世界上的事物是运动着的，这是事实而且是被感觉经验证明了的。但凡有运动的事物，一定是被其他事物所推动的，如果不是被其他事物推动的，那么就没有事物能运动，而推动者有运动则是现实的。所说的运动，也就是运动着的某物由可能性到现实性，而一物之所以由运动的可能变为有运动的现实，那是必须有现实运动的某物不可。比如，现实存在的热热的火，它足可以使木头由可能的热成为现实的热，这就是把它推动和改变了……要说明的是，如果没有第一推动者，便没有第二推动者，也就是如果没有手动杖，那就没有杖能动。因此，我们必须有一个不为别物所动的第一主动者，那便是人们所知道的上帝。

第二个证明的方法是从一个有效原因的意义得来的。我们清楚，在一些可感知的事物中，是有相生相继的有效原因的。然而不见得每一事物都有它本身的有效原因，这是不可能的，因为，一物绝不可能先于它自己。同时，这些有效原因之间的连续也不可能为无限性，因为在这些连续中，第一原因是中间因的原因，而中间因又是终极因的原因，不论这中间因是很多个还是只有一个。所以，原因一旦消失，那它的结果必定消失。也就是说，在那些有效原因中假使不存在第一个原因，那也就没有终极因和中间因的存在了。不过，要是这些原因无尽无穷地向上推去，那也便没有所谓的第一原因了，即不能有终极因和中间因的存在。这很明显是不正确的。所以我们也就必须假设第一个有效原因是存在的。

第三种方法是从偶然性和必然性来证明的。世界上有一些事物，是可以存在也可以不存在的，因为它们始终没有规律可循，来去无常，时存时灭，所以可能有，也可能没有。那么，这样的事物，也就不可能永远地存在，至少在某一时间内不可能永远地存在，那可能不存在的事物绝没有存在。因此，如果一切事物都有不存在的时候，那么世界上一定有一段时间什么都没有。但假使这个说法是真的，那今天就什么事物都没有了，因为没有的事物开始就存在，除非有其他事物推动它存在。假使世界上从来不曾有事物存在过，事物就不可能从开始就存在，而现今就成了一个全然虚无的世界了……

第四种证明方法是从事物里发生的程度来考察的，即这些程度必须为或多或少的真、善、尊贵等。我们之所以对所有事物多寡有所比较，仅仅是因为它们对巨大无比者而显现出的参差不齐而已。如某一事物较热，那是因为相对于最高热者来说的。所以世界上必有什么一定是最真、最善、最尊贵的，乃至最伟大无比的存在……

第五种方法是从万能的受支配来证明。我们发现有些事物，比如自然物体，即使它们什么知识都没有，但也一直朝向一个目的。它们貌似总是这样运动，得以完成最大程度的良好，这样的事实显然表明它们达到其目的是因为有意的，而不是因为偶然的。然而凡是无知识的事物都不会向着一个目的去的，除非是依赖于有知识和有理解能力

266

的主人。这好比发射出去的箭，必依赖于弓箭手一样。所以世间必存在一个睿智的主体，让万物趋向它们的目的，这主体便是我们通称的上帝。

⚖ 教皇制的衰落

哲学、神学、政治和社会的大结合完成于13世纪。这一结合涉及许多因素，首要的因素就是以毕达哥拉斯、亚里士多德、柏拉图和巴门尼德等人为主的希腊纯哲学。第二个因素是伴随着亚历山大征服战争大量涌入的东方信仰。当时，与新柏拉图主义中的希腊因素结合在一起的新事物，是刚刚传过来的观念与实践。结合新的情况，希腊人也发展了一些能够与东方观点结合的新观点。

1204年，信奉天主教的拉丁人征服了拜占庭帝国，并一直统治到了1261年。之后，教皇失去了君士坦丁堡，从此再也没能收复过。法兰西、英格兰等国崛起后，教皇虽然多次击败了神圣罗马帝国，但这并没有给教会带来好处。

在14世纪的大部分时期，教皇在政治上被法兰西国王玩弄于指掌之中。但与富商阶级崛起和俗众知识增多相比，政治上的失意就太微不足道了。因为有学问的俗众使意大利北部那些富有的城市具有了独立自主的精神，他们很容易对抗教皇的权威。而此时的教廷变得更世俗化了，教皇也逐渐丧失了原本是给予他的权力和威望。

14世纪初，教皇波尼法爵八世提出了一个前任所有教皇都未曾提出的要求：天主教徒只要在罗马举行一种仪式，就可以获得大赦。随着这项制度而来的是巨额的财富，当然，这些财富中的绝大部分都进了教廷的腰包。在巨大的利润推动下，原先100年才举行一次的大赦年仪式，先后缩短到每 50 年和 25 年就举行一次。一般而言，人们把第一次举行大赦年仪式的 1300 年视为教廷开始衰落的时间。

1305 年，红衣主教选立戛斯坎尼人克雷芒五世做了教皇。克雷芒五世是在里昂接受的加冕礼，之后他并没有去意大利，而是于 1309 年定居在阿维尼翁，在此后大约七十年时间里，教皇们都住在阿维尼翁。

在教皇克雷芒六世统治时期，发生了一件罗马人民寻求脱离长期住在外地教皇统治的事件。克拉·底·李恩济是这次事件的主要领导人。最终的结果虽然克雷芒六世最终战胜了李恩济，但教皇们发现，只有重新返回罗马，教廷才能有效地保住在天主教会的首要地位。因此，乌尔班五世于 1367 年回到了罗马，但在临死之前，他还是被意大利复杂的政治局面逼回了阿维尼翁。

后来，果断的格列高利十一世再次重返罗马，并控制了罗马的局势。格列高利十一世死后，在罗马派的支持下，意大利人普里亚诺继任为教皇，称乌尔班六世。但乌尔班六世并没有得到部分红衣主教的承认，为此，反对者又在阿维尼翁选立了另一位教皇，他是亲法兰西的日内瓦人克雷芒七世。

于是，长达 40 年之久的教会大分裂就此出现了。

为了结束大分裂，1409 年，在比萨召开了一次以荒唐、可笑的结局结束的全教会议。在会上，乌尔班六世和克雷芒七世这两位教皇同时被废黜了，罪名是异端和分裂。之后，红衣主教们又选立了教皇约翰二十三世。这个约翰二十三世是个臭名远扬的地痞恶棍，因此，情况看上去比之前更让人绝望了。

在 1414 年时，新的全教会议在康斯坦茨拉开了帷幕。富有成效的是，这次会议结束了分裂的局面。全教会议于1417年选出了教皇马丁五世，这次没有遭到任何一派的反对。

在这段漫长和混乱的时期，有人以生平事迹和学说证明了这是教廷权威的衰落期，这个人就是威克里夫。

⚖ 财产是罪的结果

> 《圣经》是信心的基本，虽有一百个教皇，又
> 有如乞食修道士这样多的主教长，倘若他们解
> 释"信心"，不符合《圣经》的道理，则切勿听从
> 他们。
>
> ——威克里夫

威克里夫，是一个在牛津享有盛名的俗世祭司，他生于伦敦附近的一个大庄园里，长大后曾入牛津大学求学，后来担任了该大学巴略勒学院院长，但是时间很短。学识渊博、名噪一时的他，在 52 岁时获得了牛津大学的神学博士学位。听他讲学的人极多，这在神学教授中是难能可贵的。尽管他不是一位思想进步的哲学家，但一般认为，他是牛津大学最后一位重要的经院哲学家。

在哲学上他反对"唯名论"，提倡"实名论"。与亚里士多德主义者相比，他更像是一个柏拉图主义者。他认为上帝从不恣意发布命令；由于上帝有选择最善的义务，因此现实世界是唯一可能的世界。

威克里夫在五十多岁的时候，还信奉正统教义，但他所信奉的教义却被统治者定为异端——他同情穷人，憎恨富有的世俗僧侣，因此他也成了异端。他最初抨击教廷的理由，无非是一些政治和道德方面的，与教义无关，后来在被迫之下，他才有了更加广泛的反抗。

1376年，威克里夫在牛津大学作"论公民统治权"的讲义，就此脱离正统教义。当时，他提出，享有统治权与财产权的只有正义，俗界政权有权决定教士是否可以保留财产。之后，他进一步提出，财产是罪的结果，因此僧侣必须放弃财产。除了托钵僧，其他的所有教士都被他的主张激怒了。因此，威克里夫受到了格列高利十一世的谴责，还被押往由主教们组成的法庭接受审判。然而，支持他的英国人勇敢地保护了他，他所在的牛津大学也反对教皇对威克里夫的谴责。

后来，威克里夫在改教活动上进展神速，著作极多。他认为，上帝的代理人是世俗国家的统治者，主教要服从于他们。教会大分裂后，他把教皇定义为敌基督者和叛教者，认为只有《圣经》是教会的法律，全体信徒是教会的中心。为了攻击教会的腐败，他偏离了《圣经》，从1382年开始，他将"武加大拉丁文圣经译本"译成英文，所以，有人说旧约多出于希立伏的尼哥拉之手；新约多由威克里夫执笔。他的文笔生动流畅，对英国文学和灵性上的帮助都有很大的贡献。

他还写了一本书，批评教皇的权柄、神甫的罪恶、拜圣人、卖赎罪票等，并批评"化质论"，即所谓神甫自认有权将圣餐之酒与饼祝福以后，直接化为基督的血与身体。因此触怒了坎特布里大主教，他在伦敦召开会议，将威克里夫所讲的道理定为异端。为此，威克里夫不能继续在牛津讲学，而他所派出的贫穷神甫们也都被逮捕。不过因为有牛津大学和英国众议院的保护与支持，威克里夫并没有因为他的见解与民主活动遭到更多的迫害，至少在1384年去世之前，他都没有被正式判罪。

威克里夫的门徒虽多，但后来都遭到迫害。在英格兰追随他的罗拉德派因为遭到迫害而完全覆灭了，但波希米亚的情况却非常好，他的学说一直流传到了宗教改革时期。

15世纪时，不仅教廷衰落了，政治文化也发生了本质上的异教性质的变化，人们逐渐遗忘了历经数世纪之久的禁欲主义，也不会再对旧的恐怖产生惊慌和恐惧的感觉了，因为新的精神自由已经发展起来了。

⚖ 意大利文艺复兴

伴随着文艺复兴，近代思想也在意大利兴起了。15世纪，近代思想普及了宗教和世俗领域的大部分人群，但直到17世纪，一批重要的改革派人物才开始主张尊重科学。

由于这个原因，他们当中很多人还依然崇敬古人的威信。15世纪的意大利，几乎任何一种思想都可以从古人或教会那里找到依据。

文艺复兴的主要发祥地——佛罗伦萨城邦，是当时世界上最文明的地方。在13世纪，这里有贵族、豪商和平民三个对立的阶级，这三个阶级间斗争的结果是，美第奇家族成了佛罗伦萨的统治者。

起初的两位统治者是科西莫·美第奇和洛伦佐·美第奇，他们倚仗着强大的财力取得了统治地位。在他们的治理下，佛罗伦萨变得繁荣和富足。美第奇家族对佛罗伦萨的统治一直延续到了1737年，在此期间，佛罗伦萨逐渐衰落下去了。

位于意大利南端的那不勒斯原本和西西里连在一起，在1282年发生了"西西里晚祷事件"以后，由于种种纵横交错的纠纷，那不勒斯和西西里一度短暂分裂，直到1443年才又重新合并。

1502年，阿拉贡的斐迪南得到了这一地区的统治权，这之后的几位统治者持续入侵意大利本土，结果被西班牙打败，文艺复兴运动也就此结束。

当然，文艺复兴运动的结束也有反宗教运动的原因——1527年，一支主要由新教徒组成的军队入侵到了罗马⋯⋯

在 1494 年法兰西军队入侵之前，意大利各城邦之间的纷争几乎都是"不流血的战争"，并没有对贸易和经济带来多大影响。然而，在与法兰西军队的交战中，法兰西军队的真刀真枪吓坏了意大利人。

发现好望角以后，意大利在贸易上的重要地位有所丧失，但这却减轻了外族对意大利文明的破坏程度。文艺复兴时期，哲学没有取得伟大的成就，但完成了对哲学发展的必要准备。比方说，它摧毁了束缚智力的经院哲学体系，还促进了人们对柏拉图和亚里士多德的直接认识。更重要的是，它鼓励把知识活动当作充满乐趣的社会活动。

文艺复兴是少数学者和艺术家的运动，受到了美第奇家族和崇尚人文主义的教皇的赞助。尽管如此，人们也很难描述出这些学者们对教会的态度，一些公开的"自由思想家"在感到死亡将近时便与教会和解，一些深知教皇罪恶的学者依然乐于被教皇任用。在正统信仰和自由思想之间，他们找不到中间道路。

综合来说，这一时期的异端只是精神层面的，教会没有因此分裂，也没有发起任何脱离教会的民众运动。教会的腐败有目共睹，但人们却毫无办法。

文艺复兴的伟大功绩主要在道德以外的建筑、绘画和诗歌等领域，这一时期出现了列奥纳多·达·芬奇、米开朗琪罗、马基雅维利等很多大人物。它从中古文化里解放出有教养的人，让他们明白，权威们曾经几乎在所有的问题上都有种种不同的主张。通过复活希腊时代的知识，它创造出了一种可以媲美希腊成就的精神氛围。

⚖ 君主必须像狐狸一样狡猾

> 人们对于君主的爱戴是基于自己的意志，而对于君主的敬畏则基于君主的意志。因此，英明的君主应当确保自己立足于自己意志的基础上，而不是立足于他人意志的基础上。只是，君主必须努力避免被人憎恨。
>
> ——马基雅维利

文艺复兴没有产生重要的理论哲学家，却在政治哲学领域造就了一位卓越人物，他就是马基雅维利。

马基雅维利是佛罗伦萨人，1498 年时在当地政府担任一个很不起眼的职务，但却经常履行重要的外交使命。14 年后，由于和美第奇家族为敌，马基雅维利被捕，后来被准许在佛罗伦萨的乡下隐居。

从那时起，马基雅维利开始著书立说。一年后，他写出了《君主论》，这是一部旨在讨得美第奇家族好感的著作。与此同时，他还写出了带有显著共和主义和自由主义色彩的《论李维》。然而，《君主论》并没能帮助他博得美第奇家族的欢心，他只得继续隐居著述，一直到文艺复兴运动寿终正寝的那一年才死去。

马基雅维利的政治哲学是科学性的经验哲学，并不谈论目的是善意的还是邪恶的，只说明为达到目的应该采用的手段。在当时，人们普遍赞叹这种利用高超的手段赢得声誉的行为，尤其在马基雅维利生活的意大利，这种赞叹几乎是空前绝后的。尽管崇尚手段和希望意大利统一这两件事并存于马基雅维利心中，但它们并未合二为一。他认为，承担祖国统一大业是出于对权势和名望的热爱之心。

在《君主论》一书里，马基雅维利否定了公认的一般道德，他认为君主必须像狐狸一样狡猾，像狮子一样凶猛，如果太善良是要灭亡的。书中还说，有时候君主必须不守信用，只有在守信用有好处时才能守信用。

《论李维》的语调与《君主论》大不相同，在这部著作里，马基雅维利在道德上将历史人物分为七级，其中，级别最高的是宗教的创始人，其次是国家的奠定者，再次是知识分子。这三个级别的人是"好人"，而宗教破坏分子、国家的颠覆者、不尊重道德和知识的人都是"坏人"。这样一来，包括恺撒在内的建立专制政权的人都是"坏人"，而杀死恺撒的布鲁图斯则是"好人"。

《论李维》对教皇权力的论述特点是如此的详尽和真诚，书中还阐述了"制约与均衡说"，认为只有在宪法中体现了君主、贵族和平民三者的利益，那么他们才会彼此互相制约。他认为，民族独立、安全和有序的政治结构是最重要的。在君主、贵族和平民之间按实际力量的大小分配权利是最好的，这种结构之下的革命最难以成功，国家也因此最接近于稳定。为国家的稳定而给予平民一定的权利是明智之举。说到底，不论是什么政治目的，各种力量都是不可缺少的。他还说：大多数的文明人是不择手段的利己主义者。

和大部分古代人一样，马基雅维利的政治思想在某个方面显得肤浅，不考虑社会的实情，就想创立一个完整的社会。但与过去的世界相比，现在的世界更接近于马基雅维利的世界了，谁企图驳倒马基雅维利的哲学思想，就必须进行一场超越 19 世纪的深思。

⚖ 君主论（节选）

马基雅维利

除了伟大的事业和做出卓越的范例，世上没有任何事情能够使君主赢得人们崇高的尊敬。

在当代，阿拉冈国王费尔迪南多，即今天的西班牙国王，就是一个范例。他凭借自己的声望与光荣，从一个弱小的君主，一跃而成为基督教世界中独一无二的国王，因此他几乎可以被称为一位新的君主。

如果注意观察他的行为，就会看到他的所有一切都是最伟大的，其中有些甚至是非凡卓越的。在他统治初期，他进攻格拉纳达，这项事业就为他的国家奠定了基础。

一开始，他从容不迫，并且对任何阻碍都毫不害怕。他使卡斯蒂利亚贵族们的精神都关注在这项事业上面，只考虑那场战争而不考虑革新，同时，在不知不觉中他赢得盛名和驾驭贵族的统治权。他用教会和人民的金钱来维持他的军队，并且通过长期的战争，为他的武装力量奠定基础，而这支武装力量一直让他引以为荣。

此外，为了更好地实现他那更伟大的计划，他常常以宗教为借口，乞灵于宗教上的残酷，把马拉尼人从他的王国驱逐出去，并且把他们劫掠一空。在世界上再也没有比这个更悲惨和罕见的事例了。他在同样的宗教外衣下进攻非洲，然后侵犯意大利，最终进攻法国。这样，他常常在完成了一件大事后又计划另一件大事，通过这些大事使他的臣民们始终心神不宁，同时他们又惊叹不已地关注着这些事情的结果。而他的这些行动都是一个接一个地实施的，在这一行动和另一行动之间没有一点空隙，使人们无法从容不迫地开展反对他的活动。

另外，一位君主，假如像关于米兰的贝尔纳博的传说那样去做，每当遇到任何人在社会生活中做出非同一般的事情，无论这些事情是好事还是坏事，他都会抓住机会在内政管理方面做出罕见的范例，选择人们必定非常重视的关于给予奖励或惩罚的办法。这对君主是很有好处的。而最重要的是，一位君主必须依靠他的行动去赢得作为一个伟大人物或具有非凡才智的声誉。

当一位君主是一个人的真正朋友或真正敌人时，就是说，假如他公开表示自己支持某方而反对另一方的话，这位君主也会受到尊重。他这样做总是比保持中立更有利，因为假如你的两个强大的邻国互相打起来时，情况肯定是这样：当它们中的一国取胜的时候，你或者会害怕这个战胜国，或者你不害怕。

在这两种情况之中，无论将来出现的情况是哪一种，你公开表态并且勇敢参战总是要好得多。因为在前一种情况之下，假如你不公开表态，你将来就可能成为胜利者的战利品，而那个失败者会因此感到高兴和满意，而且你还没有任何理由为自己辩护，也无法使人庇护你，因为胜利者不会需要在自己处于逆境时不援助自己的朋友，而失败者当然更不会庇护你，因为你过去不愿拿起武器与他共同战斗。

安蒂奥科应埃托利亚的请求，进入希腊驱逐罗马人，他派遣使节到罗马人的朋友阿凯亚人那里，希望他们保持中立。而另一方面，罗马人却劝说阿凯亚人拿起武器保卫他们。阿凯亚人在会议上对此事进行审议。安蒂奥科的使者在那里劝说他们保持中立，对此罗马的使者这样回答："要求你们不介入战争，这与你们的利益相距甚远，假如失去友谊和尊重，你们肯定会成为胜利者的战利品。"

事情就是这样：他与你假如不是朋友，就要求你保持中立；假如他是你的朋友，他就会要求你拿起武器公开表态。但是优柔寡断的君主，为了躲避面临的危难，常常选择中立的道路，而最终也常常因此被人消灭。而当君主明确表态支持一方时，如果和你联合的一方取得胜利，虽然胜利者很强大，你必须听他支配，但是他仍然对你有一种义务，因为他已经同你建立了友谊，而且他们也绝不会忘恩负义地压迫你。

再说，胜利从来不会彻底地让胜利者不需要有任何顾虑，特别是对于正义的顾虑。即使你支持的一方失败了，你也会受到他的感激，一旦他有能力的时候，就会帮助你，变成你可能东山再起的命运的同伴。

⚖ 真信仰是一种愚痴

> 狐狸诡计多端，而刺猬只有一种技能，但这
> 种技能却最顶用。
>
> ——伊拉斯谟

文艺复兴在西欧其他国家开始的时间比意大利晚，后来还和宗教改革纠缠在了一起。与意大利相比，这些国家的文艺复兴有很多不同之处，它不仅井然有序，而且还与道德紧密相连，尽管它不如意大利的先驱们那般辉煌，但却比较坚固。

这一时期文艺复兴的主要代表人物有伊拉斯谟。伊拉斯谟出生在鹿特丹的，在他尚未成年时，他的父母就先后死去了，他的监护人诱骗他在修道院做了修士。1493 年，伊拉斯谟做了康布雷地方主教的秘书，这使得他有了游历各地的机会。

1499 年，伊拉斯谟第一次访问英国，在那里认识了莫尔和约翰·柯列特。他接受莫尔和柯列特的建议，开始着手研究实际的工作。伊拉斯谟还从柯列特讲授《圣经》课程的经历，认识到学习希腊语的重要。于是，在离开英国后，他就开始自学希腊语，两年后便熟练掌握了希腊语。1506 年，伊拉斯谟抵达了意大利，很快他发现这里没有值得学习的东西，于是开始选编圣杰罗姆的著作，还计划着编著一本希腊文圣经新约。十年后，他终于完成了这些工作，从意大利前往英

国，这是他第二次访问英国，在那儿他停留了五年之久。在这段时间里，他对激发英国的人文主义产生了巨大影响。

现在还有人读的唯一一本伊拉斯谟的著作是《愚人颂》。在这本书里，"愚人"兴致勃勃地发表自白，这些自白涉及人生的各个领域、职业和阶级：如果没有他，人类就会灭亡；最幸福的人是抛弃理性的近乎畜类的人，因为建立在幻想上的幸福的代价最低，因此是最高的幸福。的确如此，想象当国王比实际当国王要容易得多。

伊拉斯谟认为，真信仰是一种愚痴——关于愚痴，《愚人颂》里通篇只有受到嘲讽的颂扬和受到真心的颂扬两种。其中，后者的那类愚痴是从基督徒淳朴的性格中显露出来的。伊拉斯谟厌恶这种颂扬，根据这一见解，他认为神学全部是多余的，真正的宗教信仰是发于情的。

他写过一本名叫《基督教骑士手册》的书，在书里，他奉劝没受过教育的军人读读《圣经》和柏拉图、奥古斯丁等人的著作。为了普及拉丁语的用法和习惯，他还编著了一部内容丰富的拉丁语格言书。此外，他还编著了一本名叫《对话》的书，教导人们用拉丁语谈论日常生活和事物。

那时候，旧教和新教两派都极力拉拢他，但他都不为所动。在宗教改革运动兴起的1518年，他曾猛烈抨击教会的弊端和教皇的罪恶，创作并发表了讽刺教皇尤利乌斯二世进天国未果的作品——《吃闭门羹的尤利乌斯》。由于讨厌马丁·路德蛮横的作风和对斗争的憎恨，伊拉斯谟最终还是投进了旧教的怀抱。

1524年，伊拉斯谟发表了一部旨在维护自由意识的著作，与否定自由意识的马丁·路德展开了辩论。结果，马丁·路德的凶狠答辩迫使伊拉斯谟进一步走向反动，地位也日渐衰落，最终脱离了时代。

⚖ 最低级的奴隶也能享有自由

> 自由的代价的确很高。然而，即使是最低级的奴隶，如果他肯付出代价，也能享有自由。
>
> ——莫尔

莫尔与伊拉斯谟私交很好，两个人都有渊博的学问，都瞧不起经院哲学，都主张教会的变革应从内部开始——可是当变革真正发生时，又都悲痛不已。

莫尔出生在英国伦敦一个不太显赫的富有家庭，幼年丧母，由父亲带大。他的父亲曾担任过皇家高等法院的法官，是一位勤俭持家、正直明达的人，对儿子要求极为严格，这对莫尔一生产生了深刻的影响。

莫尔 13 岁时，父亲将他寄住在坎特布雷大主教、红衣大主教莫顿的家中做少年侍卫，在那里莫尔得到了很多有益的影响。这位主教对聪明好学的莫尔极为赏识，常对朋友夸奖说："我的这个孩子，将来一定会成为一位名人。"

在牛津大学读书时，莫尔对希腊语很感兴趣，这被认为是对意大利的"不信者"表示好感。因为这个原因，他被学校开除了。之后，莫尔迷上了卡尔图斯教团，并打算加入这个教团。就在此时，他认识了伊拉斯谟，在伊拉斯谟的影响下，他放弃了这个打算。

莫尔是一个虚心而真诚的人文主义者。由于父亲是法律家，他还决定从事法律这个行业。1504 年，身为国会下院议员的莫尔带头反对亨利七世增税的决定，虽然他最终取得了胜利，但愤怒的亨利七世却把他的父亲关进伦敦塔，囚禁了一段时间。

亨利八世即位后，莫尔不仅得以重操旧业，还被委以重任，五年后被封为爵士。尽管亨利八世对莫尔宠信有加，但他却并不对这位国王抱有幻想，他认为，亨利八世很可能会因为一座城池的好处而牺牲他。果然，不久莫尔便因反对亨利八世为迎娶安·布琳而与凯萨林离婚而失宠。失宠之后的莫尔于 1532 年辞去公职，可惜他与亨利八世的斗争并没有就此结束。最终，莫尔被亨利八世判处死刑。

人们记得莫尔还有一个原因——他写了著名的《乌托邦》。

《乌托邦》跟柏拉图的《理想国》描写的相似——所有东西都归公有，主张没有共产制度就没有平等。但他本人又反对说，共产制度会让人变得懒散，还会破坏民众对长官的尊敬。

在乌托邦的国度里，所有居民衣着统一且一成不变，但有男人、女人、已婚者和未婚者之别。人们每天只在午饭前和午饭后各工作三个小时，晚饭后娱乐一个小时，晚上 8 点准时上床睡觉。如果长官发现生产出的物品还有剩余，就可以暂时缩短工作时间。

乌托邦的福利设施非常完善，有医院、吃饭的会堂——当然，人们也可以在家里做饭，只是规矩比较烦琐。在婚姻方面的规矩也不比吃饭简单。按照规定，不论男女，如果结婚时不是纯洁之身，就要受到严厉的惩罚；如果夫妻任何一方犯有通奸或其他不能容忍的罪行，另一方可以提出离婚，有罪的一方不能再次结婚；如果夫妻双方愿意，也可以无条件离婚；破坏他人婚姻的人会被贬为奴隶。

　　这里生活的居民认为快乐即是福，他们认为善有善报，恶有恶报。他们不禁欲，能包容一切宗教，几乎人人都信仰神和永生，无信仰者无权参加政治生活。

　　《乌托邦》一书的很多观点带有惊人的进步性，这主要体现在它关于战争、宗教自由、反对杀害动物和赞成宽大刑罚方面。不过，乌托邦里的生活好像也很单调和枯燥。这恐怕是一切计划性制度的共同缺陷。

⚖ 知识就是力量

> 除了知识和学问之外，世上没有其他任何力
> 量能在人们的精神和心灵中，在人的思想、想象、
> 见解和信仰中建立起统治和权威。
>
> ——弗兰西斯·培根

培根出生于贵族之家，他的父亲和姨妈都是爵士。23 岁时，培根便成为一名国会下院议员，并且做了艾塞克斯伯爵的顾问。后来，艾塞克斯伯爵因发动政变倒台，培根又在起诉艾塞克伯爵的过程中发挥了积极的作用。这一经历使培根饱受非议。总体来说，伊丽莎白女王当政时期，培根的仕途并不顺利。詹姆斯一世即位以后，他才时来运转。

1617 年，培根获任他父亲曾经担任的掌玺大臣一职，一年后便升任大法官。在当了两年大法官后，培根因接受诉讼人的贿赂而受到惩罚。他不仅被罢免了公职，还被处以罚款和监禁。不过，这份判决并没有完全执行——他只被监禁了四天，也没有人强迫他缴纳罚款。此后，培根远离官场，专注于著书立说。

实用性是培根哲学的基础，具体表现为利用科学技术，使人类发现或发明能够控制自然的力量。培根信仰传统宗教，主张哲学和神学

应该分离，虽然他认为从理性出发也能证明确实存在神灵，但在他看来，除此之外的神学都是凭借启示认识的。

他认为是经院哲学阻碍了当代科学的发展，因此他极力批判经院哲学和神学权威。他还进一步揭露了人类认识产生谬误的根源，提出了著名的"四假相说"：种族的假相、洞穴的假相、市场的假相和剧场的假相。他指出，经院哲学家就是利用四种假相来抹杀真理、制造谬误，从而给予了经院哲学沉重的打击。

但是培根的"四假相说"渗透了培根哲学的经验主义倾向，未能对理智的本性与唯心主义的虚妄加以严格区别。他认为，科学必须追求自然界事物的原因和规律。要达到这个目的，就必须以感官经验为依据。他提出了唯物主义经验论的原则，认为知识和观念起源于感性世界，感觉经验是一切知识的源泉。要获得自然的科学知识，就必须把认识建筑在感觉经验的基础上。他还提出了经验归纳法，主张以实验和观察材料为基础，经过分析、比较、选择、排除，最后得出正确的结论。

也许是认为数学的可实验性不强，培根很轻视数学。同时，他也不喜欢亚里士多德，但对德谟克里特的评价却很高。他认为，任何事物都是致效因产生的必然结果。他不否认世间万物都遵从神的旨意，但反对在具体研究中夹杂功利之心。

培根一生在学问上成就很大，在逻辑学、美学、教育学等方面都提出了许多思想，著作颇丰，最终成为中世纪英国著名的唯物主义哲学的创始者，马克思称其为"英国唯物主义和整个现代实验科学的真正始祖"。

⚖ 论说文集（节选）

弗兰西斯·培根

彼拉多曾这样笑着问周围的人："真理是什么？"他并不期望能得到任何答案。世人的心态大多会随着外界环境变化而变化，他们觉得坚持一种信念就相当于给自己戴上一副枷锁，会让思想与行为无法自行其是。

尽管这类学派的哲学家们都已经离开了这个世界，但是这个世上仍有一些偏好夸夸其谈的才子，这是与那些先贤一脉相承的，与古人相比仅仅是少了些血性，多了些狂妄而已。

然而谎言之所以会博得人们的欢心，并不完全是因为人们在发现真理的过程中会遇到这样那样的困难——这就需要付出努力；也并不完全是在于，一旦找到真理它就会对人们的思想产生影响，而是同时，人们对谎言自身有一种天生的、几乎接近堕落的爱。

曾经，希腊后期有一位哲学家探讨过这个问题，他不明白，为何那些欺世的谎言会如此迷人，虽然它们不像诗歌那样清新，也不像经商那样会让人致富。但我不能妄下这结论，因为真理是未加修饰的日光，如果要想使这世间的各种假面舞会、化妆演出和胜利庆典显得优雅高贵，那么这种光是比不上灯烛之光的。

要是想把那些狂妄的见解、喜人的希望、虚假的评价、肆意的想象等从人们的大脑里清除出去，那么在有些人大脑里所剩的东西也就屈指可数了，会充满忧郁和厌恶的，那些表情庄重的神甫曾非常严苛地把诗歌称为"魔鬼之酒"。

因为想象都被诗歌占据了，而诗歌仅仅是充满谎言的幻象而已。对人有害的并不是大脑里瞬间即逝的错觉，而是那种沉入心底并盘踞心中的假象。

但尽管这些假象深深地扎根于世人堕落的观念和情感之中，只受自身评判的真理仍然会教导我们去追求真理、认识真理并相信真理。追求真理就是要向它表示爱慕，并向它求婚，认识真理就是要和它相依相随，而相信真理就是要享受真理的快乐，这就是人类天性中最真最善的东西。

上帝在创造天地万物的时候，创造出来的首样东西就是感觉，末样东西是理性。而从那之后，他在安息日里所做的工作，就是以他的圣灵昭示世间的人们。

他先是把光洒在物质，也可说是混沌的表面上，然后又把光芒映射到每个人的脸上。现在他仍然用光照耀着他的选民，让他的选民们享用这些阳光。

感性主义哲学在很多方面是肤浅的，但有一位诗人却因对真理的不懈追求而载入史册。

他说过这样一句话："居高临下远观那在波涛汹涌的大海中航进的船是一件快乐的事情，站在堡垒中巡视激战中的战场也是一件快乐的事，但这些都比不上向真理的高峰攀登，俯视尘世中的各种谬误和迷障、烟雾和曲折的那种快乐！"——只要这个俯瞰的人不骄傲自满。

这些话说得非常好。的确，一个人要是在心中充满了对人类的大爱，那么他的行为就会遵循崇高的道德准则，永远只围绕真理的枢轴而转动，也就是说，他虽然生活在人间，但其实也就等于已经步入了天堂。

⚖ 所有人对所有人的战争

> 和其他所有的东西一样，一个人是否举足轻
> 重，在于他自身的价值；也就是说，在于他发挥
> 多大的作用。
>
> ——霍布斯

作为哲学家，霍布斯很欣赏数学方法在哲学中的应用，在伽利略的影响下，他形成了自己的一套见解。

霍布斯自小遍览古典著作，14时岁便翻译了欧里庇得斯的《美狄亚》，15岁时进入牛津大学学习经院派逻辑和亚里士多德的哲学。然而，在晚年时，他却认为这段大学经历没有给他带来任何收益，因为经院派逻辑和亚里士多德哲学成了他憎恶的怪物。

1610年，22岁的霍布斯担任哈德威克男爵之子，也就是后来的德文郡公爵威廉的家庭教师。这使得他得以跟随威廉周游世界。就在这时，霍布斯了解到了开普勒和伽利略，这两个人和他们的学说影响了霍布斯的一生。1636年，霍布斯拜访了伽利略。

在巴黎时，霍布斯得到笛卡儿等许多知名科学家的欢迎。但是，他在1651年发表的《利维坦》给他招来了灾难——《利维坦》宣扬的理性主义惹恼了在法国的英国流亡者，而对旧教的尖锐抨击又得罪了法国政府。霍布斯只好再次逃回英国，并退出一切政治活动。

但毋庸置疑，霍布斯的声望主要是通过《利维坦》获得的。在这本书的开篇，他就表示自己信仰彻底唯物论。他认为，生命是四肢的运动，机器人的生命是人造的。国家，即利维坦，是人的技巧创造的，是一个模造的人，主权是它的灵魂。在结尾部分，霍布斯说，这本书有趣而易读，希望主权者也可以看到这本书，以便成为一个绝对的主权者。

霍布斯的一生是忙碌的一生。他曾与布兰霍尔主教就自由意志问题展开论战；他幻想自己发现了怎样"化圆为方"，并与牛津大学的几何学教授瓦里斯就此展开辩论；王政复辟时期，霍布斯受到王党人士的抬举，他的肖像甚至被国王挂在了自己的寝宫内。

然而，大法官和国会却对霍布斯这个无神论者得到此等恩宠感到不满。后来，国会下院下令检查包括霍布斯的著作在内的所有无神论书籍，这带来的结果是几乎他所有著作都不得在英国出版。

尽管霍布斯很钦佩开普勒和伽利略，但他却始终没能正确领悟如何使用归纳法求得普遍定律。与柏拉图相反的是，霍布斯认为理性是靠后天的勤奋得来的。然后，霍布斯开始探讨各种激情，认为意识的趋向就是欲望，反之就是厌恶。意识只是考虑再三后剩余的欲望或厌恶，是冲突中最强烈的欲望或厌恶。

与大多数专政拥护者不同的是，霍布斯认为人人生而平等。在没有诞生任何政治制度之时，人们都希望自身自由，同时又希望能控制他人。这两种期望都源自保持自身自由的冲动，一切人类之间的战争也都是因此而发生的。

霍布斯说，人类约束自己，是为了在因希望自身自由和控制别人而引起的战争中保护自己。关于为什么人不能像蚂蚁、蜜蜂那样互相合作的问题，霍布斯认为，蚂蚁、蜜蜂的合作是天生的本性，而人类的合作却是契约的产物。为保证合作正常进行，人类要把权力集中给一个人或一个组织。毫无疑问，霍布斯喜欢君主制，他的抽象的观点也适用于这样的政体。

与前辈政治理论家相比，霍布斯有着显而易见的高明，他的观点清晰合理，人民也完全可以理解他在伦理学上的见解。除了见识更为狭隘的马基雅维利，霍布斯是第一个阐述政治理论的近代著述家。即使他有错误，也不是因为他的思想基础不现实，而是由于太简单。

⚖ 戴面具的哲学家

我思故我在。

——笛卡儿

法国哲学家、近代哲学的创始人笛卡儿，以发现者和探索者的身份写哲学，文笔平易近人，异常出色，对近代哲学而言，这种令人敬佩的文学感是值得庆幸的。

笛卡儿的父亲是一位拥有大量地产的地方议员，他死后，笛卡儿卖了这些地产，转而投资商业，每年能够获得六七千法郎的收入。在1612年之前，他有八年的时间在一所耶稣会学校读书，在这里，他获得了比一些大学生还要好的数学教育。这之后，他隐居在巴黎郊区，在那里潜心研究几何学。后来，他的朋友们扰乱了他的生活，于是他躲进了荷兰军队之中。

在军营里的头两年，笛卡儿依然过着不受干扰的沉思生活，后来他参加了巴伐利亚军。在巴伐利亚，由于天气寒冷，他经常躲在一个火炉边思考。他自己说，他的一半哲学思想就是在那时形成的——苏格拉底有在雪地里沉思的习惯，而笛卡儿的大脑似乎在觉得暖和时才能思考。

1625年，笛卡儿在巴黎定居。他的朋友们经常在一大早就来拜访他，而此时的笛卡儿还没有起床，这让他苦恼不已。于是，在1628

年时，他再次参军。之后，他在荷兰住了20年，因为17世纪的荷兰是当时世界上唯一有思想自由的国家。

有段时间，笛卡儿与瑞典女王有了信件联系。笛卡儿赠给了她一篇关于爱情的论述，还送她一篇论灵魂的文章。为了答谢笛卡儿，女王邀请笛卡儿到她的王宫里居住。但是，除了笛卡儿睡意正浓的凌晨5点，女王再也抽不出任何时间听笛卡儿给她讲解哲学。所以，对于体质一向孱弱的笛卡儿而言，在冬日里早起，实在不是一件好事。加上其他一些原因，笛卡儿终于一病不起，于1650年2月逝世。

笛卡儿的哲学带有主观主义倾向，他认为物质是只有从对于精神的所知出发，并通过推理才能认识的东西。欧洲后来的唯心论者以此为荣，而英国经验论者却恰恰相反。近代哲学很多提出问题的方法都源自笛卡儿，只是他提出的解答没有被接受。

对于"我思故我在"这一命题，笛卡儿说，已被证明存在的"我"是由"我思"推知的，因此在"我思"——甚至是只有在"我思"时，我才存在。如果停止了"我思"，我便没有存在的根据。这个观点，是笛卡儿所追求的哲学的第一条真理，也是他认识论的核心，包含了其哲学思想中最重要的内容。

由上面这个观点他还得出这样的结论：灵魂与肉体完全不同，不过比肉体更容易认识，即使不存在肉体，灵魂也会保持原状。于是，笛卡儿又得出这样一种一般准则：能想象得清楚明白的事物都是真的。但困难的是，要分清楚哪个才是真的事物。

笛卡儿常感叹自己无知，他说知识越是渊博越是深感自己知识的不足。有人曾对此大惑不解，问他："您具有如此渊博的知识，为什么总是感叹自己无知呢？"

他答道："哲学家芝诺用圆圈来表示知识的范围，圆圈里是已知的知识，圆圈外是未知的知识，知识范围越多，圆圈越大，圆周也越长，圆圈的边沿与外界空白的接触面也就越大，因而未知部分当然也就更多了。"

笛卡儿不是一个勤奋的人，他很少读书，工作时间也很短。他的成就仿佛都是在短暂的精神集中时取得的。《方法论》《沉思录》《哲学原理》等记载着笛卡儿的大部分科学观点，都是他最重要的著作。

笛卡儿是第一个拥有高超的哲学能力并接受了新物理学和新天文学影响的人。他另起炉灶，创造了一个完整的哲学体系。这是自亚里士多德以后从未有过的，是给科学带来新的自信的标志。

⚖ 哲学原理（节选）

笛卡儿

我们有一个自由的意识，可用来否定可疑的事物，由此来避免错误。可是，不管给我们生命的是谁，不管他如何有力，如何欺骗人，我们仍然感受到自己有一种自由，使我们借以质疑各种不确定、不明显的事物，并由此防止受骗。

我们在质疑的时候，不能质疑自己的存在，并且我们在按此类推的时候，这就是我们所能得到的第一认识。我们既然如此地排斥了稍有怀疑的一切事物，甚至幻想它们是虚假的，那么我们真的很容易假设，既没有上帝，也没有老天，更没有物体；也很容易假设我们自己甚至没有手足，最后竟然连身体都没有。可是我们在质疑这些事物真实性的同时，我们却不能同样假设我们是不存在的。因为要幻想一种有思想的事物是不存在的，那是一种矛盾。所以，"我思故我在"的这种认知，是一个有合理根据和逻辑能力的人所能最先体会到的、确定的知识。

从这里，我们可以发现人心和身体的差距，或是能将思考的事物与物质的事物区别开来。这就是发现人心本性的最好办法，也是发现人心与身体差距的最好办法。既然我们假设除了我们的思想，没有任何事物真的存在，那么我们在审视自己的时候，分明就看到我们的身

体是如此的庞大、形象，可以变换位置，以及其他类似的都不属于我
们本性，除了思想。

所以，我们对自己心的认识，是在我们对所有事物具有认识之前
就存在的，而且是比较确定的，因为我们在认知自己思想时，还在怀
疑身体是否存在……

如何才能认知自己的心比认知自己的身体还明确？要想让人知
道，我们对于心的认知比对于身体的认知更先、更确定、更明白，那
么我们必须说，各种性质不可能是虚无的，而是按照一定的良知可以
明确看到的一个道理。所以，不管我们在哪里看到什么性质，在那地
方一定有一种事物或实体是他们的依托。

这种良知还指导我们，在一种事物或实体发现的性质越多，我们
就越明白该事物或实体。但是我们看到的性质分明就比在别的事物中
看到的多，无论什么场合，我们在认知一种事物时，必然要更先认知
我们的心。比如，我们因为接触着地球，看见地球，就判断地球是存
在的，那我可以因同样的理由和更大的根据相信我的心是存在的。因
为即使我认为自己是触着地球的，可是它或许就是不存在的；而我既
然如此判断，那这样判断的心，当然就不能不存在。

关于如何呈现我们内心的一切物象，我们都可以这样说。

⚖ 被骂名包围的哲学家

其行为仅仅由它自身决定的东西叫作自由。

——斯宾诺莎

从性情方面讲，斯宾诺莎可算是最高尚、最温和的一位哲学家了，有些人的才华也许能超越他，但在道德方面却绝对没有人能超越他。

在他生活的那个时代——即使是他死后，他都被视为坏得可怕的人。

他的经历简单而平凡。早年时，为躲避异端审判所的迫害，斯宾诺莎一家从西班牙（一说葡萄牙）迁居到了荷兰。因为漠视钱财，物质生活简单，只有很少的人认识他，但即使是不赞成他的哲学观点的人也很拥护他。在45岁时，斯宾诺莎因肺痨死去。

斯宾诺莎对科学很感兴趣，但他最关心的还是宗教和道德问题。作为一名犹太人，他却被犹太教驱逐；基督教对他也是恨之入骨；"神"的观念充斥着他的哲学思想，正统信徒却斥责他为无神论者。

他接受了源自笛卡儿时代的一套唯物主义和决定论的物理学，并以此为基础，试图要给虔诚的心念和献身于"善"的生活寻找一块栖身之所。这一宏伟的举动得到了几乎所有人的肯定和钦佩。斯宾诺莎还继承了巴门尼德所创造的形而上学体系，认为只有"神即自然"这一个实体，除此之外任何有限事物都不能独立存在；对神的全能关系之外，分别由思维和延伸性限定的精神和物质也可以独立存在。在斯宾诺莎看来，神处处都是无限的，思维和延伸性也是神的属性。

斯宾诺莎视时间为非实在的东西，他在自己的决定论里解释说，正因为我们无知，所以我们才觉得我们能改变未来，其实该发生的总会发生，未来和过去一样不可改变。希望和恐惧的产生都是因为缺乏智慧。

此外，斯宾诺莎还反对过分的热情，认为神不被任何情感打动，因为任何事情都是神的一部分，"神不会敬爱任何人"与"神只敬爱他自己"没有矛盾。神只敬爱自己这件事很容易办到，更何况以理智表达敬爱毕竟是一种很特殊的爱。

除了能说出基督徒该说的话，斯宾诺莎还能说出一些令人颇感意外的话。

在他看来，一切罪恶皆源于无知。他建议要联系原因分析这罪恶，把这罪恶视为自然力的组成部分，这样就能理解罪恶了。他还说，即使遇到天大的灾难，也不要让自己孤独地游荡在悲伤的世界里。如果按照灾难的实质看待灾难，把它当作起于时间开端、止于时间结尾的因果一环来看，你就会发现，这灾难并不是针对整个宇宙的灾难，它只是针对你的灾难。对宇宙而言，这场灾难不过是为了加强最后的和声而出现的暂时的杂音罢了。

大致说来，斯宾诺莎的哲学学说杂糅了霍布斯的政治学说。也许这些思想还不能发展成为宗教信仰，但是在这充满苦难的人世间，它们倒也是一股促使我们清醒的助力，也是一剂医治绝望和麻木不仁的良药。

《神学政治论》是一部融会了《圣经》批评和政治理论的奇妙著作。在对《圣经》的批评方面，斯宾诺莎为一部分现代观点开了先河。

⚖ 一个人的世界可以同样精彩

> 我们的一切知识都是建立在经验上的，最终
> 是来自于经验的。
>
> ——洛克

英国经验论的主要代表之一约翰·洛克，对政治哲学的影响重大而深远，他不仅是认识论中经验主义的奠基者，还是哲学自由主义的鼻祖。

洛克在牛津大学读书时，牛津大学讲授的仍旧是经院哲学，但是洛克受笛卡儿影响很深，因此憎恨经院哲学和独立教会的狂热。后来，洛克做了一名私人医生，1682 年洛克逃往荷兰。1688 年"光荣革命"之后，洛克回到英国，在商业部任职。

"光荣革命"之前，洛克没有冒险参与政治，而是静心创作了他这一生最重要的著作《人类理解论》，该书完稿于"光荣革命"前一年，出版于 1690 年。此外，洛克的大部分著作：《论宽容》《政府论》《论教育》等都是在革命之后的几年内发表的，这些著作如实地表达了这次革命的精神。

在《人类理解论》的第一卷，洛克就论述了没有"天生的观念"的原则。他认为，人类的所有观念来自感觉作用和对自身心灵活动的知觉。人们不会先于经验获得任何知识，因为不仅我们的思考要借助

观念，而且人们也是通过经验获得所有观念的。

洛克认为，知觉作用可以被称为"走向认识的第一步和第一阶段"。对于洛克而言，"认识要依赖知觉作用"这种彻底经验主义的观点是带有革命性质的。从柏拉图时代到笛卡儿和莱布尼茨，在这漫长的时期里，几乎所有的哲学家都认为，许多可以被我们人类称为"最宝贵的知识"的东西不是由经验得来的。

在18世纪的法国，洛克具有极大的感召力，哲学家和稳健派改革家都信奉他。当时，在形而上学中占统治地位的是"实体"的概念，洛克却认为"实体"没有任何用处。不过，洛克也承认，形而上学中证明存在神的种种证据都是正确的。

同时，洛克是一个虚心的人，也是一个热诚的基督教徒。他认为，在行为上，包括他自己在内的所有人，必定永远会被一种欲望驱使，这种欲望是每个人追求个人幸福或快乐的本能。他给整个自由主义运动传下了"少独断"的精神。显然，这种精神与宗教宽容、议会民主政治、自由放任主义及自由主义的整套准则有关。洛克说，给予一个主张多少的同意，应当取决于支持它的概率的多少。

关于道德和法律，洛克认为，某些道德规矩是神制定下的，如果能严格恪守这些规矩，就能进天堂，否则就很可能进地狱。之后，他又指出，法律和社会制度的任务，是协调公众利益和个人利益，因此，既要允许人们追求个人利益，也要要求他们在追求个人利益的同时负担一些公众利益。

自由主义的一个特色就是强调远虑。洛克认为，公私利益不一定能一致，但长期来看却是一致的。换句话说就是，人可以没有近忧，但一定应该有远虑。由于一切失德都是失于远虑，因此唯一需要继续倡导的美德就是远虑。如果社会上的公民都是虔诚而有远虑的，那么即使很早给予他们自由，他们也会按照公众利益的要求做事。能这样的话，人间法律就没有存在的理由了，因为这样已经够好了。

洛克是最幸运的哲学家，他的祖国的政权由与他政见一致的人掌握，这使得他可以顺利地完成自己的理论哲学著作。经孟德斯鸠发展的洛克政治学说深深地留在了美国宪法里，英国和法国的宪法同样也受过他的政治学说的影响。

⚖ 政府论（节选）

洛克

有权指导怎样运用国家的力量，保障这个社会及其成员的权力就是立法权。那些必须长期执行和总是具有持久不变之效力的法律是在短时间内制定的，正因为如此，所以立法机关不会经常有工作可做，因而就没有经常存在的必要。

另外，假如一些人同时具有制定和执行法律的权力，那么将对人们的弱点形成极大的诱惑，以致他们动不动就想攫取权力，使他们自己不需要服从他们制定的法律，而在制定和执行法律的时候，使法律有利于他们自己的私人利益。这样他们就有了和社会的其他成员迥然不同的利益，从而违背了社会的目的也违背了政府的目的。

所以，在组织比较完善的国家，全体人的福利都应得到应有的关注，具有立法权的这些人定期集会，掌握制定法律的权力，他们或者同其他人联合，制定法律，法律制定出来以后，他们又重新解散，自己也受他们制定的法律的约束。对他们来说，这是一种新的和切身的约束，在制定法律的时候能够使他们注意为公众谋福利。

可是，因为那些一时或在短期内制定的法律，长期持续有效，需要不断得到执行和注意，所以需要一个持续不断存在的权力，负责执行被制定的并继续有效的法律。因此，立法权和执法权通常是分立的。

每个国家还有另一种可以被称为自然权力的权力。它相似于人们加入社会以前每个人根据自然而具有的权力。因为在一个国家里，就其成员相互之间的关系而言，尽管他们是不同的个人，并因此为社会的法律所统治，然而，就他们与其他的人类的关系而言，他们构成一个整体，这个整体与其他的人类处于同一种自然状态之中，就像它的每个成员在加入社会以前一样。所以，社会的每一成员与他之外的其他人之间的纠纷，是通过公众进行解决的。造成他们全体中的任何一员的损害，都会使全体同要求赔偿有关。因此，从这个社会与其他所有国家或该社会以外的人们的关系方面考虑，整个社会是处于自然状态的一个整体。

所以，这里有一种权力，倘若同意的话，可以称之为对外权，包括战争与和平、联合与结盟，以及同国外的任何人士或社会进行任何事务的权力。只要能够理解这些，名称对我来讲是无所谓的。

执行权和对外权，虽然这两种权力本身确有区别，但是它们几乎总是联系在一起的，前者包括社会内部对其所有成员执行该社会的国内法，对外处理有关公共安全和利益的事务则是后者所指，所有可能得到的利益或受到的损害都包括在内。比起执行权来，虽然这种对外权力是否行使适当，对于国家有重大影响，然而它远不能为原来规定的、持续有效的成文法的指导，因此有必要让掌控这种权力的人们根据其长远的考虑，为了谋取公共福利来行使该权力。至于有关臣民彼此之间的关系的法律，因为指导他们的行动是它们的目的，所以可以预先制定。然而，对于外国人应该如何做，在很大程度上取决于他们的行动以及计划和兴趣的变化，这就取决于拥有这种权力的人们的谋略，依靠他们的才能为国家谋利益。

虽然任何一个社会的执行权和对外权本身确是有区别的，但是就像我所说的那样，很难将它们分开并让它们掌握在不同人的手中。这两种权力的行使都需要社会的力量，既然如此，那么，几乎不可能把国家的力量交给不同的并互不隶属的人们。倘若执行权和对外权分别由可以各自行动的人掌握，便会使公共的力量受到不同的支配，总有一天将导致祸乱和灾难。

⚖ 没有两片完全相同的树叶

> 我有非常多的思想，如果别人比我更加深入
> 透彻地研究这些思想，并把他们心灵的美好创造
> 与我的工作结合起来，这些思想总有一天会有某
> 些用处。
>
> ——莱布尼茨

莱布尼茨，出生在德国莱比锡一个伦理学教授之家，20岁就获得了阿尔特道夫大学的博士学位，堪称前无古人的大智者。但他拒绝了留校任教的机会，来到美茵茨大主教手下工作。后来，他受命游说法国皇帝路易十四放弃进军埃及，但没有成功。

他具备勤劳、俭朴、诚实和有节制等优秀品质，但却缺少斯宾诺莎的那些崇高的哲学品质，因为他发表的都是一些刻意讨好王公贵族的观点，而把最精彩的思想束之高阁——它们并不能给他带来声望。

结果，人们发现了两个代表莱布尼茨的哲学体系，一个是他公开宣扬的，这个体系乐观、正统却浅薄；另一个是后人从他的手稿中总结出来的，这个体系深奥而又有惊人的逻辑性。

1672年，莱布尼茨到了巴黎，在那里度过了大约四年时间。当时，巴黎在哲学和数学领域都先于世界，这段经历对莱布尼茨才华的发展起到了至关重要的作用。在那段时间里，他发现了无穷小算法，这后

来引发了他和牛顿之间关于发现优先权的争论。

在德国，莱布尼茨又学到了一种新经院主义的亚里士多德哲学，但在接触到笛卡儿以后，他就放弃了经院哲学。对他的哲学观念产生重大影响的最后一位学者是斯宾诺莎。1676年，莱布尼茨见到了斯宾诺莎，与斯宾诺莎探讨哲学达一个月之久，甚至还得到了斯宾诺莎的部分原稿。然而，在他的晚年，为了附和众人对斯宾诺莎的声讨，他又极力掩盖这段经历。

莱布尼茨的哲学是建立在实体的基础之上的，他认为，实体不具有拓展性，因为拓展性含有繁复之意，只能体现在由若干个实体组成的事物上。同时，莱布尼茨继承了笛卡儿学派主张的"各实体不能相互作用"的观点。他认为，两个单子之间不能存在因果关系，但这带来了动力学和知觉两方面的难点——从动力学角度讲，在碰撞现象中物体间似乎有影响；从知觉方面讲，知觉似乎是外界对知觉者产生的作用。

莱布尼茨有高超的逻辑技巧，发展了存在神的各种形而上学的证明，他的叙述比以往任何人的都要高明。他这些论证共有本体论、宇宙论、永恒真理说、前定和谐说四项。

显然，宇宙论论证和本体论论证不无关系。如果必须用必然的"有"的存在来证明世界的存在，那么这个"有"的本质必然也包含存在。如果真是这样，那么理性足以规定这样的"有"，它的存在也可以由本体论论证得出。

大体来说，永恒真理说的这个论证有时是真的，有时是假的，不过也有个标准：但凡和本质相关的命题，要么永远是真的，要么永远是假的，比方"二加二等于四"永远都是真的。"永恒真理"指的就是永远真的命题，是永恒精神的一部分，反之就是"偶然真理"。

前定和谐说论证的内容是，由于在毫无因果的相互作用之下，所有的"钟"都保持一致的步调，那么它们一定是被一个独立的外因校正过了。

莱布尼茨坚信，逻辑在本门范围和当作形而上学的基础时都很重要。如果当初他发表了对数理逻辑的研究成果，那么他会成为这门学科的鼻祖，让它提前一个多世纪问世。但是，由于他怀疑亚里士多德的三段论学说的一些成果是错误的，再加上他不敢相信他崇拜的亚里士多德会出错，所以他就以为是自己错了，没有发表他的成果。

在现在看来，莱布尼茨比以前的任何时代都更伟大，这一点在数学、数理逻辑、哲学和物理学等多个领域都有所体现。

⚖ 帝国的路线取道西方

真实是所有人的口号，却是极个别人的目标。

——贝克莱

爱尔兰人乔治·贝克莱，是英国经验论的主要代表之一，由于持"物质并不存在"的主张而在哲学界获得了重要的地位。

与其他哲学家不同的是，他最优秀的著作都是在很年轻的时候写的。写《视觉新论》时，他24岁；写《人类认识原理》时，他25岁；写《海拉和菲伦诺的三篇对话》时，他28岁。这以后，他的著作就不是特别重要了。

早在22岁时，贝克莱就做了都柏林大学的特别研究员。后来，他怀揣着在百慕大群岛建立一所学院的梦想前往美国，但却没有成功。在罗德艾兰住了三年之后，他离开美国回到了欧洲。

在美国期间，他写下了著名的诗句"帝国的路线取道西方"，就因为这一句诗，加利福尼亚州以他的名字命名了一座城市。1734年，他担任了克洛因的主教。晚年时，他放弃研究哲学，转而研究他认为有种种神奇药性的焦油水。

贝克莱的观点主要分为两个方面。第一个方面的主题说，我们只是感知到了颜色、声音等性质，并没有感知到物质实体。第二个方面说，所有感知到的都属于心或在心中。

贝克莱关于第一个说理完全可以说服任何人，但第二个方面的说理就有些毛病了，因为"属于心"的说法没有任何定义。

他之所以提出这样的观点，主要是因为他认为所有事物必定是物质或心灵的。在哲学领域，这是一种习以为常的见解。

有一次，贝克莱与一位朋友在花园里散步，这位朋友一不小心脚踢在一块石头上。朋友马上对贝克莱的"存在就是被感知"的观点提出了疑问："我刚才没有注意到这块石头，那么这块被我踢了一脚的石头是否存在呢？"

贝克莱略加思索后说道："当你的脚感觉到痛了，石头就是存在的；而如果你的脚没有感觉到痛，石头当然就不存在。"可见，在认识论里，贝克莱的做法和大多数哲学家的做法一样，是从所依据的对科学的信赖的知识出发的，并不是从已完成的科学出发的。

贝克莱说："我们感知到的只是物质的性质，并不是物质的实体，而且，我们也没有认定'常识认为属于同一个东西的各种性质，一定是在一个与它们都有区别的实体里'这一说法的理由。"他认为，不具有意义的命题也是无法验证的。曾有个学生在课堂上问他谁是当代最杰出的哲学家？贝克莱迟疑片刻，便面带难色地回答道："我是一位很谦虚的人，所以我很难说出这位哲学家的名字，但作为真理的追求者，我又不能不说真话。这回你应当知道他是谁了吧？"

贝克莱的确是一位伟大的哲学家，他与洛克和休谟被认为是英国近代经验主义哲学家的三位代表人物。

⚖ 信念并非合理的东西

> 凡自认命为发现人性终极的原始性质的任何假设，一下子就应该被认为狂妄和虚幻，予以摒弃。
>
> ——休谟

把洛克和贝克莱的经验主义哲学发展到逻辑终点的，是休谟。

休谟，是英国唯心主义哲学家，同时也是一位经济学家、历史学家。在法国居住时，他完成了自己人生中最主要的哲学著作《人性论》。当时的他还很年轻，才二十多岁，没有什么名气，所以，他虽然发表了所有学派都不喜欢的观点，但自己还是信心满怀地希望引起别人的注意。然而，他失算了，当时甚至连个抨击他的人都没有。

此后休谟转而写作散文，很快就出版了一部散文集。1744 年，他打算在爱丁堡大学谋得教职，也遭遇了失败。这之后，他先后担任了社会上流人士的家庭教师和秘书，借以提高自己的名气。当他有了一定的名声之后，他又投身到了对哲学的研究之中。

他精简了《人性论》的内容，重新以《人类理智研究》为名出版此书，结果取得了比《人性论》好得多的成功。1763 年，休谟访问巴黎，得到了法国哲学界的赏识，而且还结识了卢梭。但是在休谟看来，认识卢梭也许是天底下最倒霉的事了。

起初，他和卢梭很要好，后来，两人发生了矛盾，最后，患有被害妄想症的卢梭提出跟休谟断绝来往。两人最终闹得不欢而散。

《人性论》共三卷，分别讨论理智、情感和道德方面的问题。其中，休谟哲学中最新颖和最重要的观点都集中在第一卷。

在这一卷里，休谟首先探讨了印象和观念的区别。休谟认为，印象和观念都是知觉；其中，印象因为带有更多的力量而具有猛烈性，而单纯情况下的观念与印象相似，只是较为模糊。但是复杂情况下的观念就不是这样了，比如，虽然我们没有见过带翅膀的马，但是却想象得出带翅膀的马，只不过构成这个复杂观念的要素全都来自印象罢了。在各种观念里，保持很大程度的原印象的是记忆，其他观念则是想象。

休谟还区分出了七种哲学关系，简单来说，这七种哲学关系分别是类似、相反、同一、因果关系、时间和地点关系、量或数的比率、任一性质的程度。之后，休谟表示，这七种关系又可以进一步分为仅存于观念的关系和能使观念改变的关系两类。

休谟在最初进行工作时，抱有这样一个信念：通过科学的方法可以得到全部真理，而且只能得到真理。然而，到了最后，他却又坚信这样一个信念：信念并非合理的东西，因为我们一无所知。在提出支持怀疑主义的所有依据以后，他停止了对它们的驳斥，反而幻想通过盲目轻信的天性来接受这些依据。

尽管怀疑论是休谟的重要哲学主张，但他也并不总是以此为中心，比如在《人性论》的后半部分，他就把根本怀疑全都忘到了脑后。在自己的怀疑里，他用上了他推崇的"不关心、不留意"的原则。由于休谟不在实践中坚持怀疑主义，因此，从这个意义上说，他抱有的是一种不真诚的怀疑主义。这种怀疑主义产生的一种后果会让人觉得非常尴尬，即让证明一种方针优于其他方针的所有企图统统落空。

其实，对于整个 18 世纪的重理精神而言，休谟和洛克一样，起初怀有明事理、重经验、不轻信的精神，参与到追求由经验和观察得到的一切知识的潮流中。但休谟有一个很明显的优点，即智力比洛克高，因此分析问题很敏锐。不过，休谟也有显著的缺点，他度量小，即使是无可厚非的矛盾，他也接受不了。

休谟最引人注目的成就，是把经验主义哲学研究到了前后一致的程度。这意味着，因为他的努力，经验主义哲学已经成了一种令人难以置信的科学，也就是说，从某种意义上看，他已经走到了路的尽头，在他之后的人已经无法踏着他的足迹前进了。

⚖ 人性论（节选）

休谟

财产权关系，就是那个被认为是最密切，并且在其他所有关系中最易于产生骄傲情感的关系。我在钻研正义与其他道德上的德之前，无法详尽阐述这种关系。我们在目前的情形下，只是这么说就够了，即我们可以给财产权下定义为：在与正义的法则和道德上的公平不相违背的范围之内，容许一个人不受限制地使用并且占有一个物品，并且不容许其他任何人如此使用和占有这个物品的那样一种人与物之间的关系。所以，倘若正义是一种在人类心灵上发挥着自然的与原始的影响的德，那么我们可以将财产权看作一种特殊的因果关系；无论我们是考虑它所赋予所有主有那种任意处置物品的自由，还是考虑他从这个物品而得到的利益。倘若按照某些哲学家们的体系将正义当作一种不是自然的而是人为的德，情形依然如此。由于此时，自然的良心就被荣誉感、习惯以及民法所取代，而在某种程度上就产生了相同的效果。

这一点在这里是确定的：一提到财产权便使我们自然地想到所有主，一提到所有主也便使我们自然地想到财产权；这就足以证明这里有一种绝对的观念关系，这是我们此时的目的所需要的全部。印象间的关系与观念间的关系结合在一起，即产生感情之间的推移；所以，每逢任意快乐或者痛苦是由一个因为财产权与我们发生关系的对象产生时，我们就能够断定，这两种关系的结合必定会产生骄傲或者谦卑，倘若前面的理论体系实在是满意的话。到底是不是这样，我们只要稍微观察一下人生，就能立即感到满足。

世界上最好的东西就是爱虚荣的人所拥有的每一件东西。在他自负的心目中，他认为他的房屋、设备、家具、服装、犬马，都是超过其他所有人的；我们轻而易举地发现，他从这些东西中任意一个很小的优点，就能够得到一个骄傲与虚荣的新对象。倘若你愿意信赖他的话，他的酒比其他任何酒都具有一种更美的味道，其烹调亦是更加精美，其餐桌更加整洁，其奴仆更加机灵，其住处的空气更是利于健康，其耕种的土壤更加肥沃，其水果成熟得更早、并且质量亦更好。

家中某种物体因其古老而令人注目，另一种物体则因其新奇而值得叹赏。这一种物体是一个著名艺术家的作品，另一种物体曾有一段时间属于某个伟人或者王子。总之，任何是有用的、漂亮的或者令人诧异的对象，或者与这些对象相关的对象，凭借财产权都能够产生这种骄傲情感。这些东西除了能够产生快乐之外，再也不存在其他共同点。这些对象所共有的就仅有这一点，所以也就必定是产生这种情感的那种性质，由于这种情感是它们所共有的效果。既然各个新的例子全是一个新的论证，而这里的例子又是数不胜数的，因此我敢大胆地说，大概没有其他体系可以如我在此所提出的这个体系一样被经验充分地证明。

⚖ 政治上的美德

> 我所谓共和国里的美德，是指爱祖国，也就
> 是爱平等而言。这并不是一种道德上的美德，也
> 不是一种基督教的美德，而是政治上的美德。
>
> ——孟德斯鸠

法国伟大的启蒙思想家、法学家孟德斯鸠，不仅是 18 世纪法国启蒙时代的著名思想家，还是近代欧洲国家比较早的系统研究古代东方社会与法律文化的学者之一。

他的著述虽然不多，但却影响广泛，尤其是《论法的精神》这部集大成的著作，奠定了近代西方政治与法律理论发展的基础，也在很大程度上影响了欧洲人对东方政治与法律文化的看法。他的作品还有《波斯人信札》和《罗马盛衰原因论》。

1689 年 1 月 18 日，孟德斯鸠在法国波尔多附近的拉布雷特庄园出生，他自幼受过良好教育。19 岁便获得了法学学士学位，出任律师，25 岁开始担任波尔多法院顾问。博学多才的孟德斯鸠，对法学、史学、哲学和自然科学都有很深的造诣，没多久便继承了他祖父、伯父一直担任的职务——波尔多法院院长，并获得男爵封号。

之后他迁居巴黎，专心于写作和研究。同时，也漫游了欧洲许多国家，特别是在英国待了两年多，考察了英国的政治制度，认真学习

了早期启蒙思想家的著作，还当选为英国皇家学会会员。

45 岁时，孟德斯鸠发表了《罗马盛衰原因论》一书，借古罗马的历史资料来阐明自己的政治主张。之前，他曾化名"波尔·马多"发表了名著《波斯人信札》。这部书同样是通过两个波斯人漫游法国的故事，揭露和抨击了封建社会的罪恶，用讽刺的笔调勾画出法国上流社会中形形色色的人物，在当时受到了普遍欢迎。

孟德斯鸠的学术造诣很深，最重要、影响最大的著作，是 1748 年在日内瓦出版的《论法的精神》。在这部巨著中，他系统地阐述了自己的哲学和社会政治学说。

除了在学术上取得了巨大成就，孟德斯鸠还得到了很高的荣誉。他曾被选为波尔多科学院院士、法国科学院院士、英国皇家学会会员、柏林皇家科学院院士。

1755 年 1 月，孟德斯鸠在旅途中感染热病，同年 2 月逝世。临终前，他承认上帝是伟大的，人是渺小的。

孟德斯鸠反对神学，提倡科学，但他既不是无神论者，也不是唯物主义者，而是一名自然神论者。

他在洛克分权思想的基础上明确提出了"三权分立"学说；他特别强调法的功能，认为法律是理性的体现。他还提倡资产阶级的自由和平等，但同时又强调自由的实现要受法律的制约，政治自由并不是愿意做什么就做什么。他说："自由是做法律所许可的一切事情的权利；如果一个公民能够做法律所禁止的事情，他就不再有自由了。因为其他的人也同样会有这个权利。"

他以专制政体为三种基本的政府形态之一，使得专制政体成为 18 世纪政治思想中的一个核心主题，不仅如此，他还是西方思想家中第一个将中国划入"专制政体"的学者。因此，孟德斯鸠被认为是"从否定方面将中国列入一种世界模式的第一人……为法国和欧洲提供了与以往不同的中国形象"。虽然他的有些见解不免偏颇，但相对于同时代的人，他的观点还是较为接近事实的，也丰富了《论法的精神》的素材。

孟德斯鸠对后世思想家们理论的形成是有重大影响的，尤其是他关于法制、三权分立、君主立宪等方面的思想，更为一些资产阶级国家所直接采用。

⚖ 论法的精神（节选）

孟德斯鸠

法，从广义上来说，就是由万物的本性衍生出来的必然关系：在该意义上，一切实体都有自己的法；神有神的法，禽兽有禽兽的法，人有人的法，在人之上的天使有天使的法，物质世界有物质世界的法。

有人说，有一种无目的性的命运产生了我们现在所见到的世界上的一切结果，这种说法是非常荒谬的——从一种盲目的命运竟然能产生出有理智的实体，那不是天大的谬论吗？

所以，存在一种原始的理。法，就是这种理和各种不同实体之间以及这些不同实体彼此之间的关系。

既然我们见到，这个由物质运动造成的、并没有理智的世界是永恒存在的，那么它的运动就一定有某些常住不变的法则；如果我们能够在这个世界以外想象另一个世界的话，那么那个世界也会有一些不变的法则，否则它就会毁灭。

因而，创世活动虽然看上去像是一种随意的行为，但它却要以一些无神论者所说的命运常住不变的法则为前提。那些说创世主没有这些法则也能统治世界的说法，是荒谬的，因为如果世界没有这些法则是无法存在的。

这些法是一种固定不会改变的关系。从一个运动的物体到另一个运动的物体之间，一切运动都是按照质量与速度的关系取得、增加、减少或丧失的；每一种特殊情况都有齐一性，每一种变化都有恒定性。

有理智的特别的实体可以自己制定自己的法，此外，还有不是自己制定的法。在理智实体存在之前，它们可能是理智实体，所以它们有着可能的关系、有着可能的法。制定的法产生之前，它们就已经有可能的公道关系了。说在制定的法或禁止之外，根本不存在什么公道不公道，就等于是在说人们在画出圆形以前，所有的半径都不相等一样。

所以，必须承认，公道关系是先于这些制定法所确定的关系。比方，如果有了人类社会，遵守这些社会的法才算是公道的；如果有某些理智的实体接受了另一实体的恩惠，那么他们就应对他感恩；如果有一个理智实体创造了另一个理智实体，被创造者就应当始终保持着自己的从属地位；如果一个理智实体对另一个理智实体作了恶，那就应当接受同样的恶；诸如此类。

⚖ 人生的价值由自己决定

> 人是生而自由的，但却无处不在枷锁之中。
> 自以为是其他一切的主人的人，反而比其他一切
> 更是奴隶。
>
> ——卢梭

卢梭被称为"浪漫主义运动之父"，他发明了与传统君主专制对立的伪民主独裁的政治哲学，还开创了从人的情感角度出发推断人类范围以外事实的思想体系。卢梭之后，自称改革家的人们分成了两派，一派追随洛克，另一派就一直追随卢梭。

生于日内瓦的卢梭，全名为让－雅克·卢梭，父亲是一个钟表匠，母亲在他出生后不久便离开了人世。之后，父亲也被放逐，离开了日内瓦。孤苦伶仃的卢梭是跟着姑母长大的，从小受的是正统加尔文派教育。12岁时，卢梭停止了在学校的学习生活，开始在很多行业当学徒，但对于这些行业，他没有不憎恨的。

16岁时，他离家出走，独自一人到了萨瓦。当时，他没有经济来源，衣食无着，只好来到一个天主教神甫家里，撒谎说他要改宗。后来，他在都灵的一个公教要理授讲所正式举行了改宗仪式。其间，还发生了几段浪漫趣事。

卢梭曾受到一名美丽贵妇——德·华伦夫人的接济，他在她家中

住了将近十年。德·华伦夫人成为他情妇的同时，还是他的义母……1743年，在另一位贵妇的帮助下，卢梭成为当时法国驻威尼斯大使的秘书。两年后他开始同旅馆中的用人黛蕾丝·勒·瓦色同居。两人一共育有5个孩子，却一直到卢梭56岁时才得以完婚。

1760年，卢梭迎来了生命中的作品多产期，这一年他出版了小说《新爱洛绮斯》，两年后，出版了《爱弥儿》和《社会契约论》。这两本书给他带来了名气的同时，也让他陷入了困境。因为他同时惹怒了新旧两教，最后不得不离开法国。

之后的几年里，卢梭颠沛流离，因休谟曾说过愿为他效劳，所以他决定前往英国。在英国生活的最初阶段，卢梭非常得志，他整日与休谟见面，但他却患上了被害妄想症，把休谟当成了要害他的人，这种精神病最终将他逼疯。

在一些领域内，卢梭的地位非常重要。他在哲学方面的学说主要分为两部分：神学与政治学。

卢梭主张感觉是认识的来源，坚持"自然神论"的观点；强调人性本善，信仰高于理性。他认为在理性与感性中选择感性，这不是一种进步。在实际中，若是理性与宗教是在一起的，谁也不会抛弃理性选择感性，但在卢梭所处的时期，理性是与宗教对立的。

在政治学上，卢梭主张自由平等，建立资产阶级的"理性王国"，坚持社会契约论；反对大私有制及其压迫，并提出"天赋人权说"，反对专制和暴政。

他在自己的名作《社会契约论》中，不断夸赞民主政治，他认为小国家适合民主制，中等国家适合贵族制，而大国家则适合君主制。书中曾多次提到了斯巴达，每当提到普鲁塔克笔下的斯巴达，他都抑制不住赞美之词。不过，在他的学说中也隐含着对集权主义国家的辩护。他说，主权者的职责便是制定法律，政府以及各种形式的政府部门是主权者与国民之间联系的中转站。他还认为政府部门是一个组织，这个组织也有自己的利益和总意志，并且他们的利益和总意志同社会的利益以及总意志多半是对立的。

卢梭的学说在后来俄国、德国的独裁统治中也都有所体现。这些学说对未来还会有什么样的影响，谁也不知道，也没有人敢猜测。

⚖ 社会契约论（节选）

卢梭

主权是不可转让的，所以，基于同样的理由，主权也是不可分割的。

意志，要么是公共的，要么不是；要么是人民的共同意志，要么就只是一部分人的。在第一种情况下，这种意志一旦宣告出来，就将成为一种主权行为，同时构成法律。在第二种情况下，它只是个别的个体意志，或是一种行政行为，最多也只能是一道命令而已。

不过我们的政治家们却不能从原则上区别主权，于是转而从对象上区别：他们将主权区分为强力和意志，区分为立法权和行政权，区分为税收权、司法权和战争权，区分为内政权和外交权。有时候他们将这些混为一谈，有时候他们又将它们拆开。主权者被他们弄成一个支离破碎的怪物，就像是他们随意用几个人的身体部位拼凑起来的人的样子。一个有眼睛，一个有手臂，一个有脚，此外再无他物。

传说日本的幻术家能在众人面前将一个孩子肢解，然后把他的肢体一一抛上天空，随后就会在掉下来一个全新、活着的孩子⋯⋯

这倒很像我们政治家玩的游戏了，他们使用的，不过是一种江湖幻术，把社会共同体肢解了，然后又随意地将各个部分拼凑到一起。这样的错误，主要是由于正确的概念没能形成主权权威，由于仅仅是把主权权威派生出来的东西错误地当作主权权威的构成部分。这就好比，人们把宣战和媾和的行为认作是主权行为一样。

　　事实上却并不是这样，因为这些行为都不是法律，而是法律的应用，是决定法律状况的一种个别行为。只要我们将法律这一词所蕴含的所有观念确定下来，就会很显然地明确这一点。同样的，在考察其他分类时，我们会发现，每当人们认为自己看出了主权分立时，就要犯错误；而那些被人们认作是主权各个部分的权利，都只是从属于主权而已，并且要永远以最高的意志为前提，这些权利都只是在执行至高无上的意志……

⚖ 诚实是智谋的基本条件

诚实比一切智谋更好，因为它是智谋的基本
条件。

——康德

作为德国唯心论的奠基者，康德虽然写了若干关于政治问题的有趣文章，但他在政治上取得的成就远没有哲学上重要。

康德生于 1724 年，家人都是虔诚的新教徒，他先后经历了"七年战争"、法国大革命和拿破仑当政的初期，虽然整个社会的大环境是动乱的，但他个人的生活环境却是平稳而有规律的、学院式的。

1740 年，康德进入哥尼斯堡大学学习。最初，他接受的是莱布尼茨的哲学，由伍尔夫派传授，可是对他产生深刻影响的却不是莱布尼茨，而是卢梭和休谟。从 1746 年起，康德去了一个乡间贵族家庭担任家庭教师，之后又重返哥尼斯堡大学继续完成大学学业，取得编外讲师资格。1770 年，他被任命为逻辑和形而上学教授，后升任为哥尼斯堡大学校长，此后一直都没有离开过哥尼斯堡。

康德的生活十分有规律，每天早上 5 点起床，然后头戴睡帽、身穿长袍在书桌前工作到 7 点，晚上 10 点准时就寝。每当他去上课时都要换上庄重的外衣，然后下课回家后就立刻穿上他的长袍继续工作。

每天午餐后他一定要坚持散步。他的生活规律就如同钟摆一样准确无误，无论遇到什么特殊情况，这种生活规律都不会改变。当地的居民都在他每天下午 3 点半散步经过时，来核对钟表。只有一次，邻居们没有准时看到他出现，都为他担心。当时他沉浸在卢梭的《爱弥儿》中，以至于忘了时间，忘了自己，不过，在数十年间，这是他唯一一次没有准时出现。

或许正是因为这种有规律的生活方式，康德很少受到疾病的折磨。同时，他还十分健谈，是一个非常好交际的人，经常邀请客人与他共进晚餐。

康德早期的著作很少涉及哲学，主要以科学的居多，后期则主要研究哲学。从 1781 年开始的九年里，康德先后出版了一系列涉及领域广阔、有独创性的伟大著作，给当时的哲学思想带来了一场革命，主要包括《纯粹理性批判》《实践理性批判》和《判断力批判》。"三大批判"分别探讨了认识论、伦理学以及美学，它们的出版标志着康德哲学体系的完成。

虽然康德使用的是批判哲学，他本人却建立起一套完整的哲学理论。康德认为知识是人类同时透过感官与理性得到的。掌握的知识虽然不能超越经验，但与经验一样，有一部分知识也是先天的，并非由经验按归纳方式推断而来。

此外他也认为经验必须来自心灵以外。也就是说，一个人可以感知、理解他周围的世界，但永远无法感知、理解自己本身，因为知识的产生需要时间、空间与范畴三个要件。他在《纯粹理性批判》一书中指出，没有人可以想象一个存在于没有时间与空间的世界中的物体。也就是说，没有时间与空间，经验就是不可能的，这两者先于一切经验。

　　伦理学方面，康德认为，一个行为是否符合道德规范并不取决于行为的后果，而是采取该行为的动机。他说："只有当我们遵守道德法则时，我们才是自由的，因为我们遵守的是我们自己制定的道德准则，而如果只是因为自己想做而做，则没有自由可言，因为你就成为各种事物的奴隶。"在1785年出版的《道德形而上学原理》里，康德记述的伦理体系有很大的历史意义，他指出，借钱不对，因为如果人人打算借钱，最后就会无钱可借……

　　康德关于美学的观点丰富而复杂，晦涩而难解，他主要研究的是美感的问题，即《判断力批判》中所说的鉴赏判断问题。康德认为人的美感发生的最主要特征有两大点：其一就是它不是知识判断，而是情感判断，它不具有知识概念性，只有情感的感受与态度。如"花是美的"，在美感中，并不去追求它是何种花等知识性问题，只有一种觉得对象给人美的愉悦感受，是一种纯情感和感性的心理活动，没有思维概念运动。

⚖ 最大的幸福原则

> 一切法律的总目标一般是或应该是增加社会幸福。
>
> ——边沁

功利主义哲学创立者边沁，同时也是一位法理学家、经济学家和社会改革者。在英国，他还是激进主义者的公认领袖。有意思的是，1748年，边沁出生在伦敦东城区的一个保守党律师家庭，直到60岁时，他才成了激进主义者。

从小，边沁便被视为"神童"，因为他刚学会走路，就开始在父亲的书桌旁阅读卷帙浩瀚的英格兰历史，而且3岁就开始学习拉丁文。1760年，边沁开始在牛津大学的女王学院学习，并在1763年和1766年先后取得学士学位和硕士学位。之后，他还获得了律师资格，但他很快就厌倦了。

在得到父亲的允许和帮助以后，边沁开始研究法律，最初，边沁的成绩并不显著，只能说是他一个人的孤军奋战而已，直到他投入社会政策和政府的实际工作以后，情况才大为改观。

在当时的英国，许多犯了小罪的人都可能遭到死刑的审判，这使得陪审员们都觉得判罚太重。因此，边沁主张，除了对罪大恶极之人能判处死刑外，应该对其他所有的罪犯免予死刑的判决。

边沁有一个伟大的梦想，那就是建立一种完善、全面的法律体系。他大力鞭笞自然法和普通法，因为在他眼中，英国法律是就事论事，主观武断，缺乏理性基础。自然法与普通法的许多逻辑结构，不过是神话而已。他认为必须借助彻底的法律改革，才能建设真正理性的法律秩序。但边沁不仅仅提议了很多法律和社会改革，更阐明了这些法律所基于的潜在的道德原则。

边沁的全部哲学以"最大幸福原理"和"联想原理"为基础，在他最著名的《道德与立法原则导论》中有详细的阐述。

边沁的伦理价值判断是基于一种唯乐主义的功利原则，及这种道德观点是否能立足于实践。而他的功利原则就是："善"，也就是最大地增加了幸福的总量，并且引起最少的痛楚；"恶"则反之。而这种快乐和痛楚，边沁将它们同时定义为在肉体上和精神上的。

基于这种价值判断，他以功利原则的价值判断为基石，认为：快乐就是好的，痛苦就是坏的，因为人的行为都趋利避害。因此，任何正确的行动和政治方针都必须做到产生最多数人的最大幸福，并且将痛苦缩减到最少，甚至在必要情况下可以牺牲少部分人的利益。这就是著名的"最大的幸福原则"。

他承认观点和语言的联合、观念与观念的联合，并想以此原理为精神现象做出决定论的说明。他把"联想原理"当作心理学的基本原理，提出"效用原则"，即把功利主义看作社会生活的基础和道德的最高原则。

边沁的功利主义学说对英国的立法和政策影响极大。不过，如果追溯历史的话，这并不是一种新观点，边沁的功劳是把这个学说应用到了各种实际问题的解决上。在他看来，订立民法应该包含生存、富裕、安全和平等这四个基本原则。边沁不仅不提倡自由，而且还非常轻蔑人权。他认为，绝对的人权是纯粹的胡扯。

边沁的主要著作有《义务学》《惩罚原理》《政府片论》等，尽管他写了很多著作，但除了因朋友善意盗窃而发表的之外，他再也没有发表过任何著作。

⚖ 19 世纪的精神生活

与之前任何时代的精神生活相比，19 世纪的精神生活显得更为复杂多样，哲学和政治学上出现了针对思想、政治和经济传统体系过于沉重的反抗，从而引发了对许多古老信念和制度的攻击。浪漫主义和理性主义则是这次反抗的两种迥然不同的形式，前者的反抗始于拜伦，后者的反抗源自法国大革命时的法国哲学家。

经验主义哲学在英国一直盛行到了 19 世纪末，在法国也在相当长的时期内占尽了优势。之后，康德和黑格尔的思想逐渐占领了法国和英国的大学，不过，在占领的整个过程中，有教养的普通民众却没有受到大的影响。当时，还有一些继续抱有学院传统的哲学家，他们分属于哲学的各种主义：经验主义的代表人物是约翰·斯图尔特·穆勒，德国唯心主义的代表人物是洛策、西格瓦特、布莱德雷和鲍赞克特。

1769 年，边沁发现了爱尔维修的著作，之后就决心要为立法的原则奉献终生。爱尔维修在伦理学方面是功利主义者，他认为善就是快乐；在宗教方面他激烈反对教权，是一个典型的自然神论者；在认识论方面，爱尔维修主张简化讲解洛克哲学。此外，爱尔维修对知识评价很高。整体来看，爱尔维修的学说是乐观主义的，他认为，要想成为完善的人，就应该接受完善的教育。因此他曾经暗示说，如果能除掉传教士，那么得到完善的教育就是一件容易的事。

与爱尔维修同时代的孔多塞，是个与他见解相近的人，但比起爱尔维修来，孔多塞更狂热和乐观。孔多塞受卢梭影响很大，主张"男女等权"。"人口论"的首创者其实并不是马尔萨斯，而是这位孔多塞。

与爱尔维修和孔多塞等人相比，哲学激进派与他们在很多地方存在差异。在气质上，哲学激进派富有耐心，喜欢详细地提出并制定理论；非常重视经济学，并自认为经济学被他们当作科学发展起来了。在边沁和约翰·斯图尔特·穆勒身上，同时存在着狂热的倾向，但是马尔萨斯和詹姆斯·穆勒身上则没有狂热的倾向。

和理性主义形式的反抗一样，浪漫主义形式的反抗也源自法国大革命和之前的哲学家。浪漫主义的反抗和理性主义的反抗虽然出自同一个源头，但彼此之间也有很多不同。其中，拜伦著作里的是被非哲学的外衣包裹着的浪漫主义，而叔本华和尼采著作里的是学会使用哲学语言的浪漫主义。浪漫主义形式的反抗强调意志，倾向于牺牲理智，还赞成使用暴力。作为民族主义的盟友，浪漫主义形式的反抗在实际政治中很重要。

在 19 世纪，虽然还有很多真诚的人信仰平等和民主，但人的想象力已经受到了深刻影响。民主制度的内在已经出现了分裂，只是生活在民主国家的普通民众还没有意识到，但这瞒不过哲学家的眼睛。

⚖ 现实的就是合理的

> 历史给我们的教训是，人们从来都不知道汲
> 取历史的教训。
>
> ——黑格尔

19世纪末，美国和英国大学里的一流哲学家大都是黑格尔派。在纯哲学领域之外，许多新教神学家也承认自己受过黑格尔学说的影响。

德国古典哲学的集大成者格奥尔格·威廉·弗里德里希·黑格尔，1770年出生于一个官吏家庭。青年时就热衷于神秘主义的他，1788年进入杜宾根神学院学习，接受正规学校教育。他是一个模范学生，每次都因成绩优良获得奖学金。他的父母还请教师替他补习几何学、希腊文、拉丁文……这为他日后阅读古典文学、哲学，根据希腊文、拉丁文的原始材料讲哲学史打下了基础。

毕业后，黑格尔先后在伯尔尼和法兰克福当了七年的家庭教师。后来成为耶拿大学编外讲师，无薪讲授哲学，四年之后晋升为哲学教授。自1818年开始直到1831年因霍乱去世，黑格尔一直在柏林大学担任哲学教授一职。

青年时代的黑格尔恰逢法国大革命，卢梭的思想对他产生了极大影响，他被法国革命崇尚的自由精神深深打动，开始藐视普鲁士，崇拜拿破仑。1815年拿破仑战争的失败和欧洲封建势力的复辟，让他的

政治态度发生了 180 度的大转弯，他逐步放弃了激进的政治主张，开始赞颂现存的普鲁士王国，成为普鲁士的爱国者和最忠诚于这个国家的公民。

在所有伟大的哲学家当中，黑格尔的哲学可以说是艰涩深奥、最难懂的，让人不能卒读。在他看来，有限事物在表面上的自立性是一个幻觉。黑格尔有这样一个论断：现实的就是合理的，合理的就是现实的。他认为，除了全部整体之外，任何东西都不是完全实在的。

他所谓的"现实的"的含义，并不是经验主义者所认为的那样。他认为，经验主义者所有关于事实的看法都是不合理的，而且是必然的、全部的不合理。只有把事实当成全体的一个样本，并在改变它外在的形式特征之后，才能看出它是否是合理的。即便如此，因为经验主义者把现实的等同于合理的，就必然会造成一种自满的情绪。之所以有自以为是自满自得的情绪，是因为它和一个信念联系在一起的：凡是存在的东西都是正当的。

黑格尔一生著述颇丰，在其生前正式出版的作品有《精神现象学》《逻辑学》《哲学科学全书纲要》和《法哲学原理》，后人又根据其讲义、笔记和学生的听课笔记整理出版了《哲学史讲演录》《历史哲学》和《美学》等。

⚖ 所谓的时间无非是一种幻觉

和之前所有具有形而上学观念的哲学家相比，黑格尔有以下两点不同，首先是强调逻辑。在黑格尔看来，"实在"的本性是可以推衍出来的，唯一考虑的前提就是不能自相矛盾；其次就是他有自己独特的"辩证法"的思想。

黑格尔最重要的著作是两部《逻辑学》，在他看来，逻辑和形而上学没有什么区别。他的观点是，假如你把任何一个普遍通用的谓语都看成在限定"实在"这个全体，那产生的结果就会是自相矛盾的。没有边界的限定，任何一个东西都不可能是球状的，除非这个东西的外部还有别的东西存在——这也就意味有边界的可能。由此，当我们把整个宇宙假设为球状时，这本身就是一个矛盾的陈述。

在黑格尔看来，过程对认识事物的结果是必不可少的。在辩证法中，事物发展到后一个阶段，其实融合了前面的每一个阶段。每一个阶段都不会消失，不会被完全取代，而是会作为整体不可缺少的一部分而存在。辩证法的每一个阶段都是必需的，不可跨越的，否则我们就不可能认识到真理。

在他看来，最好的思维可以让思想四通八达、来去无碍。真和假不是直接的对立物，任何一个事物都不完全是假的，而我们能认识的事物也不一定就是真的。显然，绝对真理是不能把它简单地局限在孤立的知识之上的。

黑格尔哲学有一个很有意思的特色，这也是他与柏拉图和普罗提诺或者斯宾诺莎等人的区别所在。他认为最终是没有时间性的，所谓的时间无非是一种幻觉。这种幻觉是因为我们没能力看到"全部"而产生的，但时间在进程上却与纯粹的逻辑辩证法有很密切的关系。全部的世界历史实际上就是在不同范畴的进程中实现的。

按照他的见解，从伦理和逻辑两方面来看，时间都要经历一个从不太完善到较为完善的过程。事实上，这两个方面的意义在黑格尔那里是无法区分的。因为，逻辑之所以拥有完善的特性就在于，它是一个严密的整体，没有外在于这个整体的独立部分。它的边缘是确定无疑的。好比人体或者理性精神一样，它是一个有机体，它的每一个组成部分都是独立的，又互相依存，且都指向同一个单一的目标。伦理的完善性也就在于此……

⚖ 国家是一个理性的存在

关于国家的哲学思想，黑格尔在《历史哲学》和《法哲学原理》中有集中的阐述。他在阐释自己独特的自由观的同时，也表明了自己在政治哲学上的倾向性。

黑格尔的政治哲学极力推崇国家的重要性，尤其强调民族的重要性。在《法哲学原理》中，他是这样论述的：国家是一个理性的存在，它是自在的，不仅仅是为个体的利益而存在的。个体可以是国家的组成部分，也可以不是国家的组成部分。但国家和个人之间的关系却并非如此简单。国家是一个客观存在的"精神"，并没有确切的实在性，因而，在理性上国家是一个无限的存在。个体仅仅作为国家的成员，才有自己的客观性、真实性和伦理性。国家存在的目的就在于促使个体和这种精神的结合。可能会有坏的国家——这个现实必须得承认——但这种国家只是一个存在而已。

黑格尔对国家的定位和奥古斯丁及其追随者们为教会的定位是大体相同的，不过以奥古斯丁为代表的旧教传统，在定位上比黑格尔更合理些。

一个民族在特定的状态下，似乎总是无法恰当地避免战争，可是黑格尔还是反对创设诸如世界政府之类的机构以阻止此类事情的发生。在他看来，时不时地发生战争倒还是件大好事。因为战争状态有助于我们认真地对待这个世界以及存在于这个世界上的财物——它们是那么的虚无，竟然毫无益处。

按照黑格尔的观点，尽力加以组织起来的社会是好的。这就意味着在国家、教会之外，必须同时存在为数众多的社会组织——社会公益事业的发展需要有适当的组织，每一个组织还得保持一份有限的独立性。

黑格尔和其他许多哲学家都这样认为：在宇宙中，部分受制于自己的关系——这部分和其他部分的关系以及这部分和全体的关系。关于部分，只有确定它在全体中的地位，才能对它有一个真实的认识。这个真实的认识只能是一个，整体真理之外再无真理，同样全体之外，再无实在之物，因为部分会因外在关系的变动而改变自己的性质。很明显，这是一种形而上学的学说。

生命体上的眼睛是有用的，这是因为眼睛被当成了一种手段。但此时的眼睛并不比与身体分开时有更多的内在价值。一个东西在不是其他东西的手段时还能得到重视，这就说明它是有内在价值的。

很显然，国家作为手段是有价值的，因为国家可以保护我们不受罪犯的侵害，它还修建道路、建立学校，等等。同样显而易见的是，它作为手段也可以是坏的，比如发动非正义的战争。

对黑格尔而言，真正的问题是，国家作为目的是不是好的？是人民为了国家而存在呢？还是国家为了人民而存在？黑格尔的观点是——人民是为了国家而存在的。这一观点与洛克有很大关系。洛克自由主义的哲学观点认为，国家是为了人民而存在的。只有把国家视为像人民一样拥有生命时，我们才可能把自己的价值献出来给国家。

⚖ 人是能够认识客观世界的

> 科学是非常爱妒忌的，科学只把最高的恩典
> 赐给专心致志地献身于科学的人。
>
> ——费尔巴哈

德国哲学家路德维希·安德列斯·费尔巴哈，1804 年生于巴伐利亚，他的父亲是一位法学家。起初他在海德堡大学学习神学，受当时教授的影响，他对黑格尔的哲学很感兴趣。于是他不顾父亲的反对，跟随黑格尔到柏林学习哲学，两年后成为"青年黑格尔学派"的成员。

黑格尔逝世前，学术界形成了一个庞大的黑格尔学派。黑格尔逝世后，学派迅速分化瓦解，形成了保守的右翼派老年黑格尔派——鼓吹政教统一；激进的左翼派，即"青年黑格尔派"——主张政治与宗教分离。

1828 年，费尔巴哈转入埃尔兰根大学学习植物学、解剖学和心理学，后获博士学位，并在该校任教，但在 1830 年，他因发表反对神学的著作被辞退。这是他的第一部著作，而且是匿名发表的。在这部著作里，他抨击了个人不朽的概念，坚持拥护斯宾诺莎的"人死后会被自然重新吸收"的哲学。这种思想被同时期的学者认为相当激进，再加上他本人不善演讲，所以一直在学术界无法获得成功，最终被永

远地驱逐出了大学讲坛。

费尔巴哈希望通过撰写哲学史等相关作品表现出自己的才华，希望得以重返大学讲坛，所以1834年后，他先后出版了《阿伯拉尔和赫罗伊丝》《比埃尔·拜勒》《论哲学和基督教》三部著作。这三部哲学史著作让费尔巴哈在学术界获得很高的声誉，但由于反动势力的阻挠，他始终没能重新回到大学讲坛，只能在乡间隐居，依靠他妻子在一座瓷厂中的股份维持生活。

费尔巴哈的功绩还体现在，他在唯心主义统治德国哲学界数十年之久后恢复了唯物主义的权威。他批判了黑格尔的唯心主义和康德的不可知论，肯定了自然是物质的客观实在，人是能够认识客观世界的。

费尔巴哈在1839年出版的《黑格尔哲学的批判》一书是其一生最重要的哲学著作之一。它代表了当时的唯物主义观点，从认识论的根源上，对黑格尔的唯心主义进行了分析批判。他认为：人的精神、思想是人脑的属性，是附属于肉体的，黑格尔的错误就在于，他把精神和思维看作一种脱离人脑而独立的东西，黑格尔提到的"绝对精神"，不过是以精神、思维形式表现出来的上帝，即修饰了的上帝创世说。

费尔巴哈还论证了宗教和唯心主义在本质上的联系。他提出唯心主义只是用理性改造了的神学，"基督教事实上不但早已从理性中消失，而且也从人类生活中消失，它只不过是一个固定不变的概念"，以此来公开反叛当时的观念。

可是，费尔巴哈在批判黑格尔唯心主义的同时，也抛弃了黑格尔的辩证法，从而没能认识到黑格尔哲学中的合理和重要的部分，因此费尔巴哈的唯物论只能是形而上学的，他的社会历史观也是唯心主义的。

后来，马克思和恩格斯在此基础上，批判辩证地吸收了费尔巴哈哲学的"基本内核"，建立了科学的、革命的辩证唯物主义哲学。

⚖ 宗教的本质（节选）

费尔巴哈

上帝或人的本质，在《基督教的本质》一书中，我已经做了阐释。至于那不同于人的本质、不同于人的本质的实体，也就是那不具人的本质、人的特征、人的个性的实体，如实地说出来，不是别的东西，就是自然而已。

宗教的基础，是人的信赖，而这个信赖的对象，就是人们所依靠并能感受到的那个东西——不是别的，就是自然。宗教最初、最原始的对象就是自然，这是一切宗教和一切民族历史所充分证明了的。

如果我们认为一般宗教就是有神论或真正信仰上帝的话，那么说宗教是在人存在之前就自然存在的，是错误的。

可是，如果我们认为宗教只是依赖、只是人的感觉或意识——认为人要是没有区别于自己的实体可以依赖，就不会存在，且不可能存在，认为他的存在并不是由于自己，那么，这倒完全是真实的。

在这层意义下的宗教，和人的关系，就像是光和眼、空气和肺、食品和胃那样密切。宗教是对我之所以为我的思考与认可。不管怎样，人总是一个依靠自然的东西，不可能离开光、空气、水、大地、食料而存在。

在动物和尚处在动物阶段的野蛮人中，这种依赖是不自觉、无意识的，如果将它提升到意识中，将它表象、思量、承认，即是进入宗教了。所以，所有生命都依赖于季节的变化，而只有人用戏剧式的观念、过节日的行为来庆祝这个变化。这些仅仅是用来表示季节变化或月亮盈缺的节日，便是人类最原始最古老的最本来的宗教表白。

一个人、一个民族、一个氏族，并不是依靠一般意义的自然、一般意义的大地，而是依靠这一块土地、这一国度；并非依靠一般意义的水，而是依靠这一处水、一条河、一口泉。埃及人脱离了埃及就不称其为埃及人了，印度人脱离了印度就不称其为印度人了。

一般的人既然可以将他们一般的本质当作上帝来崇拜，那么，那些将肉体与魂灵都束缚在他们的土地上、将本质局限在他们的民族与氏族而不放在人性中的古老的闭塞民族，当然有足够的理由，将他们国家中的某些山川、湖泊、动物、树木当作神来崇拜。因为他们的全部存在、本质，都寄托在他们国家、自然的特质上。

有一种空想的认知，认为只有借助天道、"超人性的"存在者，比如鬼神、魂灵、天使之类，才能够超脱动物境界。

当然，人并不是孤立地依赖于自己就变成了"他之所以为他"，他必须依赖于变得存在者才能成为"他之所以为他"。但是，这些存在者并不是超然的、想象中的东西，而是实在的、自然的事物，并不是高于人的，而是低于人的事物。因为一切支持人自觉、有意识的——通常被称为人性行为的东西、一切优秀的禀赋，都不是从天而降的，而是从自然深处得来的。

这些对人们产生帮助和保护的东西，即精灵，主要是动物。只有依赖动物，人才能超然其上；只有动物的帮助，人类的文明才会延续。

《真德亚吠陀》中的《温底达》篇，被认为最古最真的篇目，里面这样说道："世界依赖狗的理智而得以维持存在，如果狗不守护街道，盗贼便要盗尽一切财物了……"

⚖ 理想社会应该没有战争

知识是为了预见，预见是为了权力。

——孔德

法国哲学家奥古斯特·孔德，是实证主义的创始人，也是西方社会学的创始人，他开创了社会学这一学科，因此被尊称为"社会学之父"。

孔德于 1798 年 1 月出生在蒙彼利埃一个官吏家庭。他自幼体质孱弱，长相不佳，上身与下身的比例有些失调，显得体态很笨拙，而且胃病从小就一直困扰着他。1814 年，孔德进入巴黎综合技术学院学习，与羸弱身体形成鲜明对比的是，孔德的个性很倔强，智力也超出一般学生，因此造就了其意志坚强、学习勤奋等性格行为特征。

1818 年，孔德与一个比他大 29 岁的已婚意大利妇女同居，并生育了一个女儿。孔德虽然不能肯定这个女儿就是他的，但他还是准备在法律上确认自己父亲的地位。可是，这个女儿在 9 岁时便夭折了。

1821 年 5 月的一个夜里，孔德在街头散步时遇到了一个大约 19 岁的妓女卡罗琳娜，几年后两人便结婚了。当孔德终于完成了其《实证哲学教程》六卷本之后，夫妇两人却因感情不和，分开了。卡罗琳娜离他而去，从此两人再未谋面。

在法国著名空想社会主义者圣西门晚年时，孔德成为其秘书，后来自称是他的学生。开始时两人合作得相当不错，但后来两人意见越来越不合，1824 年终因公开争执而分道扬镳。两年后，孔德在巴黎设堂讲学，建立和传授实证主义，后又曾担任家庭教师和巴黎工业学校的主考人等职。

"社会学"这一名称，是孔德在 1842 年正式提出的，并由此建立起了社会学的框架和构想，1848 年，他创建了具有宗教色彩的"实证哲学协会"，九年后在巴黎逝世。

孔德认为人类社会是有统一性的，人性中的感性是推动社会发展的动力，推动社会发展的工具则是人性中的才智。所以，理想社会应该是没有战争，人人都有实证思想，用科学来指导生活，是一个很有秩序的工业社会。在那里，大家有统一的信仰，都轻视世俗中按才智区分的地位，重视精神上的地位。

作为一个发现过程，孔德认为人类的精神发展可分为三个阶段：第一阶段是神学阶段，即虚构阶段，在这一阶段，人们追求事物存在与运动的终极原因，并把这些原因归结为超自然的主体；第二阶段是形而上学阶段，即抽象阶段，在这一阶段，神学世界观被形而上学世界观所取代，人们用抽象的"实体"概念来解释各种具体现象；第三阶段是科学阶段，即实证阶段，在这一阶段，人们认识到人类精神的局限性与有限性，不再追求玄学的思维方式，从而立足于发现现象的实际关系与规律。

前两个阶段是人类精神还没有步入成熟的标记，也是第三阶段，即最迫切需要的实证阶段的前兆。也就是说，科学家从观察到的一些事件着手，通过描述，精确地推断出自然规律的规则，一旦那些规则被掌握，便能够反过来推测这些事件了。

这体现了知识的主要功能是掌握规律。如果不能掌握规律，也就谈不上预测和控制。一个非常明显的例子就是体育活动。一个不懂得比赛规则的人，注定是必败无疑的。除非他熟悉和适应了这些规则，才有获胜的可能性。在生活中也是这样，一个不懂得生活规则的人，注定是要碰钉子的……

⚖ 为了最大多数人的最大幸福

> 当你身边的人都陷入绝望时，你应该看到希
> 望；当你身边的人都满怀希望时，你则应该意识
> 到潜在的危险。
>
> ——约翰·穆勒

19世纪英国经验主义哲学家约翰·穆勒有很多头衔，他既是逻辑学家、经济学家，也是一位政治思想家，其带来的历史影响极其巨大。

1806年，约翰·穆勒生于伦敦，他的父亲是著名功利主义哲学家詹姆斯·穆勒。作为长子，穆勒自幼受到父亲老穆勒的严格教育。他从3岁就开始读希腊文，8岁学拉丁文、代数、几何，9岁便遍读希腊史家的重要著作，12岁时，已经开始学习逻辑，熟读亚里士多德的逻辑学著作了。尤其有重要意义的是，13岁时，穆勒在父亲的指导下开始阅读李嘉图的《政治经济学及赋税原理》，接着又阅读了亚当·斯密的《国富论》。以至于少年阶段结束时，他已经具备了比大学毕业生还要广泛的知识。

穆勒的聪明好学令父亲对他十分器重，因此，父亲的教育成为当时穆勒接受最先进学术思想的最初来源。穆勒认为人在成长的初期，只要经过适当的训练，可以吸收和理解的数量远超过常人所能想象。他谦逊地表示自己并非禀赋特异，但经过这样的训练，一样能够具有

一定程度的思辨能力。

拥有天才身份的同时，穆勒还是个情种，他与后来成为其妻子的泰兰夫人相识在 1830 年，当时穆勒 25 岁，泰兰夫人 23 岁，但是直到二十多年后，泰兰的丈夫去世，他才与她结婚，成为终身伴侣。二十年来，穆勒一直过的是柏拉图式的恋爱生活，他对泰兰夫人倾注了他全部的爱慕之情，却没有丝毫越轨行为。

按照他自己的说法，他与泰兰夫人相识不久，就觉得她是最值得钦慕的一个——不仅美丽、敏慧，有突出的自然风度，更有坚强而深邃的感情，她不断地自求完善，在思想与才智方面的发展甚至超过了诗人雪莱。

泰兰夫人去世后，穆勒就在她的墓地旁购置了一所茅屋。在生活方面，他完全遵循她的宗旨，竭力按照她的思想规定自己的生活。可以说：她对他的赞许是对他的一种标准，他对她的纪念也是他的一种信仰……

在近代教育方面，穆勒深信逻辑这门科学是最容易训练人成为一个具有正确思维的思想家的。他年轻时最爱读贝克莱和休谟的论文，加上孔德和他父亲的影响，使得他的哲学思想基本上继承了英国经验论哲学的传统。

父亲对穆勒的教育以功利主义为伦理学的基础，这主要是因为边沁和穆勒的父亲是至交。事实上穆勒自己也和边沁有过接触，他小时候，常常去拜访边沁，功利主义学说对他来说是在潜移默化的过程中接受的，这对穆勒的哲学、经济思想的形成和发展有着深远的影响。穆勒还曾在边沁死后负责整理其著作，据他说：边沁的功利主义立法原理已经将这之前的道德立法理论彻底推翻了。

在穆勒看来，边沁功利主义关于"最大多数人的最大利益"的原理具有十分重要的意义，因为它既表明了人类道德行为的动力是最大多数人的最大幸福，而不是个人的自私利益；也表明了效果是道德伦理的是非标准，而不是动机，这效果就是最大多数人的最大利益。

后来，功利主义的这些原理成为穆勒观察问题的根本观念和哲学思想。他一生创作的作品，主要有《逻辑学体系》《奥古斯特·孔德和实证主义》《关于宗教的三篇论文》《政治经济学原理》等，其中《政治经济学原理》一书，在很长时期内曾作为当时的大学教科书。

⚖ 悲观是一种有用的解毒剂

> 我们很少想到我们有什么，可是总想到我们
> 缺什么。
>
> ——叔本华

在哲学家当中，德国哲学家、唯意志论者叔本华是一个在很多方面都与众不同的人。从某种意义上讲，哲学家中大多数都是乐观主义者，而叔本华却是个悲观主义者。与康德、黑格尔相比，他不属于"学院派人士"，但又不完全在"学院派传统"之外。

1788 年，叔本华生于但泽（今波兰格坦斯克）自由市的一个商业望族家庭中。在他父亲的眼里，英国是自由理智之地，他痛恨普鲁士总是侵扰但泽的独立。1793 年，普鲁士吞并了但泽，叔本华一家迁居到了汉堡，十年后，15 岁的叔本华去了英国，进入了一所寄宿学校继续学习，但是很快便又回到了汉堡，做了商店职员。

然而，在叔本华内心深处，他还是向往过上文人学者式的生活的。在他父亲过世后，他的母亲准备送他回学校继续接受教育。于是，1809 年叔本华进入格丁根大学学习，在这段时间里，他接触到了康德的哲学，之后又到柏林大学学习科学。八年后，他在柏林大学当上了无俸讲师，一直独自一人居住在德累斯顿。

1818 年年终，叔本华发表了《作为意志和表象的世界》一书，这

是他的主要著作之一，在他自己看来，这本书非常重要。然而，令人感到难过的是，根本就没有人注意到他的这本书。直到第二版面世多年之后，他才得到了他渴望得到的一些关注与赏识。

叔本华修养深厚，除了哲学之外，对艺术和伦理也很有兴趣。在他身上看不到国家主义的影子，反而倒是有一点国际主义的味道，他像熟悉自己国家的作家那样，熟悉英国和法国的作家。他喜欢印度教和佛教，不喜欢基督教。

其实，19世纪和20世纪的许多哲学都强调意志的特征，就是由叔本华开始的。不过，对他而言，"意志"在形而上学上虽然是基本的东西，但在伦理学上却是罪恶的东西。这种对立，只有在他这样的悲观主义者身上才可能存在。

叔本华的悲观主义并不是始终向着同一个方向发展的，其间还导向了另一种发展。他认为，宇宙的意志是邪恶的，进而又说意志都是邪恶的。所以，不论如何变化，意志都是人类无穷无尽的苦难的源泉。他认为苦难是所有生命里的必需品，尽管生命总会被死亡打败，但只要生命还在，我们就仍然要坚持追求，即使目的是毫无意义的也不要放弃。

叔本华的哲学体系源自康德，他主张被知觉作用当作身体的其实是意志。同时，康德也认为道德规范和意志有密切的联系，构成诸多现象背后的意志并不是许多不同的欲望随意组合起来的。

叔本华的某些特征，和希腊时代的某种气质很相像。他崇尚和平，蔑视胜利；崇尚无为而治，忽视改革的作用。自从他提出悲观论以来，人们解释或研究哲学就可以不用相信一切恶了。也就是说，他的悲观论是一种有用的解毒剂。

关于宇宙存在的理由，乐观论正在试图证明为了让人类乐观，而悲观论一向主张是为了让人类悲观。其实，无论宇宙存在是为了让人类乐观还是悲观，都是没有科学依据的。

⚖ 生存的痛苦与虚无（节选）

叔本华

如果说，我们生活的最为接近和最为直接的目的并不是痛苦，那么，在这世界上，没有比我们的生存更违背目的的了。很显然，以为那些源自匮乏和苦难、充斥世界各个角落的无穷无尽的痛苦没有任何目的，纯粹意外，这一假设本身就非常荒谬。我们对痛苦何其敏感，但对快乐却相当麻木。尽管个体的不幸看上去纯属意外，但就总体而言，这却是规律中一贯存在的情况。

溪水只有在碰到障碍时才会卷起旋涡，同样的情况，人性和动物性也使得我们无法真正察觉到那些同我们意志完全一致的所有事物。倘若我们真的留心某件事情的话，那定是事情没有马上顺应我们的意志，而是遇到了某些阻碍。与此相比较，所有阻碍、违背，与我们的意志相抵触的事情，即所有令我们感到不快和痛苦的事情，即刻就被我们感觉到。就像我们不会对身体的整体健康感到满意，而只会专注于鞋子夹脚的某处地方；对进展顺利的事情我们毫不留心，却时刻为鸡毛蒜皮的小事而烦恼。"舒适与幸福具有否定的性质，而痛苦则具有肯定的特性"，这条我已多次强调的真理，正是以上述事实为基础的。

因而在我看来，形而上学体系中认为痛苦和不幸是否定之物的观点，大部分都荒谬至极；事实刚好与之相反，痛苦和不幸恰是肯定的，是能够引起我们感觉的事物。而所谓好的事物，即所有的幸福和心满意足，却是否定的，也就是说这意味着愿望的消失，痛苦的终结。

还有一事实与此相吻合，那就是：快乐总是远远低于我们的期望值，而痛苦则永远出乎我们的意料。

如果有谁对此持异议，说这世上快乐超出痛苦，或者说两者基本持平，那他只需在一动物吞吃另一动物之时，将两者各自的感受互相对比一下就够了。

每当遭受不幸或承受痛苦时，只要看看更加不幸的人就足够安慰我们的了——这一点人人都能够做到。但假设所有人都在承受这一切，我们还会有其他有效的方式吗？我们就像一群在草地上无忧无虑生活的绵羊，而屠夫正在一旁虎视眈眈，心中早已想好宰杀的顺序了。在好日子的时刻，没有人知道命运此刻已为我们准备了什么。疾病、贫穷、迫害、残疾、疯狂甚至死亡，往往不期而至。

我们通过历史来了解国家和民族的生活，然而除了战争和暴乱，什么也没有，因为太平的日子着实短暂，只是作为幕间休息，偶尔零散地出现。与此情形相同的，个人的生活也是一场无休止的战斗。这并非寓意着同匮乏与无聊的对抗，而是实实在在与人的拼争。无论身在何处，我们都能找到对手，持续不休地争斗，至死仍武器在握。

我们时刻被时间催逼着，不容喘息；时间就像挥舞皮鞭的狱卒，在我们每个人身后步步紧逼，给我们的生存平添了许多痛苦和烦恼。只有那些落入无聊魔掌的人，才能逃过此劫。

然而，正像失去了大气压力，我们的身体会爆炸一样，如果人生没有了匮乏、艰难、挫折与厌倦这些要素，人们的大胆与傲慢就会逐渐上升，即便不会达到爆炸的程度，人们也会受之驱使做出难以想象的蠢事，甚至变得疯狂。所以无论在什么时候，每个人都需要适量的劳心劳力，这正像船只需要装上一定的压舱物，才能走出笔直而平稳的航线一样。

⚖ 神的道路高过人的道路

> 寻找一个对我而言是真理的真理，寻找一个
> 我愿意为它而活、为它而死的理念。
>
> ——克尔恺郭尔

作为一位哲学家，他尽管在生前一直默默无闻，但其之后的影响超出国界。他就是丹麦哲学家、存在主义的先驱——索伦·克尔恺郭尔。

克尔恺郭尔从小生长在富裕之家，享受各种条件优裕的物质生活，从未体验过生活的艰辛，这和他后来在自己的哲学思想中所表现出来的那种深沉的精神痛苦，恰好形成了强烈的对比。他之所以有这样的思想观念，或许与他父亲有关。

据说老克尔恺郭尔出身贫寒，后依靠经营羊毛致富，因强暴了家中的女佣而生下了克尔恺郭尔的哥哥，再加上，他早年还诅咒过上帝，后妻和五个子女又都先他而逝，这使得他深信自己有罪，是上帝特意使他领受无穷的痛苦和孤独。这种阴暗低沉的心态，使这位老人长期处于一种不可名状的忧郁之中，这种忧郁同时也感染了他最小的儿子——克尔恺郭尔，给他的一生蒙上了阴影。

由于身世异于常人，克尔恺郭尔生性孤僻，行为怪诞，从小就患上了忧郁症，以为自己和父亲一样天生负罪，生活中处处充满了悲观，

相信自己活不长。不过，克尔恺郭尔更会掩饰，他让自己的忧虑不被他人察觉，对外常以轻浮放荡的花花公子形象示人。1838年老克尔恺郭尔去世，克尔恺郭尔处于莫大精神痛苦中。此时，他和一位显要人物的女儿雷金娜·奥尔森恋爱了，这位少女给了他重新获得幸福的希望，但这样的幸福却是克尔恺郭尔心理上所不能承受的，因为他自认为像他那样的"忏悔者"不可能使他心爱的姑娘得到幸福，他内心里感到自己犯了一个错误。

于是已经订婚的他又开始故意引起女方的不满，想让对方提出悔婚。他请求她"宽恕这样的一个男人，他虽然也许能做某些事，却不可能使一个姑娘获得幸福"。尽管雷金娜恳求他不要离开她，但他还是坚决地解除了婚约。后来，克尔恺郭尔又对悔婚感到十分后悔，并试图与雷金娜恢复关系，但他之前的行为已经伤透了女孩的心，她断然拒绝了他，另嫁他人。

这次失败的恋爱，在克尔恺郭尔的心上留下了永远不能愈合的伤痕，他对雷金娜一直不能忘怀，始终保持独身。在以后的日子里，他几乎疯狂地埋头于创作，在十余年内写成了大量著作。他一生依靠巨额遗产生活，没有谋求任何职业。

作为一个存在主义思想家，克尔恺郭尔曾一心想当牧师，在哥本哈根大学期间，他读了大量有关神学、哲学和文学方面的著作，并获得了神学学位，不过他在自己创办的期刊上公开反抗丹麦的国家教会，因此从未担任过神职。

克尔恺郭尔反对宿命论的超然旁观，反对怀疑论，他将道德和伦理责任作为普遍目标，把由此促进的世俗判断和绝望戏剧化。他一直想要把一切与个体相关联起来看待生活，而不是从中提取本质来理解生活。在他看来，当自我包括太多自我创造的或非意志的因素时，自我仍然不是一架机器。他主张，哲学家应当探讨现实中的人生问题，并希望利用实际的、具体的、普通的方法来实现自己的存在，消解自己内心中的苦闷与荒谬。

他指出了"精神失助"是一种奇特的现代病，强调如果自我疏忽或自我隔离，那么真正的自我一直不能实现也无法实现。要想这种现象得以纠正，必须在信任上获得飞跃，树立"新生活"。

克尔恺郭尔认为，实现这种自我的标准在基督教的核心人物耶稣身上得到了体现和表明。在一个人实现自我的过程中，另一个人可以是"助产士"，但是"分娩"最终还是个人自己的事……

⚖ 以一柄铁锤进行哲学思考

> 只有经历过地狱磨难的人，才有建造天堂的
> 力量。
>
> ——尼采

　　尼采是西方现代哲学的开创者，同时也是卓越的诗人和散文家。他认为自己是叔本华的继承者，其实，在许多地方他都超过了叔本华。他是最早开始批判西方现代社会的哲学家，然而他的学说在他的时代却没有引起人们重视，直到 20 世纪，才激起各种回声。

　　1844 年，尼采出生于普鲁士一个乡村牧师家庭，父亲是威廉四世的宫廷教师，曾深得国王的信任，做过四位公主的老师。小时候的尼采是个沉默寡言的孩子，两岁半才开口说第一句话。5 岁的时候，尼采的父亲和年仅 2 岁的弟弟相继逝去，这让天性敏感的尼采过早地领略了人生的阴暗面，也铸成了他一生内向忧郁的性格。

　　父亲的过早离世，并没有让尼采忘记父亲，相反，他一直以父亲为榜样。由于父亲是新教牧师，祖父又是一位虔诚的基督徒，写过神学著作，因此尼采在教养方面极具宗教特色。他自幼相信自己有着波兰贵族血统并为此而感到自豪，他想像父亲一样成为一名牧师，所以他时常给伙伴们朗诵《圣经》里的某些章节，为此，他还获得了小牧师的称号。

在大学期间，尼采在古典语言学领域取得了突出的成果，所以在他还没有取得学位之时，就接受了巴塞尔大学的邀请担任语言学的教授，当时他才 25 岁。后来，由于健康原因，尼采在 1879 年被迫辞职。辞职后的他先后居住在瑞士和意大利。1889 年，他开始精神失常了，直到去世都没有治愈。

因为在伦理学方面有很重要的作用，所以尼采在哲学领域有很重要地位。他的伦理思想有两方面值得我们注意：一是他对基督教的批判，二是他对女人的轻蔑。

他痛骂女人时，简直可以用持久和不厌其烦来形容。在其著作《查拉图斯特拉如是说》里，他批评女人道："不能跟她们谈论友情，因为她们就像猫、鸟、母牛一样"。不过，虽然他总是以轻蔑和痛斥的态度批评女人，却并不是特别凶狠。在《善恶的彼岸》一文里，尼采说，人们都应该像东方人学习，把女人当作财产。

需要注意的是，尼采轻蔑女人的观点，在他看来都是不言自明的真理；然而，这些观点在历史上没有证据加以证明，在他个人身上也没有经验进行印证。事实是，尼采对女人的经验差不多只限于他妹妹一个人。

因为父亲离世后，尼采一直和家中的女人们——母亲、祖母、妹妹、姑姑——一起生活，尼采被娇惯得脆弱而敏感，也因此造成了他对女性特别仇视。他曾说过这样的话："男子应受战争的训练，女子则应受再创造战士的训练。"又说，"你到女人那里去吗？可别忘了带上你的鞭子！"

对于这样的言论，英国哲学家罗素极为不满，他挖苦尼采说："十个女人，有九个女人会使他把鞭子丢掉的，因为他明白了这一点，所以他才要避开女人啊！"

　　很显然，尼采对女人的情感是恐惧的。以他对女人的评价为例，这些评价其实跟其他男人的评价一样，只不过是他对女人情感客观化的结果。

⚖ 尼采的白日梦

"我害怕别人伤害我，所以我让他相信我爱他。如果我能更坚强和大胆，我就会公然表示对他理所当然的蔑视。"在尼采看来，人是不可能有真诚而普遍的爱的，他认为基督徒的爱是恐惧的结果，因此他谴责基督徒的爱。

你听到狂人的故事吗？他大白天打着灯笼，满世界地寻找上帝，上帝怕是像小孩一样迷路了吧？上帝怕是躲藏起来了吧？上帝怕是害怕我们吧？上帝怕是远航了吧？上帝怕是搬家到别处去了吧？

而狂人却满脸严肃正经：你们知道上帝在哪里吗？我告诉你们吧，上帝死了！是我们杀了他。

尼采认为，因为佛教和基督教都否定人与人之间的价值差别，所以，佛教和基督教都是虚无主义的宗教。不过，比起基督教来，佛教的情况要好一些，至少可被非议的地方少得多。而基督教之所以还有前进的推动力，都是由于那大部分的普通人的抗拒。

提到这种反抗，尼采认为，驯化人心是基督教的目的，不过这个目的是错误的。因为即使是野蛮人，也有闪光之处，一旦被驯服，这些闪光之处也就消失了。

尼采不是天生的圣贤，因为在他心中充满了恐惧和憎恨，因此他认为不可能有对人类自发的爱。在他的意识里，他不认为有这样一种人，这种人虽然具有大无畏的精神和强烈的自尊心，但因为没有给别人施加痛苦的愿望，所以他不这样做。

尼采最希望看到的是，被他视为"高贵者"的人能取代基督教圣徒的地位。他所塑造的"高贵者"是这样一副形象：缺乏同情心，冷酷、狡猾、残忍，只关心自己的权力。

然而，这些"高贵者"不是普通人，他们是有统治权的贵族，会做很多残忍的事情，也会做被大多数的普通人视为是犯罪的事，而且，他们的义务只能让与他们平等的人享受。此外，"高贵者"还会保护艺术家、诗人和所有精通某种技艺的人。

尽管尼采在本体论和认识论领域没有创造任何全新的理论，一向不在职业哲学家之列，但很多有文学修养和艺术修养的人在很大程度上都受了尼采的影响。在尼采的白日梦里，他的身份不是哲学教授，而是一个战士。与自由主义者相比，尼采对未来的种种预言要更接近于正确……

⚖ 我们缺什么（节选）

尼采

论我们估价的起源，我们可以用空间的方法来对我们的肉体进行分析，于是我们从中得到的观念与从星系得到的并无二致，有机和无机的区别是再也看不到了。在以前，对于行星的运动，人们将其解释为意识到目的的生物在起作用。因为，这种解释现在人们不再需要了，联系到肉体运动和自身的变化，人们早已不再认为能够与设定目的的意识相安无事地共处了。各种运动与意识一点关系也没有，与感觉也没有关系。感觉和思想比之无时无刻发生的无数现象，是微不足道的。

与此相反，我们察觉到，即便是在最小的现象中都有一种实用性处于统治地位，而我们的知识还不能足以担当后者，谨慎、选择、汇集、补偿等等。简单地说来，我们发现了一种运动，应把它纳入一种不知高出我们意识到的多少倍的、俯瞰一切的智慧。我们从所有意识的东西身上未能得到思维。因为，对自身负责的习惯我们没有能够学到，因为作为有意识、有目的生物，我们只是一切有意识之物的最小部分。

如同空气和电，这些时时刻刻都在发生的现象，我们几乎未能感觉到什么。因为，或许真的是有足够的力，尽管我们觉察不到，却是对我们无时无刻不在发挥影响。比之一个细胞和器官，对另一个细胞和器官所发挥的无数刺激，快乐和痛苦乃是稀少异常和极度缺乏的现象。

这是意识谦虚的阶段。最终，我们会认为有意识的自我本身，仅仅只是服务于那种更高级、俯视一切的智慧的工具而已，那时我们可以发问，一切有意识的意愿，一切有意识的目的、一切估价是否只是用来获取和意识内部的在本质上有所不同的某种东西的手段。我们认为：这牵扯到的是快乐和痛苦的问题——但是快乐和痛苦或许只是我们用来完成在我们意识之外的某些成就的手段——应当指出，一切有意识的东西仅仅只在表面停留。因为行为和行为是表现得如此不同啊，我们对行为以前东西的了解又是如此的不够。我们关于"意志的自由""前因和后果"的感觉是如此的想入非非。

············

总的说来，就精神的整个发展进程而言，在这里只是对肉体的问题有所涉及。渐渐会让人觉得，这是一种级别更高的肉体的形成史。有机物攀登上了更高的阶梯。我们试图来认识自然的渴望乃是一种肉体想借以完善自我的手段。或者不如说：要想对肉体的营养、居住方式、生活方式进行改变必须要做无数的试验。因为，肉体中的估价和意识、所有种类的苦乐观都是这些变化和试验的象征。说到底，这里提到的不是人心的问题：因为人应当被克服。

⚖ 马克思为什么是对的

> 哲学家们只是用不同的方式解释世界，问题
> 在于改变世界。
>
> ——马克思

1818 年，卡尔·马克思出生在德国一个纯正的犹太世家。他的父母在他幼年时宣布放弃信仰犹太教，改信了基督教，并让六个孩子与他们一起，都接受了基督新教洗礼。此时的马克思只有 6 岁。

从中学时代的作文中可以看出，当时的马克思有着较浓厚的基督教情怀："和基督一致是绝对必要的，没有这种一致我们就不能够达到自己的目的，没有这种一致我们就会被上帝抛弃，而只有上帝才能够拯救我们。""一切道德的行为都是出于对基督的爱，出于对神的爱。"

在大学时，马克思接受了黑格尔哲学，之后又受到了费尔巴哈的唯物主义的影响。随着思想的逐步成熟，马克思成为一个宗教批判的领袖人物。他曾办过报纸——《莱茵报》，但因为他过激的言辞，该报最终被查禁。

1843 年，马克思前往法国研究社会主义学说，并结识了工厂经理出身的恩格斯。在恩格斯的帮助下，他了解了劳工状况和英国经济，先后参加了法国和德国的革命。最后在反动势力的迫害下，他被迫逃

往英国，在伦敦他度过了生命里的主要岁月。

对马克思来说，他自始至终的目的都是合乎科学。

与英国古典经济学相比，他主张的经济学只改变了原动力；在他的经济学里，他代表雇佣劳动者说话。马克思自称为唯物主义者，但他这个唯物主义者与18世纪的唯物主义者相比又有不同。由于受黑格尔哲学的影响，他把自己的唯物主义称为"辩证唯物主义"。

黑格尔哲学和英国经济学在马克思的综合下，形成了一种新的学说——马克思历史哲学。"世界是按照一个辩证法公式发展的"是马克思和黑格尔的共同点，他们的不同点在于，如何确定和看待"按照辩证法公式发展"的原动力。黑格尔认为，这种发展的原动力是一个叫"精神"的神秘实体。可是，包括黑格尔在内的所有人都不知道"精神"为什么要历经这些发展阶段。

与黑格尔相比，除了带有某种必然性之外，马克思的辩证法没有这种性质。马克思认为，推动"世界按照辩证法公式发展"的力量并不是原子论者所说的那种完全非人化的物质，而是一种具有特别意义的物质。这样一来，马克思的意思就很明显了：原动力其实是人与物质的关系，在这种关系里最重要的是人的生产方式。由此，马克思把他的唯物论又发展成了经济学。

在马克思看来，任何时代的政治、经济、宗教和文化艺术都是生产方式的结果，至少也是分配方式的结果。马克思的这个学说是一个非常重要的论点，与哲学史家有一定的关系，被称作"唯物史观"。

在黑格尔依据辩证法提出的模子里，马克思又新放入了他的历史哲学。尽管他的历史哲学包括的东西很多，但他在事实上只关心一个三元组，即以地主为代表的封建主义、以工厂主为代表的资本主义和以雇佣劳动者为代表的社会主义。

马克思选择研究社会主义，这个立场与辩证法有关。他相信，从某种非个人的意义上看，一切辩证的运动都是进步的。他还坚持认为，比之于已往的封建主义或资本主义，一旦实现社会主义，人类一定会享受到更多的幸福。

365天